Tim Flannery, geboren 1956 in Melbourne, lebt als Wissenschaftler, Forscher und Umweltschützer in Australien. Als Zoologe hat er mehr als dreißig neue Arten von Säugetieren entdeckt. Tim Flannery ist Autor zahlreiche Bücher und hat viele Dokumentarfilme gedreht. Er ist Professor für Zoologie und Direktor des South Australian Museum in Adelaide.

Tim Flannery

Wir Klimakiller
Wie wir die Erde retten können

Aus dem Englischen von
Birgit Brandau

Fischer Taschenbuch Verlag

Dieses Buch wurde klimaneutral produziert. Das bedeutet, dass alle bei der Produktion dieses Bandes – Übersetzung, Redaktion, Druck und Vertrieb – unvermeidlich anfallenden CO_2-Emissionen durch geeignete Projekte zur CO_2-Reduktion neutralisiert wurden.

FSC
Mix
Produktgruppe aus vorbildlich
bewirtschafteten Wäldern und
anderen kontrollierten Herkünften
Zert.-Nr. GFA-COC-001223
www.fsc.org
© 1996 Forest Stewardship Council

Fischer Schatzinsel
www.fischerschatzinsel.de

Veröffentlicht im Fischer Taschenbuch Verlag,
einem Unternehmen der S. Fischer Verlag GmbH,
Frankfurt am Main, Oktober 2009

Die australische Originalausgabe erschien 2006 unter dem Titel
›We are the Weather Makers: The Story of Global Warming‹ bei
The Text Publishing Company, Melbourne, Australien
© Tim Flannery 2006
Die deutsche Originalausgabe erschien 2007
im Hardcover-Programm bei Fischer Schatzinsel
Für die deutschsprachige Ausgabe
© S. Fischer Verlag GmbH, Frankfurt am Main 2009
Alle Rechte vorbehalten
Redaktion: Hartmut Schickert/agens Redaktionsservice
Gesamtherstellung: CPI – Clausen & Bosse, Leck
Printed in Germany
ISBN 978-3-596-80735-2

Nach den Regeln der neuen Rechtschreibung

Voll Liebe und Hoffnung für David und Emma, Tim und Nick, Noriko und Naomi, Puffin und Galen, Will, Alice, Julia und Anna und natürlich Kris; und für alle Angehörigen ihrer Generation, die mit den Folgen unserer Entscheidungen leben müssen.

INHALT

Wir Klimakiller

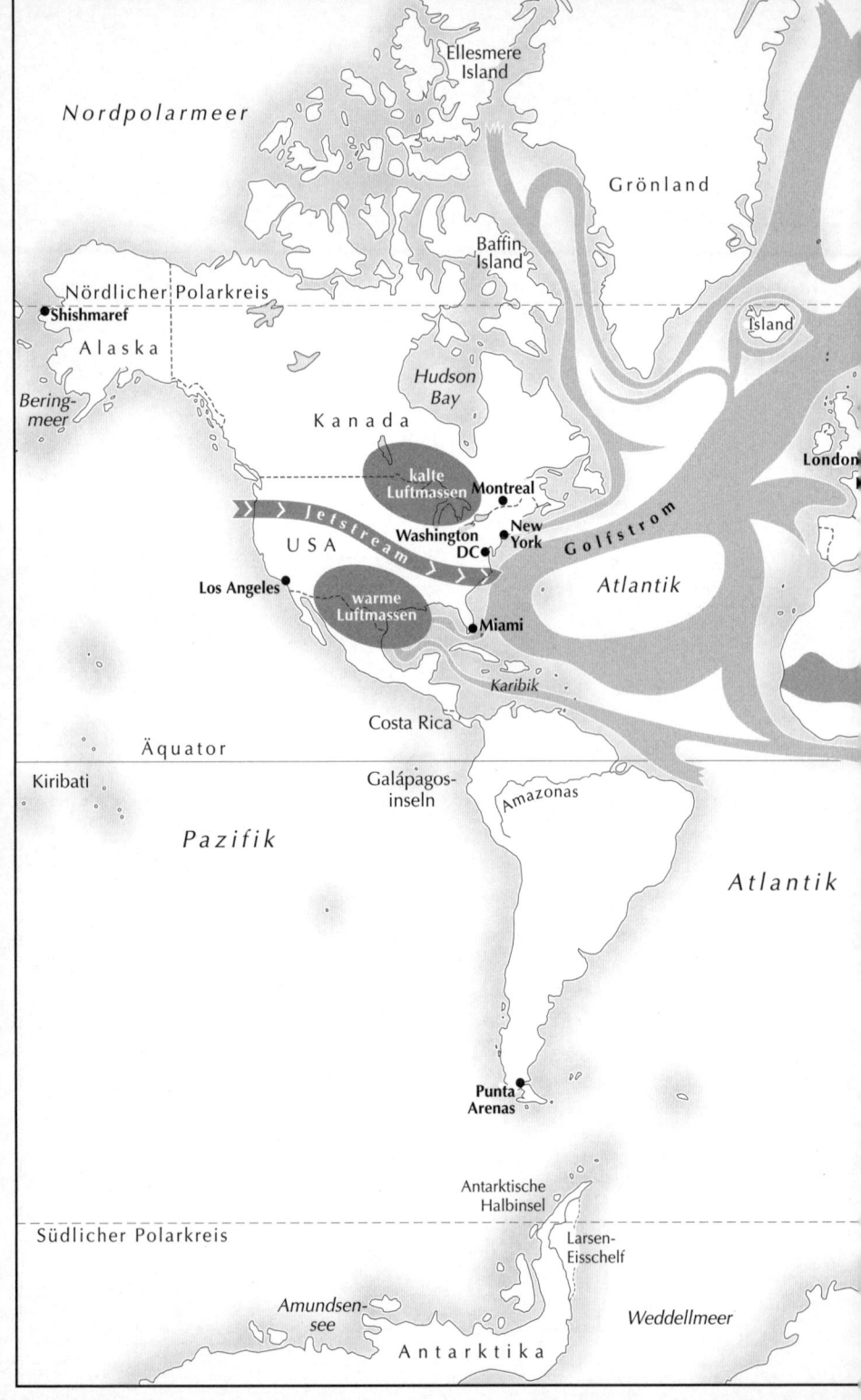

Der Gedanke an unsere wunderbare Atmosphäre mit ihren vielfältigen Bezügen zum menschlichen Leben wie zu allem Leben hat mich zu diesem Aufschrei für die Kinder und für die empörte Menschheit genötigt ... Stellen Sie alles dem hintan ... Geben Sie Ihre Stimme keinem, der sagt:»Das kann nicht getan werden.« Wählen Sie diejenigen, die erklären:»Es wird getan werden.«

Alfred Russell Wallace,
Des Menschen Stellung im Weltall, 1903

Einleitung:
Was ist Klimawandel?

Wer dieses Buch in die Hand nimmt, wundert sich vielleicht über den Titel. Doch *Wir Klimakiller* ist eine ernst zu nehmende Aussage. Wenn mir jemand vor zehn Jahren gesagt hätte, die Erde sei in großer Gefahr, hätte ich dem wenig Bedeutung beigemessen. In diesem Buch geht es darum, was ich in der Zwischenzeit gelernt habe und wieso ich meine Meinung geändert habe.

Im letzten Jahrzehnt hat die Klimaforschung enorme Fortschritte gemacht, und wir wissen nun wesentlich mehr über unser Klimasystem und seine Veränderungen. Selbstverständlich wandelt sich das Klima immer, aber jetzt geschieht dies in einem unnatürlichen Tempo, und wir sind es, die das verursachen. Leider werden die meisten dieser Veränderungen unsere Welt zerstören.

Ich habe dieses Buch in der Hoffnung geschrieben, dass Menschen weiterhin die Chance haben, auf einem Gletscher hoch oben an einem Berg in den Tropen zu stehen – wie ich das einst tat – und hinunter auf dichten Dschungel, Ebenen, und Mangrovensümpfe und tropische Korallenriffe in der Ferne zu blicken.

Es sollte das unveräußerliche Recht jedes Menschen sein, unsere wunderbare Erde kennenzulernen, Gelegenheit zu haben, Eisbären, riesige Wale und antarktische Gletscher mit eigenen Augen zu sehen. Ich finde es grundsätzlich falsch, künftige Generationen um all dies zu bringen, nur damit wir weiterhin Strom verschwenden und viel zu große Autos fahren können.

Und ich möchte meine Leser unterstützen: Politiker und Wirtschaftsbosse müssen unsere Stimmen hören. Ich hoffe, dass dieses Buch dich in die Lage versetzt, entschlossen zu handeln, denn wenn du zulässt, dass sie im selben alten Trott weitermachen, wirst du daran mit Schuld haben.

Im Jahr 1981, als ich Mitte zwanzig war, bestieg ich den Mount Albert Edward, einen der höchsten Gipfel auf der saftig grünen Insel Neuguinea.

Die bronzefarbenen Wiesen bildeten einen kräftigen Kontrast zum grünen Urwald weiter unten, und zwischen den Grasbüscheln wuchsen Grüppchen von Baumfarnen, deren filigrane Wedel sich über meinem Kopf wiegten.

Ein Stück bergab endeten die büscheligen Wiesen abrupt an einem zwergwüchsigen, von Moos durchsetzten Wald. Mit einem einzigen Schritt war man aus dem Sonnenschein in das feuchte Dunkel getreten, wo bleistiftdünne junge Bäumchen von Moosen, Flechten und hauchzarten Farnen überwuchert waren.

Im verrottenden Laub auf dem Waldboden fand ich zu meiner Überraschung die Stämme abgestorbener Baumfarne. Baumfarne wachsen nur auf Wiesen, also war dies ein eindeutiger Beweis, dass sich der Wald den Berghang hinauf ausbreitete. Mindestens 30 Meter Bergwiese hatte der Wald in kürzerer Zeit verschlungen, als ein Baumfarn auf dem feuchten Waldboden zum Verrotten braucht – ein oder höchstens zwei Jahrzehnte.

Warum dehnte sich der Wald aus? Mir fiel ein, dass ich gelesen hatte, die Gletscher Neuguineas würden schmelzen. Waren die Temperaturen am Mount Albert Edward so stark gestiegen, dass Bäume auch da wachsen konnten,

Wiese mit Baumfarnen in den Star Mountains im Innern von Neuguinea.
Hier bemerkte ich, dass dieser Lebensraum unter Wäldern verschwindet, die
aufgrund der globalen Erwärmung in höhere Regionen vordringen.

wo zuvor nur Gras Wurzeln geschlagen hatte? War dies
ein Anzeichen für den Klimawandel?

Ich bin Paläontologe, befasse mich also mit Fossilien
und geologischen Formationen. Daher weiß ich, wie
wichtig Klimaveränderungen für das Schicksal der Arten
gewesen sind. Jetzt aber sah ich den ersten Beweis, dass
Klimaveränderungen die Erde noch während meiner Le-
bensspanne treffen könnten. Ich wusste, dass etwas falsch
war, aber nicht genau, was.

Obwohl ich gute Voraussetzungen mitbrachte, die Bedeutung dieser Beobachtungen zu begreifen, vergaß ich
sie bald. Regenwälder wurden gerodet, um Bauholz und
Ackerland zu bekommen, und die größeren Tierarten, die

dort lebten, wurden bis zum Aussterben gejagt. In meiner Heimat Australien drohten die fruchtbarsten Böden zu versalzen, und zugleich gefährdeten Überweidung, Wasserverschmutzung und das Abholzen der Wälder kostbare Ökosysteme und die Biodiversität – die Vielfalt und Verbreitung der Lebensformen in unserer Umwelt.

Ist der Klimawandel eine ungeheure Bedrohung oder etwas, worum man sich keine Sorgen machen muss? Oder ist er irgendetwas dazwischen – eine Sache, der wir uns bald, aber nicht sofort stellen müssen?

Selbst Wissenschaftler sind sich bei Erkenntnissen zum Klimawandel manchmal uneins. Wir sind gelernte Skeptiker, stellen unsere Arbeit wie die anderer ständig infrage. Eine Theorie ist nur so lange gültig, wie sie nicht widerlegt worden ist. Und leidenschaftslos über den Klimawandel nachzudenken, fällt vielen Menschen schwer, weil er von so vielen Dingen herrührt, die wir als für unsere Lebensweise selbstverständlich betrachten.

Einige Dinge stehen beim Klimawandel aber zweifelsfrei fest. Seine Ursache ist eine bestimmte Art von Luftverschmutzung. Die Größe unserer Atmosphäre und die Menge der Schadstoffe, die wir hineinblasen, sind uns bekannt. Die Geschichte, die ich hier erzählen will, dreht sich um die Auswirkungen einiger dieser Schadstoffe (der sogenannten Treibhausgase) auf das gesamte Leben auf der Erde.

Die letzten 10 000 Jahre lang war der Thermostat – oder die Klimakontrolle – der Erde auf eine durchschnittliche Oberflächentemperatur von rund 14 °C eingestellt. Im Großen und Ganzen bekam das der Menschheit blen-

Der *matanim*-Kuskus: Der Ehemann dieser Frau hat das seltene Tier 1985 in den Wäldern von Neuguinea gefangen. Es ist gut möglich, dass diese Art aufgrund des Klimawandels bereits ausgestorben ist.

dend, und wir konnten uns auf höchst beeindruckende Weise entwickeln – Getreide anpflanzen, Tiere zähmen und Städte bauen.

Im Verlauf des letzten Jahrhunderts haben wir schließlich eine wahrhaft globale Zivilisation erschaffen. Das ist eine ziemliche Leistung, wenn man bedenkt, dass in der gesamten Erdgeschichte sich einzig und allein Ameisen, Bienen und Termiten in vergleichbarer Weise organisieren konnten – und die sind im Vergleich zu uns winzig, und sie brauchen dementsprechend wenig Nahrung und Rohstoffe.

Der Thermostat der Erde ist ein komplexer und empfindlicher Mechanismus; seinen Kern bildet das Kohlendioxid (CO_2), ein farb- und geruchloses Gas aus einem Kohlenstoff- und zwei Sauerstoffatomen.

Das Gas spielt eine entscheidende Rolle dabei, ein Gleichgewicht aufrechtzuerhalten, das für alles Leben notwendig ist. Zugleich ist CO_2 ein Abfallprodukt der fossilen Brennstoffe – Kohle, Öl und Gas –, die so gut wie alle Menschen auf unserem Planeten zum Heizen, zum Transport und zum Decken anderer Energiebedürfnisse verwenden. Auf unbelebten Planeten wie Venus oder Mars besteht die Atmosphäre zum größten Teil aus CO_2, und bei uns wäre das genauso, wenn Lebewesen und irdische Prozesse es nicht in Schach hielten. Die Felsen, Böden und Gewässer unseres Planeten stecken voller Kohlenstoff, der nur darauf wartet, sich mit Sauerstoff zu verbinden und in die Luft zu gelangen.

Während der letzten 10 000 Jahre lag der CO_2-Anteil in der Erdatmosphäre bei rund drei pro 10 000 Teile. Das ist eine geringe Menge – 0,03 Prozent –, aber sie hat großen Einfluss auf die Temperatur. Jedes Mal, wenn wir fossile Brennstoffe verbrauchen, um Auto zu fahren, Essen zu kochen oder das Licht einzuschalten, produzieren wir CO_2. Und dieses Gas verbleibt rund ein Jahrhundert lang in der Atmosphäre. Daher steigt der Anteil von CO_2 in der Luft, die wir atmen, rapide an und sorgt für die Erwärmung unseres Planeten.

Im Verlauf des Jahres 2004 nahm meine Besorgnis immer mehr zu. Die führenden Wissenschaftszeitschriften der Welt waren voller Berichte, dass die Gletscher zehnmal schneller schmolzen, als man zuvor erwartet hatte, dass die Treibhausgase in der Atmosphäre Werte erreicht hatten wie seit Millionen von Jahren nicht mehr und dass infolge des Klimawandels ganze Arten verschwinden. Es gab auch Berichte über extreme Witterungsverläufe, nicht endende Dürreperioden und steigende Meeresspiegel.

Wir können nicht darauf warten, dass andere das Problem des Kohlendioxid-Ausstoßes für uns lösen. Doch wir können alle etwas ändern und mithelfen, den Klimawandel zu bekämpfen, ohne dass dies sonderlich zu Lasten unserer Lebensweise geht. Und in dieser Hinsicht unterscheidet sich der Klimawandel grundlegend von anderen Umweltproblemen wie beispielsweise dem Verlust von Biodiversität oder dem Ozonloch.

Den verlässlichsten wissenschaftlichen Erkenntnissen zufolge müssen wir unseren CO_2-Ausstoß bis 2050 um 70 Prozent verringern.

Wie können wir das erreichen? Wenn deine Familie einen Geländewagen fährt und ihn durch ein Auto mit Hybrid-Antrieb ersetzt, bei dem ein Elektro- mit einem Benzinmotor kombiniert ist, kann sie auf einen Schlag ihre Verkehrs-Emissionen um 70 Prozent verringern.

Wenn der Stromversorger deines Wohnortes auch »grüne« Energie anbietet, könnt ihr zum Preis von einer Tüte Eis pro Tag die Emissionen eures Haushalts gleichfalls deutlich senken. Fragt nach Strom aus erneuerbaren Energiequellen wie Wind, Solarzellen oder Wasserkraft.

Und wenn du deine Familie und ihre Freunde bittest, nur Politiker zu wählen, die sich grundsätzlich der Verringerung des CO_2-Ausstoßes verschrieben haben, kannst du vielleicht die Welt verändern.

Die gesamte Technik, die nötig ist, um auf eine Wirtschaftsweise ohne Kohlendioxid-Ausstoß umzustellen, haben wir bereits. Wir müssen einzig unser Wissen anwenden und unser Bewusstsein schärfen. Was uns am meisten daran hindert, sofort loszulegen, sind Schwarzseherei und die Verwirrung, die jene hervorgerufen haben, die weiterhin die Umwelt verschmutzen wollen, damit sie Geld verdienen.

Unsere Zukunft hängt von Lesern wie dir ab. Wann immer ich bei einem unserer Familientreffen bin, wird mir der wahre Zeitmaßstab des Klimawandels gegenwärtig. Meine Mutter, die geboren wurde, als Autos und elektrische Beleuchtung noch etwas Neues waren, blüht regelrecht auf in der Gesellschaft ihrer Enkel, von denen einige noch keine zehn Jahre alt sind. Die Familie beisammen zu sehen heißt, ein Band tiefer Liebe zu sehen, das 150 Jahre umspannt, denn jene Enkel werden das gegenwärtige Alter meiner Mutter erst spät in diesem Jahrhundert erreichen. Für mich, für meine Mutter und für ihre Eltern ist das Wohlergehen dieser Kinder in jeder Hinsicht so wichtig wie unser eigenes.

Der Klimawandel betrifft so gut wie jede Familie auf diesem Planeten: 70 Prozent aller heute lebenden Menschen werden auch im Jahr 2050 noch am Leben sein.

I. Teil
Die Atmosphäre

1. Alles hängt mit allem zusammen

Solange sie nicht die schlechte Laune packt und sie über unseren Köpfen wütet, denken die meisten von uns kaum an unsere Atmosphäre. »Atmosphäre«: Welch langweilige Bezeichnung für so eine wunderbare Sache. 1903 prägte Alfred Russel Wallace, der zusammen mit Charles Darwin die Theorie der Evolution durch natürliche Auslese begründet hatte, für die Atmosphäre den Begriff »großer Luftozean«. Das ist ein viel besserer Ausdruck, weil er vor dem geistigen Auge Bilder der Strömungen, Strudel und Schichten heraufbeschwört, die weit oben über unseren Köpfen das Wetter hervorbringen und die alles sind, was zwischen uns und der Unendlichkeit des Alls steht.

Wallace' Formulierung entstand in einer romantischen Phase der Wissenschaften. Damals waren Entdeckungen über die Beschaffenheit der Atmosphäre so aufregend wie Monster aus der Tiefsee oder heute Bilder vom Mars. Es sei schon erstaunlich, sinnierte Wallace, dass ohne den Staub in der Atmosphäre Sonnenuntergänge so langweilig wie Spülwasser wären oder unser strahlend blauer Himmel so schwarz und gleichförmig wie Tinte und Schatten so dunkel und scharfkantig, dass sie für unser Auge so undurchdringlich wie Beton erschienen.

Die Atmosphäre ist faszinierend. Sie schützt alles Leben, verbindet alles mit allem und reguliert die Temperatur auf unserem Planeten seit fast vier Milliarden Jahren.

Im Lauf der Zeit ist der Erde diese Temperaturregulierung immer besser gelungen. Etwa die Hälfte ihrer Existenz lang – von vor vier Milliarden bis vor rund 2,2 Milliarden Jahren – wäre ihre Atmosphäre für Wesen wie uns tödlich gewesen. Damals gab es ausschließlich mikroskopisch kleines Leben – Algen und Bakterien –, und das hatte unseren Planeten nur dürftig im Griff.

Vor rund 600 Millionen Jahren war der Sauerstoffgehalt genügend angestiegen, um das Überleben größerer Organismen zu ermöglichen – solchen, die man als Fossilien mit bloßem Auge erkennt. Diese frühen Organismen lebten in einer Zeit folgenschwerer Klimawechsel. Vier große Eiszeiten suchten damals den Planeten heim. Vor 600 Millionen Jahren beispielsweise fror die Erde bis zum Äquator ein. Nur wenige Lebewesen konnten an geschützten Stellen unter dem Äquatoreis überleben.

Zu dieser Tiefkühlung der Erde hat ein sehr wirkungsvoller Mechanismus beigetragen, der als »Albedo« bekannt ist. In dem Begriff steckt das lateinische Wort *albus*, »weiß«, und natürlich ist eine schneebedeckte Erde viel weißer als eine ohne Schnee. Warum ist das so bedeutsam? Ein Drittel aller Sonnenenergie, die die Erde erreicht, wird von weißen Oberflächen zurück ins All reflektiert. Frisch gefallener Schnee reflektiert 80 bis 90 Prozent des Lichts, Wasser hingegen nur fünf bis zehn Prozent.

Sobald ein bestimmter Anteil der Planetenoberfläche von hellem Eis und Schnee bedeckt ist, geht so viel Sonnenlicht verloren, dass es zu einer nicht mehr aufzuhaltenden Abkühlung kommt und der gesamte Planet einfriert.

Dieser Schwellenwert wird unterschritten, wenn Eisfelder ungefähr den 30. Breitengrad erreichen, sich also beispielsweise so weit südlich wie nach Shanghai oder Kairo erstrecken.

Diese große Eiszeit, die vor 600 Millionen Jahren begann, hielt viele Millionen Jahre an. Doch vor rund 540 Millionen Jahren begannen Lebewesen, sich Skelette aus Carbonaten zuzulegen. Dazu nahmen sie CO_2 aus dem Meerwasser auf. In der Folge stieg das CO_2-Niveau der Atmosphäre, und seit jener Zeit sind Eiszeiten etwas ziemlich Seltenes. Nur noch zweimal – vor 355 bis 280 Millionen Jahren und im Verlauf der letzten 33 Millionen Jahre – ist es zu welchen gekommen.

Hinzu kamen weitere Veränderungen, die sich ebenfalls erheblich auf den Thermostat der Erde ausgewirkt haben dürften. Das war im Karbon, als die ersten Wälder das Land bedeckten und der größte Teil der Kohlelagerstätten gebildet wurde, die heutzutage unsere Industrie befeuern. Aller Kohlenstoff in dieser Kohle trieb einst als CO_2 in der Atmosphäre, folglich müssen jene primitiven Wälder den Kohlenstoffzyklus enorm beeinflusst haben.

In jüngerer Zeit haben sich andere Lebewesen auf den Kohlenstoffzyklus ausgewirkt. Die Entstehung und Ausbreitung moderner Korallenriffe vor rund 55 Millionen Jahren entzogen der Atmosphäre unvorstellbare Mengen CO_2 und haben das Klima weiter verändert, was wahrscheinlich eine Abkühlung bedeutete.

Die Evolution und Ausbreitung von Gräsern vor rund sechs bis acht Millionen Jahren hat die Dinge vielleicht auf ganz andere Weise gewandelt. Grasland bindet viel weniger Kohlenstoff als Wald und absorbiert auch weniger Sonnenlicht (Gräser haben eine andere Albedo). Zudem produziert es weniger Wasserdampf, was sich auf die Wolkenbildung auswirkt.

Ein weiterer Einflussfaktor dürfte der Elefant sein, ein großer Waldvernichter. Wie die Menschen war er ursprünglich in Afrika zu Hause, und als er sich vor rund 20 Millionen Jahren über den Planeten ausbreitete (nur Australien entging der Kolonisierung), muss dies ebenfalls den Kohlenstoffzyklus beeinflusst haben. Wie sich diese Entwicklungen genau auf das Klima ausgewirkt haben, wissen wir nicht, aber es ist wohl sicher, dass diese Tiere und Pflanzen die Atmosphäre in gewissem Umfang verändert haben.

Beim Klima hängt alles mit allem zusammen. Um zu verstehen, was in Zukunft passieren könnte, müssen wir so viel wie möglich über unsere Atmosphäre und ihr Verhalten in der Vergangenheit wissen.

2. Der große Luftozean

Die Begriffe Treibhausgase, globale Erwärmung und Klimawandel hat jeder schon gehört. Treibhausgase fangen Hitze nahe der Erdoberfläche ein. Wenn ihr Anteil in der Atmosphäre zunimmt, führt die von ihnen zurückgehaltene zusätzliche Wärme zu einem globalen Temperaturanstieg. Diese Erwärmung wiederum setzt das Klimasystem der Erde unter Druck und kann einen Klimawandel auslösen.

Wetter und Klima sind zwei verschiedene Dinge. Wetter ist das, was wir jeden Tag erleben. Klima ist die Summe aller Witterungsverläufe über eine bestimmte Zeitspanne, und zwar entweder für eine bestimmte Region oder für den Planeten als Ganzes.

Die Atmosphäre untergliedert sich in vier verschiedene Schichten, die sich durch ihre jeweilige Temperatur und die Richtung ihres Temperaturverlaufs unterscheiden.

Der unterste Bereich der Atmosphäre heißt Troposphäre. Ihr Name bedeutet »die Sphäre, in der umgewendet wird«, und sie heißt so, weil die vertikale Durchmischung der Luft für sie charakteristisch ist.

Die Troposphäre reicht durchschnittlich bis in zwölf Kilometer Höhe über der Erdoberfläche, und sie enthält 80 Prozent aller Atmosphärengase. Ihr unteres Drittel ist der einzige Teil der Gesamtatmosphäre, den wir atmen können.

Das Entscheidende an der Troposphäre ist, dass ihr

Temperaturverlauf »auf dem Kopf steht«: An der Erd-oberfläche ist sie am wärmsten, und nach oben kühlt sie sich um 6,5 °C pro vertikalem Kilometer ab. Und sie ist auch der einzige Bereich der Atmosphäre, dessen nörd-liche und südliche Hälften (durch den Äquator geteilt) sich kaum durchmischen. Das erspart den Bewohnern der Südhalbkugel die Luftverschmutzung, die auf der stärker bevölkerten Nordhalbkugel den Blick zum Horizont ein-schränkt und Panoramen trübt.

Die Tropopause trennt die Troposphäre von der nächs-ten Schicht, der Stratosphäre. Im Gegensatz zur Tropo-sphäre wird die Stratosphäre mit zunehmender Höhe im-mer wärmer. Sie ist deutlich geschichtet, und starke Winde wehen in ihr.

Gut 50 Kilometer über der Erdoberfläche folgt darauf die Mesosphäre. Mit −90 °C ist sie der kälteste Bereich der Gesamtatmosphäre, und über ihr schließt sich die letzte Schicht der Atmosphäre an, die Thermosphäre, ein ganz dünnes Süppchen von Gasen, das sich weit ins Weltall er-streckt. Dort können die Temperaturen 1000 °C errei-chen, aber weil die Gase so hauchfein verteilt sind, würde sich diese Schicht nicht heiß anfühlen.

Der große Luftozean setzt sich aus Stickstoff (78 Pro-zent), Sauerstoff (20,9 Prozent) und Argon (0,9 Prozent) zusammen. Diese drei Gase machen fast die gesamte − über 99,95 Prozent − Luft aus, die wir atmen.

Die Fähigkeit der Atmosphäre, Wasser (H_2O) auf-zunehmen, hängt von ihrer Temperatur ab: Bei 25 °C besteht das, was wir einatmen, zu drei Prozent aus Was-serdampf. Aber es sind die selteneren Elemente, die »Spu-rengase«, wie die Wissenschaftler sie nennen − das ver-bleibende Zwanzigstel von einem Prozent −, die der

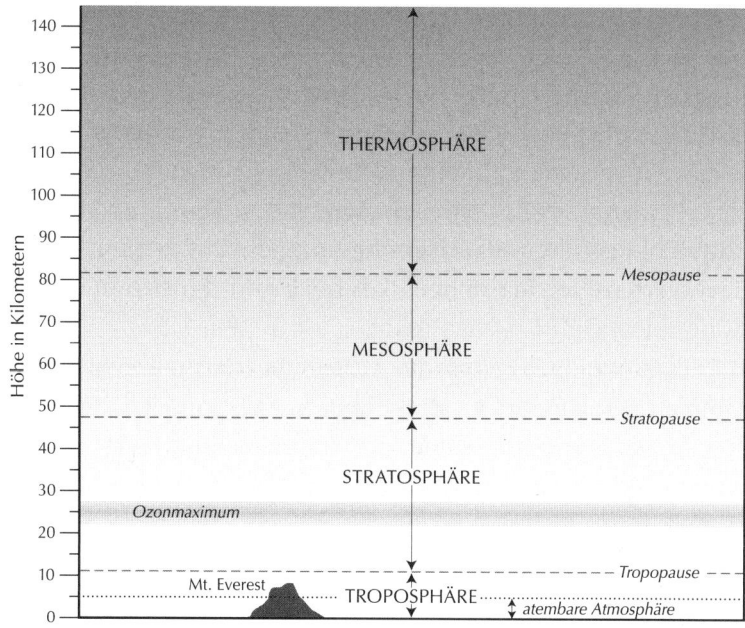

Die vier Hauptschichten der Atmosphäre und die dazugehörigen Grenz-schichten. Nur in einem kleinen Teil der Troposphäre ist die Luft zum Atmen geeignet.

Mischung die Würze geben, und einige davon sind für das Leben auf der Erde von entscheidender Bedeutung. Nehmen wir beispielsweise das Ozon. Seine Moleküle setzen sich aus drei Sauerstoffatomen zusammen, und nur zehn von einer Million Molekülen, die in den Strömungen des großen Luftozeans umgewälzt werden, sind Ozon. Doch ohne den Schutzeffekt jener 0,001 Prozent würden wir bald erblinden, an Krebs sterben oder einer ganzen Reihe weiterer Probleme erliegen, die durch Ultraviolett-strahlung hervorgerufen werden.

Wir sind so klein, und der große Luftozean ist so riesig,

dass kaum zu glauben ist, wir könnten irgendetwas tun, das sein Gleichgewicht stört. Doch wenn wir uns die Erde als eine Zwiebel vorstellen, ist unsere Atmosphäre nicht dicker als die äußerste Pergamenthaut. Ihr atembarer Anteil bedeckt noch nicht einmal vollständig die Oberfläche des Planeten – deshalb müssen Bergsteiger auf dem Mount Everest Sauerstoffmasken tragen.

Die Atmosphäre erscheint riesig, weil sie gasförmig ist. Würden wir das Gas verflüssigen, entspräche sie nur noch $1/_{500}$ der Ozeane. Das ist der Grund, warum die größten Umweltprobleme der Menschheit – Ozonloch, saurer Regen, Klimawandel – aus der Luftverschmutzung herrühren.

Zudem ist die Atmosphäre dynamisch. Die Luft, die du gerade ausgeatmet hast, hat sich schon ziemlich weit ausgebreitet. Das CO_2 aus einem Atemzug von letzter Woche ernährt jetzt vielleicht eine Pflanze auf einem fernen Kontinent oder Plankton im Eismeer.

Binnen weniger Monate wird sich all das CO_2, das du gerade ausgeatmet hast, rund um den Planeten verteilt haben.

Und die Atmosphäre ist auch telekinetisch, was bedeutet, dass Veränderungen gleichzeitig in weit entfernten Regionen auftreten können. Unsere Atmosphäre kann unmittelbar von einem klimatischen Zustand in einen ganz anderen übergehen. Dadurch können sich Stürme, Dürreperioden, Überschwemmungen oder Windverteilungsmuster auf globaler Ebene verändern, und zwar mehr oder weniger gleichzeitig.

Aufgrund der Schnelligkeit der heutigen Kommunikation ist unsere globale Zivilisation ebenfalls telekinetisch, und deshalb entfaltet sie eine solche Kraft. Aber ihre Telekinese erklärt auch, warum regionale Störungen – etwa Kriege, Hungersnöte und Krankheiten – schreckliche Folgen für die Menschheit als Ganze haben können.

Die Atmosphäre ist für die meisten Formen von Strahlungsenergie undurchlässig. Viele Menschen denken, das Tageslicht sei die einzige Energie, die wir von der Sonne bekommen. Aber dieses Sonnenlicht – das sichtbare Licht – ist nur ein schmaler Ausschnitt aus einem breiten Spektrum von Wellenlängen, die die Sonne auf uns abfeuert. Die Treibhausgase halten vor allem jene Strahlungsenergie fest, die wir als Wärme bezeichnen. Indem sie das tun, werden sie jedoch instabil und setzen schließlich die Wärme wieder frei, von der ein gewisser Teil auf die Erde zurückstrahlt. Treibhausgase sind zwar selten, wirken sich aber massiv aus. Sie heizen unsere Welt auf und sind, weil sie die Wärme nahe der Planetenoberfläche festhalten, für den Temperatur-»Kopfstand« der Troposphäre verantwortlich.

Eine Vorstellung davon, wie viel Macht Treibhausgase über die Temperaturen haben, bekommt man, wenn man andere Planeten untersucht. Die Atmosphäre der Venus besteht zu 98 Prozent aus CO_2, und ihre Oberflächentemperatur beträgt 477 °C.

Hätte CO_2 einen Anteil von einem Prozent der Atmosphäre, würde das die Oberflächentemperatur der Erde an den Siedepunkt bringen.

Wenn man einen unmittelbaren Eindruck bekommen will, was Treibhausgase anrichten, muss man im August New

York besuchen. Die ungesunde Hitze und die Luftfeuchtigkeit tauchen in dieser übervölkerten Welt voll Beton, ausgetrocknetem Bitumen und klebrigen menschlichen Körpern jeden in Schweiß. Am schlimmsten ist es nachts, wenn die Luftfeuchtigkeit und eine dicke Wolkenschicht die Hitze einschließen. Ich erinnere mich daran, wie ich mich in einem Zimmer in einer heruntergekommenen Gegend, die für ihre Drogenhändler und -abhängigen bekannt ist, zwischen schweißgetränkten Laken wälzte und herumwarf. Während meine Augen brannten, als wären sie voll Sand, und meine Haut verkrustete, konnte ich den Schmutz der acht Millionen menschlichen Körper in der Stadt riechen.

Plötzlich sehnte ich mich danach, in einer Wüste zu sein – einer trockenen, klaren Wüste, in der, wie heiß der Tag auch sein mag, der blanke Nachthimmel segensreiche Erleichterung bringt. Der Unterschied zwischen einer Wüste und New York City bei Nacht besteht in einem einzigen Treibhausgas, dem potentesten von allen: Wasserdampf. Als ich daran dachte, dass Wasserdampf zwei Drittel all der Wärme speichert, die sämtliche Treibhausgase zusammen einfangen, verfluchte ich die Wolken über mir.

Aber Wolken haben auch ihr Gutes. Im Gegensatz zu anderen Treibhausgasen hält Wasserdampf in Form von Wolken tagsüber einen Teil der Sonnenstrahlung zurück und dadurch die Temperaturen niedrig.

Wie beeinflussen sich CO_2 und Wasserdampf? Wenn die CO_2-Konzentration zunimmt, erwärmt das die Atmosphäre nur ein wenig, aber sie kann daraufhin mehr Wasserdampf aufnehmen. Und das wiederum führt zu einer Verstärkung der anfänglichen Erwärmung. Man kann sich CO_2 als den Hebel vorstellen, der unser Klima um-

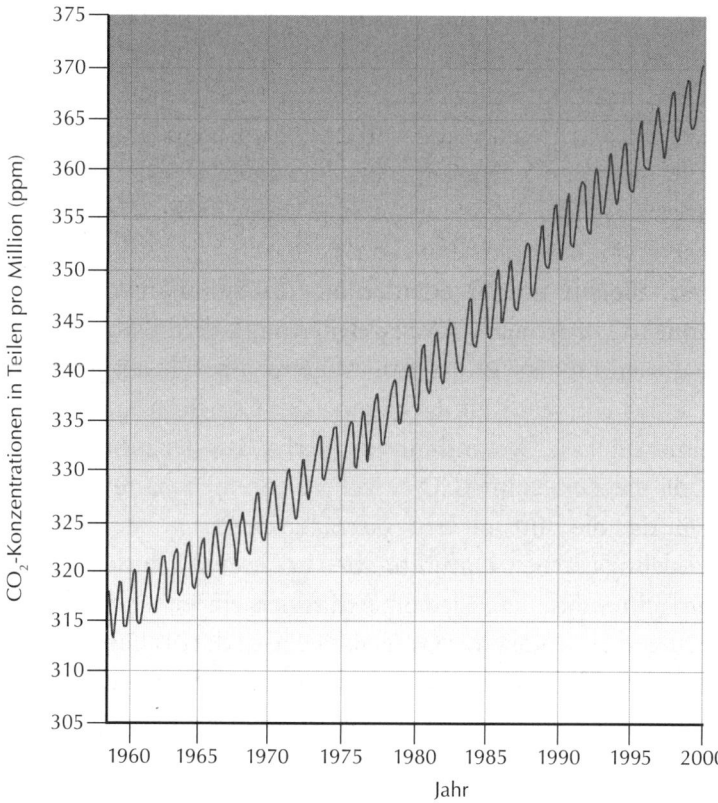

Die Keeling-Kurve zeigt die CO_2-Konzentrationen in der Atmosphäre, wie sie auf dem Gipfel des Mauna Loa auf Hawaii zwischen 1958 und 2000 gemessen wurden. Der Sägezahn-Effekt rührt von den jahreszeitlichen Vegetationsschwankungen der Wälder in den nördlichen Breiten her, der verheerende Gesamtanstieg aber ist auf das Verbrennen fossiler Energieträger zurückzuführen.

stellt – oder aber als das Streichholz, das die Feuersbrunst des Klimawandels entzündet. CO_2 entsteht, wann immer wir etwas verbrennen oder etwas zersetzt wird. Wie misst man es? In den fünfziger Jahren des vergangenen Jahrhunderts hat ein Klimatologe namens Charles Keeling damit begonnen, regelmäßig auf den Mount Mauna Loa auf Hawaii zu steigen, um die CO_2-Konzentrationen in der Atmosphäre zu messen. Aus seinen Werten entwickelte er eine grafische Darstellung, die sogenannte Keeling-Kurve, die zu den wunderbarsten Dingen gehört, die ich je gesehen habe. In ihr kann man unseren Planeten atmen sehen.

In jedem Frühling auf der Nordhalbkugel, wenn die sprießenden grünen Pflanzen der Atmosphäre CO_2 entziehen, beginnt das große Einatmen unserer Erde, das in Keelings Kurve als ein Rückgang der CO_2-Konzentration verzeichnet ist. Wenn dann im Herbst auf der Nordhalbkugel die Zersetzung CO_2 erzeugt, kommt es zum Ausatmen, das die Luft mit dem Gas anreichert.

Keelings Arbeit enthüllte aber noch etwas anderes. Er entdeckte, dass nach jedem Ausatmen ein bisschen mehr CO_2 in der Atmosphäre war als bei dem davor. Dieses unschuldige kleine Ansteigen in der Keeling-Kurve war das erste untrügliche Anzeichen, dass wir den Preis für die Sucht unserer Zivilisation nach fossilen Brennstoffen zahlen müssen.

Stellt man sich die Verlängerung der Kurve ins 21. Jahrhundert vor, wird schnell klar: Wenn wir unsere Verhaltensweisen nicht ändern, verdoppelt sich die CO_2-Konzentration in der Atmosphäre von drei Molekülen pro 10 000 auf sechs.

Dieser Anstieg hat das Potenzial, unseren Planeten um rund 3 °C aufzuheizen, vielleicht sogar um 6 °C.

3. Die Treibhausgase

Als Wissenschaftlern erstmals klar wurde, dass die Zunahme von CO_2 in der Atmosphäre etwas mit dem Klimawandel zu tun hat, waren einige verwirrt. Es gibt so wenig davon in der Atmosphäre – wie kann es dann das Klima eines gesamten Planeten ändern? Dann fanden sie aber hcraus, dass CO_2 als Auslöser für das Wirken des potentesten Treibhausgases, den Wasserdampf, dient. Außerdem hält sich CO_2 sehr lange in der Atmosphäre: Rund 56 Prozent von allem CO_2, das Menschen in den letzten hundert Jahren durch das Verheizen fossiler Brennstoffe freigesetzt haben, sind noch da oben, und sie sind – direkt wie indirekt – die Ursache für rund 80 Prozent aller globalen Erwärmung.

Die Tatsache, dass ein bekannter Anteil von CO_2 in der Atmosphäre verbleibt, erlaubt uns – mit gerundeten Werten – ein Kohlenstoff-Budget für die Menschheit zu berechnen. Die Maßeinheit dafür ist die Gigatonne: Eine Gigatonne sind eine Milliarde Tonnen. Das Kohlenstoff-Budget zeigt uns, wie viel Kohlenstoff wir noch in die Atmosphäre blasen können, bis gefährliche Veränderungen ausgelöst werden. Der Schwellenwert dafür liegt, darüber ist man sich weitgehend einig, bei 450 bis 550 Teile CO_2 pro Million.

Vor 1800 (dem Beginn der Industriellen Revolution) fanden sich rund 280 Teile CO_2 pro Million in der Atmosphäre, was insgesamt auf rund 586 Gigatonnen Kohlenstoff hinausläuft. (Um Vergleiche zu erleichtern, beziehen sich Zahlen wie diese nur auf den Kohlenstoff in den

CO_2-Molekülen. Das tatsächliche Gewicht von allem CO_2 wäre 3,7-mal größer.)

Heute belaufen sich die Zahlen auf 380 Teile pro Million oder rund 790 Gigatonnen.

Wenn wir die CO_2-Emissionen unter dem gefährlichen Schwellenwert halten wollen, müssen wir alle zukünftigen menschlichen Emissionen auf rund 600 Gigatonnen limitieren. Gut die Hälfte davon würde in der Atmosphäre verbleiben, was das CO_2-Niveau auf rund 1100 Gigatonnen oder 550 Teile pro Million bis zum Jahr 2100 anheben würde.

Das ist ein ziemlich knappes Budget, mit dem sich die Menschheit da begnügen muss. Auf ein Jahrhundert verteilt, bedeutet das sechs Gigatonnen pro Jahr. Wenn man das mit den durchschnittlich 13,3 Gigatonnen vergleicht, die in den neunziger Jahren alljährlich hinzukamen (die Hälfte davon aus dem Verheizen fossiler Brennstoffe), und dazu bedenkt, dass die Menschheit bis zum Jahr 2050 von sechs auf neun Milliarden anwachsen wird, dann wird das Problem deutlich.

Selbst sehr langfristig betrachtet ist dieser CO_2-Anstieg ohne Beispiel. Den CO_2-Gehalt vergangener Zeiten kann man anhand von Luftblasen messen, die sich im Eis erhalten haben. Wissenschaftler haben ein über drei Kilometer tiefes Loch in die antarktische Eiskappe gebohrt und einen Bohrkern herausgeholt, der fast eine Million Jahre Erdgeschichte abdeckt.

Wie viel uns die Eisbohrkerne über das Klima und die Atmosphäre vergangener Zeiten erzählen können, wurde mir bewusst, als ich den Eisbohrkern-Lagerraum der Universität von Kopenhagen besuchte. Ich kam direkt aus dem australischen Sommer, und im Labor herrschten

−26 °C. Der abgehärtete Däne, der mich herumführte, bemerkte meinen Schock nicht. Doch die Sorge, mir die Nase abzufrieren, verschwand auf der Stelle, als mein Führer ein rund ein Meter langes, zylindrisches Stück Eis nahm und auf eine bestimmte, etwa fünf Zentimeter dicke Eisschicht darin zeigte. Dieses Eis war, sagte er, im Innern von Grönland in dem Jahr als Schnee gefallen, als Jesus geboren wurde. Die winzigen Punkte, die ich darin erkennen konnte, waren Luftblasen, die das Eis eingeschlossen hatte. Anhand dieser Lufteinschlüsse können die Wissenschaftler bestimmen, wie hoch der Gehalt von CO_2 und anderen Gasen in der Atmosphäre in jenem Jahr war, und damit einiges über das damalige Klima sagen. Die Luft vermischt sich so schnell, sagte er, dass diese Luftblasen gut einige Moleküle enthalten können, die die Heilige Familie in diesem ersten Jahr ausatmete.

Das einzigartige Zeugnis der Eisbohrkerne deckt auf, dass zu kalten Zeiten der CO_2-Gehalt auf rund 160 Teile pro Million abfiel und er bis vor kurzem niemals 280 Teile überstieg. Die Industrielle Revolution mit ihren Dampfmaschinen und rauchenden Schloten änderte das. 1958, als Keeling mit seinen CO_2-Messungen auf dem Mauna Loa begann, betrug der Wert bereits 315 Teile pro Million.

Unsere Sklaven sind es – die Milliarden von Maschinen, die wir so gebaut haben, dass sie mit fossilen Brennstoffen wie Kohle, Benzin, Diesel und Gas laufen –, die die Hauptrolle bei der CO_2-Produktion spielen. Am gefährlichsten von allen sind die Kraftwerke, die aus Kohle Elektrizität erzeugen. Die schwärzeste Kohle (Anthrazit) besteht aus mindestens 92 Prozent Kohlenstoff, während trockene Braunkohle rund 70 Prozent Kohlenstoff und fünf Prozent Wasserstoff enthält.

Manche Kraftwerke verheizen 500 Tonnen Kohle pro Stunde, und ihr Wirkungsgrad ist so schlecht, dass rund zwei Drittel der dabei erzeugten Energie verschwendet werden. Und wozu dient das alles? Einfach um Wasser zu kochen, aus dem Dampf wird, der gigantische Turbinen in Bewegung setzt, welche den Strom erzeugen, mit denen unsere Häuser und Fabriken versorgt werden.

Die wenigsten von uns machen sich eine Vorstellung davon, dass es die Technik des 19. Jahrhunderts ist, die unsere ausgeklügelten Apparate des 21. Jahrhunderts brummen lässt.

Es gibt rund 30 weitere Treibhausgase in der Atmosphäre. Stell sie dir als Glasfenster in einer Decke vor, wobei jedes Gas ein anderes Fenster ist. Wenn die Zahl der Fenster zunimmt, gelangt mehr Lichtenergie in den Raum, wo sie als Wärme festgehalten wird.

Das nach CO_2 wichtigste Treibhausgas ist Methan. Es wird von Mikroorganismen erzeugt, die in sauerstoffloser Umgebung wie etwa stehenden Tümpeln und Gedärmen gedeihen, weshalb es in Sümpfen, Fürzen und Rülpsern reichlich vorhanden ist. In der Atmosphäre macht es gerade mal 1,5 Teile pro Million aus, aber seine Konzentration hat sich im Verlauf der letzten paar Jahrhunderte verdoppelt.

Methan fängt sechzigmal wirkungsvoller als CO_2 Wärmeenergie ein, aber es hält sich glücklicherweise nicht so viele Jahre in der Atmosphäre. Man schätzt, dass Methan 15 bis 17 Prozent der in diesem Jahrhundert zu erlebenden globalen Erwärmung verursachen wird.

Und Distickstoffoxid (Lachgas, N_2O) schließt Wärme 270-mal effizienter ein als CO_2. Es ist zwar viel seltener als

Methan, bleibt aber 150 Jahre lang in der Atmosphäre.

Etwa ein Drittel der globalen N_2O-Emissionen rühren vom Verheizen fossiler Brennstoffe her, der Rest vom Verbrennen von Biomasse (Pflanzen- und Tierresten) und der Verwendung von stickstoffhaltigen Düngemitteln. Es gibt zwar auch natürliche Quellen für Distickstoffoxid, aber die menschlichen Emissionen übertreffen sie mittlerweile mengenmäßig bei weitem. Heute befinden sich 20 Prozent mehr Distickstoffoxid in der Atmosphäre als zu Beginn der Industriellen Revolution.

Die seltensten aller Treibhausgase zählen zu den Chemikalienfamilien FKW (Fluorkohlenwasserstoffe) und CFK (Chlorfluorkohlenstoffe). Diese folgenreichen Ausgeburten menschlichen Erfindungsreichtums gab es nicht, ehe Chemiker sie industriell herstellten. Einige dieser Stoffe, so etwa das zungenbrecherische Dichlortrifluoräthan, das einst für Kühlzwecke benutzt wurde, speichern Wärmeenergie zehntausendfach effizienter als CO_2, und sie können für viele Jahrhunderte in der Atmosphäre bleiben. Wir werden diese Klasse von Chemikalien später wiedertreffen, wenn es um das Ozonloch geht.

Erst einmal müssen wir mehr über den Kohlenstoff im CO_2 wissen. Sowohl Diamanten als auch Ruß sind Kohlenstoff in reiner Form; der einzige Unterschied besteht darin, wie die Atome arrangiert sind. Kohlenstoff ist auf der Oberfläche des Planeten Erde überall zu finden. Ständig gelangt er in unsere Körper und wieder hinaus und genauso aus Felsen ins Meer oder in Böden und von dort in die Atmosphäre und wieder zurück.

Gäbe es keine Pflanzen und Algen, würde uns bald der Sauerstoff ausgehen, und wir würden in CO_2 ersticken. Bei der Photosynthese (dem Prozess, bei dem Pflanzen mittels Sonnenlicht und Wasser Zucker produzieren) verwenden die Pflanzen unseren CO_2-Abfall und erzeugen daraus ihre Energie, wobei sie ihrerseits als Abfall Sauerstoff produzieren. Dieser raffinierte, sich selbst unterhaltende Kreislauf bildet die Basis allen Lebens auf der Erde. Die Menge Kohlenstoff, die auf und um unseren Planeten zirkuliert, ist gewaltig. Rund eine Billion Tonnen Kohlenstoff sind in Lebewesen gebunden, aber die in der Erde vergrabenen Mengen sind weit, weit größer. Und auf jedes CO_2-Molekül in der Atmosphäre kommen 50 in den Ozeanen.

Wenn der Kohlenstoff die Atmosphäre verlässt, gelangt er an Orte, die man Kohlenstoff-Reservoire nennt. Du und ich und alle Lebewesen sind Kohlenstoff-Reservoire, genau wie Ozeane und ein Teil der Felsen unter unseren Füßen.

Im Verlauf von Äonen wurde sehr viel CO_2 in der Erdkruste eingelagert. Dazu kommt es, wenn abgestorbene Pflanzen begraben werden und in tiefere Schichten gelangen, wo sie zu fossilen Brennstoffen werden. Auch über kürzere Zeiträume kann viel Kohlenstoff im Boden eingelagert werden, und zwar in dem schwarzen Humus, den die Gärtner so lieben.

Selbst die »Rülpser« der Vulkane (die viel CO_2 enthalten) können das Klima stören. Und auch Meteoriten, die auf die Erde treffen, können den Kohlenstoffzyklus unterbrechen, indem sie Ozeane, die Atmosphäre und die Erdkruste durcheinanderwirbeln.

Den Wissenschaftlern ist bekannt, wohin das CO_2 gelangt, das die Menschen produzieren. Das ist möglich, weil das Gas aus den fossilen Energieträgern eine einzigartige chemische Signatur hat, sodass man ihm auf der Spur bleiben kann, wenn es um den Planeten zirkuliert. In stark gerundeten Zahlen ausgedrückt, werden alljährlich zwei Gigatonnen von den Ozeanen und weitere 1,5 Gigatonnen von Landlebewesen absorbiert.

Der Beitrag, den das Land dazu leistet, resultiert zum Teil aus einem historischen Zufall – der Pionierzeit in Amerika. Ältere Pflanzen, Bäume und Wälder binden nicht viel CO_2, denn sie befinden sich im Gleichgewicht: Sie setzen CO_2 frei, wenn alte Vegetation verrottet, und absorbieren es, wenn neue wächst. Die größten Wälder der Welt – die Nadelwälder Sibiriens und Kanadas – und die tropischen Regenwälder nehmen also nicht so viel Kohlenstoff auf wie junge Wälder.

Während des 19. und Anfang des 20. Jahrhunderts rodeten und verbrannten die amerikanischen Pioniere die großen Wälder im Osten, und sie verbrannten und beweideten die Ebenen und Steppen im Westen. Veränderungen der Landnutzung ermöglichten dann, dass die Vegetation zurückkehrte und wuchs. Infolgedessen sind die meisten der amerikanischen Wälder jünger als 60 Jahre und wachsen mit voller Kraft nach, wobei sie alljährlich der Atmosphäre rund eine halbe Milliarde Tonnen CO_2 entziehen. Denn Bäume werden aus Luft gebaut, nicht nur aus dem Boden, in dem sie wachsen: Holz, Blätter und Rinde bestehen zu großen Teilen aus CO_2, das vor nicht allzu langer Zeit noch in der Atmosphäre war.

Neu angepflanzte Wälder in China und Europa absorbieren vielleicht dieselbe Menge. Ein paar entscheidende Jahrzehnte lang haben diese jungen Wälder geholfen, unseren Planeten kühl zu halten, indem sie überschüssiges CO_2 aufnahmen.

Doch während sich die Wälder und Gebüsche der Nordhalbkugel von den Schlägen der Pioniere erholen, nehmen sie immer weniger CO_2 auf – und das genau zu der Zeit, da Menschen immer mehr davon in die Atmosphäre blasen.

Auf lange Sicht betrachtet, gibt es auf unserem Planeten nur ein wirklich großes Kohlenstoff-Reservoir – die Ozeane. Sie haben 48 Prozent des Kohlenstoffs absorbiert, den die Menschen zwischen 1800 und 1994 emittiert haben.

Die Fähigkeit der Weltmeere, Kohlenstoff aufzunehmen, wechselt jedoch. Ein einziges Ozeanbecken, der Nordatlantik – der nur 15 Prozent der Meeresoberfläche der Welt ausmacht –, enthält fast ein Viertel allen Kohlenstoffs, den die Menschen seit 1800 emittierten. Diese »Kohlenstoff-Niere« hat 20 Prozent allen je von Menschen emittierten Kohlendioxids aufgenommen.

Aber die Wissenschaftler sind besorgt, dass Veränderungen der Meeresströmungen aufgrund der globalen Erwärmung die Aufnahmefähigkeit dieser »Kohlenstoff-Niere« herabsetzen. Das könnte auf vielerlei Weise geschehen. Eine davon lässt sich mit einer warmen Limo-Dose demonstrieren: Das intensive Zischen beim Öffnen der Dose ist rasch beendet – was darauf hinweist, dass die Flüssigkeit sehr schnell alles Kohlendioxid freigesetzt hat, das ihr die Spritzigkeit verliehen hatte. Kalte Getränke hingegen sprudeln länger. Das gilt auch für Ozeane: Kaltes Meerwasser kann viel mehr Kohlenstoff binden als warmes. Wenn der Ozean sich also erwärmt, wird er weniger von dem Gas absorbieren.

Meerwasser enthält auch Carbonate. Sie gelangen mit Flüssen, die über Kalkstein und andere kalkhaltige Felsen geflossen sind, in die Ozeane und reagieren mit dem dort absorbierten CO_2. Im Augenblick herrscht zwischen der Carbonatkonzentration und dem absorbierten CO_2 ein Gleichgewicht. Wenn jedoch die CO_2-Konzentration in den Ozeanen zunimmt, werden die Carbonate aufgebraucht.

Dadurch werden die Meere saurer, und je saurer ein Ozean ist, desto weniger CO_2 kann er absorbieren.

Am Ende dieses Jahrhunderts werden die Ozeane, so schätzt man, zehn Prozent weniger CO_2 aufnehmen als heute. Und das, während wir mehr und mehr CO_2 in die Atmosphäre blasen.

4. Eiszeiten und Sonnenflecken

Warum hält die Erde nicht all die Wärme fest, die sie von der Sonne bekommt? Und warum strahlt andererseits nicht alle Wärme wieder zurück ins Weltall?

Denk dir ein Skigebiet an einem sonnigen Tag: Die Luft dort bleibt kalt. Das liegt daran, dass die Sonne die Atmosphäre nicht aufheizt (und in der kalten Luft gibt es nur wenig Wasserdampf, der Wärme speichern könnte) und zudem die Sonnenenergie vom Schnee in den Raum reflektiert wird. Fallen die Sonnenstrahlen auf etwas Dunkleres, beispielsweise Haut oder einen Skihandschuh, werden sie absorbiert, und es wird Wärme erzeugt.

Während dein Skihandschuh angenehm warm wird, wird die Wärmeenergie in Richtung Himmel abgestrahlt, wo sie von den Treibhausgasen in der Atmosphäre eingefangen wird. So kann das Licht ungehindert eine mit Treibhausgasen aufgeladene Atmosphäre durchdringen, aber die Hitze hat Probleme, wieder hinauszukommen.

Viele Wissenschaftler stellten sich die Frage, warum die Erde sich erwärmt und abkühlt. Einer der bemerkenswertesten war Milutin Milanković. Er wurde 1879 im heutigen Serbien geboren und arbeitete lange als Bauingenieur im österreichisch-ungarischen Reich. Während des Ersten Weltkriegs wurde er in Budapest interniert, wo er in der Bibliothek der Ungarischen Akademie der Wissenschaften arbeiten durfte. Schon zuvor hatte er begonnen, über das große Rätsel seiner Zeit nachzudenken: die Ursache der Eiszeiten. 1941, gut zwei Jahrzehnte später, konnte er schließlich sein großes Werk zu den Unterschieden bei der Sonneneinstrahlung und der Entstehung von Eiszeiten veröffentlichen.

Milutin Milanković entdeckte drei wichtige Zyklen, die Einfluss auf die Schwankungen des irdischen Klimas haben. Der längste dieser Zyklen hat mit der Umlaufbahn der Erde um die Sonne zu tun. Das überrascht vielleicht, aber diese Umlaufbahn ist kein perfekter Kreis, sondern eine Ellipse, deren Gestalt sich in einem Zyklus von 100 000 Jahren verändert; man spricht auch von der Exzentrizität der Erde. Wenn die Umlaufbahn der Erde stark elliptisch ist, bringt sie den Planeten sowohl näher an die Sonne heran als auch weiter weg von ihr, was bedeutet, dass sich die Intensität der Sonneneinstrahlung auf der Erde im Jahreslauf erheblich ändert.

Gegenwärtig ist die Umlaufbahn nicht sehr stark elliptisch, und die Strahlung, die die Erde erreicht, unterscheidet sich zwischen Januar und Juli nur um sechs Prozent. Zu anderen Zeiten beträgt die Differenz hingegen 20 bis 30 Prozent. Dies ist der einzige Zyklus, der die Gesamtmenge der Sonnenenergie verändert, die die Erde erreicht, also ist sein Einfluss von erheblicher Bedeutung.

Der zweite Zyklus braucht 42 000 Jahre für einen Durchlauf und hat mit der Neigung der Erdachse zu tun. Diese wechselt zwischen 21,8° und 24,4°, und davon hängt ab, wo die meiste Strahlung einfällt. Im Moment liegt die Neigung der Erdachse im mittleren Bereich. Der dritte und kürzeste Zyklus, der nur 22 000 Jahre dauert, ist dadurch bedingt, dass die Erdachse »eiert«. Im Verlauf dieses Zyklus zeigt die Erdachse mal zum Polarstern, mal zur Wega. Dies beeinflusst die Intensität der Jahreszeiten. Wenn die Wega im nördlichen Himmelspol steht, können die Winter bitterkalt und die Sommer sengend heiß sein.

Wann verursachen die Milanković-Zyklen Eiszeiten?

Die Antwort darauf hängt mit der Kontinentalverschiebung zusammen. Nur wenn diese große Teile der irdischen Landoberfläche nahe an die Pole bringt, können die Milanković-Zyklen Eiszeiten auslösen. Dann kann sich bei passendem Zyklenverlauf mit milden Sommern und harten Wintern so viel Schnee auf den polaren Landflächen anhäufen, dass er sich schließlich zu riesigen Schilden aufbaut. Dann beginnt eine Eiszeit.

Selbst in ihren Extremen ändern die Milanković-Zyklen die Gesamtmenge des Sonnenlichts, das die Erde erreicht, um weniger als 0,1 Prozent. Doch dieser scheinbar minimale Unterschied kann die Temperatur der Erde um satte 5 °C steigen oder fallen lassen.

Wie eine so kleine Ursache zu derartigen Veränderungen führen kann, bleibt ein großes Rätsel, aber es ist sicher, dass die Treibhausgase dabei eine Rolle spielen. In der Tat kann man mit Computermodellen keinen Ausbruch einer Eiszeit simulieren, wenn man dabei nicht das atmosphärische CO_2 auf der Südhalbkugel reduziert.

Milanković löste mit seiner Arbeit das Rätsel der Eiszeiten, aber es sollte Jahrzehnte dauern, bis die Welt von seiner brillanten Leistung erfuhr. Erst 1969 wurde sein Werk ins Englische übersetzt. Zu diesem Zeitpunkt hatten Ozeanographen bereits in Sedimenten vom Tiefseeboden direkte Beweise für genau die Auswirkungen gefunden, die Milanković vorhergesagt hatte.

Diese Untersuchungen kamen zu dem Ergebnis, dass

die Milanković-Zyklen jetzt die Erde abkühlen müssten. Anfang der siebziger Jahre, als man mehr darüber wusste, sprachen Wissenschaftler bereits von einer neuen Eiszeit. Aber das geschah, ehe sie erkannten, wie die Luftverschmutzung das Gleichgewicht der Treibhausgase verändert.

Heute gilt Milanković' Meisterwerk als einer der größten Durchbrüche in der Klimaforschung.

Mit ihren Erkenntnissen über Treibhausgase und die Milanković-Zyklen ausgerüstet, begannen die Klimatologen zu begreifen, warum sich das Klima der Erde im Lauf der Zeit ändert. Doch es gibt noch weitere Faktoren zu berücksichtigen. Einer davon ist die Intensität der von der Sonne abgestrahlten Energie. Rund zwei Drittel der Sonnenstrahlung, die unseren Planeten erreicht, werden absorbiert und hier genutzt, das restliche Drittel wird ins All reflektiert.

Vor über 2000 Jahren berichteten griechische und chinesische Astronomen von dunklen Flecken auf der Sonne, deren Form und Lage sich änderten. Im April 1612 machte Galileo Galilei mit einem der ersten Fernrohre genaue Beobachtungen dieser Sonnenflecken und zeigte, dass es sich dabei nicht um Satelliten handelt, die vor der Sonne vorbeiziehen, sondern dass sie auf dem Stern selbst ihren Ursprung haben.

Im 19. Jahrhundert fand man heraus, dass sich die Aktivität der Sonnenflecken sowohl in einem elfjährigen als auch in einem längeren, Jahrhunderte dauernden Zyklus ändert. Sonnenflecken sind etwas kühler als die restliche

Oberfläche des Sterns. Doch paradoxerweise scheint sich die Erde zu erwärmen, wenn es viele davon gibt. Eine geringe Sonnenfleckenzahl, glaubt man, war für rund 40 Prozent des Temperaturrückgangs während des sogenannten Maunder-Minimums von 1645 bis 1715 verantwortlich, als die Temperaturen in Europa um rund ein Grad fielen. Beeinflussen Sonnenflecken das Klima auf der Erde insgesamt? Eine neuere Auswertung von Baumringen über einen Zeitraum von 6000 Jahren erbrachte keinen Hinweis, dass die Aktivität der Sonnenflecken Einfluss auf das Wachstum von Bäumen hat. Es besteht kein Zweifel, dass Sonnenflecken existieren, aber ihre Auswirkungen auf das Leben auf der Erde (und damit die Atmosphäre) sind wohl zu schwach, um messbar zu sein.

In jüngster Zeit haben Wissenschaftler herausgefunden, dass Änderungen der Sonnenstrahlung und der Treibhausgas-Konzentrationen das Klima der Erde auf unterschiedliche Weise beeinflussen. Die Sonnenstrahlung erwärmt die oberen Schichten der Stratosphäre, weil ihre ultravioletten Anteile dort vom Ozon absorbiert werden. Im Gegensatz dazu erwärmen Treibhausgase die Troposphäre, und zwar am stärksten in den tiefen Schichten, wo ihre Konzentration am höchsten ist.

Im Moment durchlebt die Erde sowohl eine stratosphärische Abkühlung (aufgrund des Ozonlochs) als auch eine troposphärische Erwärmung (aufgrund gestiegener Treibhausgas-Mengen). Sonnenflecken können damit nicht zu tun haben.

Auch Fossilien können uns sehr viel über das Klima verraten. Für die fossilen Daten sind abrupte Wechsel von einem stabilen, langfristigen Klimazustand in einen anderen charakteristisch. Es scheint, als würde unser Planet sprunghaft auf die Faktoren reagieren, die das Klima beeinflussen. Diese Serie hektischer Veränderungen trieb Tiere und Pflanzen von einem Ende eines Kontinents zum anderen.

5. Zeitpassagen

Geologiestudenten, die die geologischen Formationen – oder »Systeme« – der Erdgeschichte auswendig lernen müssen, bauen sich dafür oft Eselsbrücken. So wie etwa: »Kann Otto still drei Kannen Pfefferminztee trinken? Ja, kein Teetrinker quasselt.« Dabei steht das K von »Kann« für Kambrium, das O von »Otto« für Ordovizium, das S von »still« für Silur und so weiter bis hinauf in unsere Zeit, ins Quartär.

Haben sie sich die umfangreiche Liste eingetrichtert, verfügen sie aber bloß über die Grundlagen, denn jedes System untergliedert sich wieder in Abteilungen oder Epochen und Stufen und Substufen. Darüber hinaus gibt es je nach örtlichen Besonderheiten sogenannte lokale Einheiten, die nur in bestimmten Gebieten zu unterscheiden sind. In Nordamerika beispielsweise werden die Systeme des Käno- oder Neozoikums in lokale Einheiten untergliedert, die man »nordamerikanische Landsäuger-Zeiten« nennt. Das sind zwar die feinsten Unterteilungen der Zeitskala, aber viele dauerten mehrere Millionen Jahre.

Diese Abschnitte der geologischen Zeitskala lassen sich leicht unterscheiden, weil es immer wieder zu dem kam, was Geologen »faunale Umschichtung« nennen – zu kurzen Phasen, in denen Arten plötzlich neu auftauchten oder verschwanden.

Diese Episoden können wir uns als Zeitpassagen vorstellen, als Momente, in denen ein Zeitalter – und oft ein Klima – dem nächsten Platz machte.

ÄRA	FORMATION / SYSTEM	EPOCHE / ABTEILUNG	WICHTIGE EREIGNISSE	VOR ... JAHREN
	Quartär	Holozän	»langer Sommer«	
		Pleistozän	Eiszeiten erste moderne Menschen	8000
				1,8 Mio.
		Pliozän	erste aufrechte Hominiden	
Käno- oder Neozoikum				5,3 Mio.
		Miozän	Rückgang der Regenwälder	
				23,8 Mio.
	Tertiär	Oligozän	vielfältige Wirbeltier-Gemeinschaften	
				33,7 Mio.
		Eozän	Trennung Australiens von Antarktika Clathraten-Freisetzung vor 55 Mio. Jahren	55,5 Mio.
		Paläozän		
			großes Kreide/Tertiär-Artensterben vor rund 65 Mio. Jahren	65 Mio.
	Kreide		erste Blütenpflanzen	
				145 Mio.
Mesozoikum	Jura		erste Vögel	
				213 Mio.
	Trias		erste Dinosaurier Perm/Trias-Artensterben vor 251 Mio. Jahren	248 Mio.
	Perm		erste Nadelhölzer, frühe Reptilien	
			Eiszeiten vor 350 bis 250 Mio. Jahren	286 Mio.
	Karbon		frühe Amphibien Artensterben am Ende des Devon vor rund 364 Mio. Jahren	360 Mio.
	Devon		erste Insekten	
Paläozoikum				410 Mio.
	Silur		erste Fische Ordovizium/Silur-Artensterben vor rund 439 Mio. Jahren	440 Mio.
	Ordovizium		Wirbellose im Meer	
				505 Mio.
	Kambrium		kambrische Explosion	
				544 Mio.
Proterozoikum			Eiszeiten vor 800 bis 600 Mio. Jahren	
				2500 Mio.
Archaikum			erste Lebensformen	
				3800 Mio.
Katarchaikum			die Erde nimmt Gestalt an	
				4500 Mio.

Die geologischen Zeitalter

Es gibt nur drei Formen der Veränderung, die stark genug sind, um eine Zeitpassage einzuleiten: erstens die Verschiebung von Kontinenten, zweitens kosmische Zusammenstöße und drittens Kräfte wie beispielsweise Treibhausgase, die das Klima verändern. Alle funktionieren auf unterschiedliche Weise, aber sie treiben die Evolution mit denselben Mechanismen voran – Tod und neue Chancen.

Zeitpassagen gibt es in drei »Größen« – kleine, mittlere und große. Eine kleine Zeitpassage kann es beispielsweise geben, wenn Kontinente aneinanderstoßen oder sich Landbrücken eröffnen, weil der Meeresspiegel steigt oder fällt, oder wenn die Erde sich erwärmt beziehungsweise abkühlt. In solchen Fällen sind die Zeitpassagen von einem plötzlichen Auftauchen neuer Arten vor Ort und oft dem Aussterben einheimischer Konkurrenten geprägt.

Die mittelgroßen Zeitpassagen – die die geologischen Systeme oder Formationen trennen – zeigen sich im globalen Maßstab. In solchen Fällen findet man in den Gesteinsschichten fast immer eine traurige Geschichte des Aussterbens, dem die allmähliche Evolution neuer Lebensformen folgt, welche sich den veränderten Verhältnissen anpassen.

Die größten Zeitpassagen jedoch sind die, die die Erdzeitalter unterteilen. Es sind Phasen massiven Umsturzes, in denen bis zu 95 Prozent aller Arten verschwinden. Unser Planet hat ein solches Massensterben bislang erst fünfmal erlebt.

Das letzte Mal traf ein solches Ereignis die Erde vor 65 Millionen Jahren, als alle Lebewesen, die mehr als 35 Kilogramm wogen, und eine ungeheure Zahl kleinerer Arten vernichtet wurden. Damals verschwanden die Dinosaurier, und als Grund dafür nimmt man allgemein an, dass ein Asteroid mit der Erde zusammenstieß. Dabei wurde so viel Dreck in die Atmosphäre geschleudert, dass sich das Klima drastisch änderte – was zum großen globalen Artensterben führte. Bei diesem Ereignis spielte, wie sich herausgestellt hat, CO_2 eine wichtige Rolle. Durch die Untersuchung fossiler Blätter haben Paläobotaniker herausgefunden, dass nach dem Zusammenprall das CO_2 in der Atmosphäre immens zunahm, wahrscheinlich weil der Asteroid mit sehr kalkhaltigem Gestein zusammengestoßen war. Diese schlagartige Einbringung des Treibhausgases führte wohl zu einem abrupten Temperaturanstieg. Arten, die mit der zusätzlichen Hitze nicht fertig wurden (darunter viele Reptilien), kamen um.

Etwa zehn Millionen Jahre später – vor 55 Millionen Jahren – folgte ein weiteres globales Ereignis: Die Erde heizte sich abrupt um 5 bis 10 °C auf. Im November 2003 stießen Wissenschaftler, die über zwei Kilometer tief unter dem Meeresboden im Nordpazifik bohrten, auf eine 25 cm dicke Schlickschicht. Deren Analyse ergab Erstaunliches.

Als Erstes stellten die Forscher fest, dass die Schicht auf einem Abschnitt des Meeresbodens lag, der von Säure weggefressen worden war – ein überzeugender Beweis, dass die Ozeane übersäuert waren. Das ist ein Trend, den wir auch heute beobachten und zu dem es kommt, wenn CO_2 in großen Mengen vom Meerwasser absorbiert wird.

Es überrascht nicht, dass das Leben in den Tiefen des Ozeans davon gründlich in Mitleidenschaft gezogen wurde. Die Untersuchung von Fossilien hat ergeben, dass es zu einem massiven Artensterben im Meer kam, das vom winzigen Plankton bis zu den Monstern der Tiefsee reichte.

An Land gibt es in dieser Periode Anzeichen für abrupte Veränderungen der Regenfälle. Und es kam zu einer bemerkenswerten Reihe von Wanderungen, in deren Rahmen die Fauna und Flora Asiens über Landbrücken auf Höhe des nördlichen Polarkreises nach Nordamerika und Europa vordrangen. Die Neuankömmlinge ließen viele der dort angestammten Kreaturen aussterben.

Mittlerweile wissen wir, dass damals Schwindel erregende 1500 bis 3000 Gigatonnen Kohlenstoff in die Atmosphäre eingebracht wurden. Aus geologischer Sicht ereignete sich die Freisetzung »augenblicklich«, das heißt, sie hat vielleicht nicht einmal Jahrzehnte gedauert. Die CO_2-Konzentration in der Atmosphäre stieg von rund 500 Teilen pro Million (doppelt so viel wie in den letzten 10 000 Jahren) auf rund 2000 Teile pro Million.

Der Klimawandel vor 55 Millionen Jahren wurde anscheinend von einem gigantischen, mit Erdgas betriebenen Äquivalent eines Grillfestes angeheizt.

Die Wissenschaftler glauben, dass dieses Gas aus Kratern vor der norwegischen Küste kam. Der Brennstoff für das Ereignis lagerte in einer der gigantischsten Ansammlungen von Kohlenwasserstoffen – meist in Form von Methan –, die wir kennen.

Wir können uns vorstellen, wie die Erdkruste knirschte, als sich die heißen Zungen geschmolzenen Gesteins ihren Weg in Richtung des Brennstoffes bahnten. Höchstwahrscheinlich brannte er nicht, sondern erhitzte sich, expandierte und stieg dann schnell zur Oberfläche empor. Als er den Meeresboden erreichte, muss es zu einer massiven Tiefseeexplosion gekommen sein, deren Ausmaß die Welt noch nicht gesehen hatte. Der größte Teil des Methans gelangte jedoch nicht in die Atmosphäre. Stattdessen reagierte das Gas mit dem Sauerstoff im Meerwasser, sodass nur das CO_2 an die Oberfläche gelangte. Da es in den Tiefen des Ozeans nun an Sauerstoff mangelte, hatte das Leben dort einen schweren Stand. Als dann das CO_2 auch noch das Tiefenwasser versauern ließ, waren unzählige Arten, von denen wir die meisten niemals kennen werden, zum Aussterben verdammt. In der Tat häufen sich die Beweise dafür, dass viele der Tiefseelebewesen, die es heute gibt, sich erst nach dieser Zeit entwickelten. Die Erde brauchte mindestens 20 000 Jahre, um all den zusätzlichen Kohlenstoff wieder zu absorbieren.

Weil das Massensterben vor 55 Millionen Jahren durch einen rapiden Anstieg von Treibhausgasen verursacht wurde, bietet es die beste Parallele zu unserer gegenwärtigen Situation. Es gibt aber auch bedeutende Unterschiede.

Die Erde befindet sich jetzt seit Millionen Jahren in einer »Kühlhaus«-Phase, während sie vor 55 Millionen Jahren bereits sehr warm war und das CO_2-Niveau rund doppelt so hoch lag wie heute. Damals gab es keine Eiskappen und vermutlich weniger Arten, die an Kälte angepasst waren – sicherlich keine, die Narwalen oder Eisbären vergleichbar wären. Auch kannte diese wärmere Welt wahrscheinlich nicht die wunderbaren Schichten des Lebens, die wir heute auf den Bergen und in den Tiefen des Meeres finden.

Heute wird die Erde im Fall einer rapiden Erwärmung viel mehr verlieren als die Welt vor 55 Millionen Jahren. Damals schloss die Erwärmung eine geologische Epoche ab, während wir mit unseren Aktivitäten nun vielleicht eine gesamte Ära beenden.

6. Im Kühlhaus geboren

Wir Menschen sind, wie unser wissenschaftlicher Name *Homo sapiens* unterstellt, die »denkenden Wesen«. Und wir haben die grandiose Bühne der Weltgeschichte erst vor relativ kurzer Zeit betreten. Die Epoche, in der unsere Art das Licht der Welt erblickte, nennt man das Pleistozän, was wörtlich »jüngste Zeit« bedeutet. Es umfasst nahezu die letzten zwei Millionen Jahre. Die Ersten unserer Art – moderne Menschen sowohl in körperlicher als auch in geistiger Hinsicht – trieben sich vor rund 150 000 Jahren in Afrika herum, und dort haben Archäologen Knochen, Werkzeuge und die Überreste einstiger Mahlzeiten gefunden. Diese ersten Menschen entwickelten sich aus Vorfahren mit kleinen Gehirnen, die wir *Homo erectus* nennen und die fast zwei Millionen Jahre lang auf Erden wandelten.

Dass einige von »ihnen« zu »uns« wurden, lag vielleicht an den Chancen, die die nahrungsreichen Ufer der Seen im afrikanischen Graben oder der Überfluss des Agulhasstroms entlang der Südostküste des Kontinents boten. An solchen Orten könnten neuartige Nahrungsmittel und Herausforderungen den spezialisierten Werkzeuggebrauch gefördert und hoher Intelligenz einen Vorteil bei der Evolution verschafft haben.

In der Umwelt dieser entfernten Vorfahren herrschte ein Kühlhausklima, in dem das Schicksal aller Lebewesen von den Milanković-Zyklen abhing. Wann immer sie dafür sorgten, dass sich die gefrorene Welt der Polarregionen ausweitete, bliesen kalte Winde über den ganzen Planeten, und die Temperaturen sackten ab. Seen schrumpften oder füllten sich, Meeresströmungen mit reichem Nahrungsangebot schwollen an oder versiegten, und Pflanzen wie Tiere gingen über Kontinente hinweg auf Wanderschaft.

Das genetische Erbe, das in dieser Welt aus Eis festgelegt wurde, haben wir noch immer. Ein großer Rückgang unserer genetischen Vielfalt beispielsweise berichtet von einer Zeit vor rund 100 000 Jahren, als Menschen so selten waren wie heute Gorillas. Damals hätten wir leicht von der Erde verschwinden können, denn 2000 fruchtbare Erwachsene waren alles, was zwischen uns und dem Aussterben stand.

Doch dann änderten sich die Milanković-Zyklen auf eine Weise, die unserer Spezies zugute kam, und vor 60 000 Jahren waren kleine Menschenhorden über den Sinai hinaus nach Europa und Asien vorgedrungen. Vor 46 000 Jahren hatten sie den Inselkontinent Australien erreicht und vor 13 000 Jahren, als das Eis ein letztes Mal schwand, entdeckten sie Amerika.

Jetzt gab es schon Millionen von uns auf dem Planeten, und von Tasmanien bis Alaska gediehen die Horden. Doch viele Jahrtausende lang blieben diese intelligenten Menschen, die uns körperlich wie geistig absolut entsprachen, nichts weiter als Jäger und Sammler. Angesichts unserer gigantischen Leistungen im Lauf der letzten 10 000 Jahre ist diese lange Periode des Stillstands ein Rätsel. Hat es etwas mit dem Klima zu tun? Um das zu beantworten, müssen wir uns mit dem Eiszeit-Klima beschäftigen.

Jedes Stück Holz ist auch eine Informationsquelle über das Klima. Schaut man sich einen Holzquerschnitt an, kann man anhand der Jahresringe die Geschichte jener Zeit ablesen, in der der Baum lebte.

Breite Ringe berichten von Wärme und satten Wachstumszeiten, als die Sonne schien und der Regen zur richtigen Zeit fiel. Schmale Ringe, die ein geringes Wachstums des Baums anzeigen, erzählen von Widrigkeiten, als lange, strenge Winter oder trockene, brennend heiße Sommer das Leben harten Belastungsproben unterzogen. Das älteste Lebewesen auf unserem Planeten ist eine Grannenkiefer, die in über 3000 Meter Höhe in den White Mountains in Kalifornien wächst. Sie ist über 4600 Jahre alt und steht neben vielen weiteren superbetagten Exemplaren im Methuselah Grove. Ihr genauer Standort ist ein gut gehütetes Geheimnis, denn sie reagiert sehr empfindlich auf Störungen und ist bereits seit 2000 Jahren allmählich am Absterben.

Im Stamm dieses einzigartigen Baums steckt eine detaillierte, Jahr um Jahr vervollständigte Aufzeichnung der Klimaverhältnisse in Kalifornien. Wenn man das Muster im Kern des Methuselah-Baums mit den äußeren Schichten eines abgestorbenen Baumstumpfs aus der Nähe in Übereinstimmung bringen kann, dann kann man möglicherweise 10 000 Jahre in der Zeit zurückblicken. Baumring-Daten über solche Zeitspannen liegen uns mittlerweile von beiden Halbkugeln vor. Und es gibt sogar Hoffnung, dass die großen Kaurifichten Neuseelands, deren Stämme in Sümpfen unbeschädigt Jahrtausende überdauern, Daten liefern werden, die 60 000 Jahre Klimaveränderungen abdecken werden.

So bequem und weit in die Zeit zurückreichend die Klimadaten der Bäume auch sein mögen, ihre Aussagekraft ist relativ begrenzt. Wenn man wirklich detaillierte Daten haben will, muss man sich dem Eis zuwenden – das aber gibt nur an besonderen Stellen all seine Geheimnisse preis. Ein solcher Ort ist die Quelccaya-Eiskappe im Hochgebirge von Peru. Dort sind die Schneefälle eines jeden Jahres durch eine dunkle Staubschicht von denen des nächsten abgetrennt, weil während des trockenen Winters feiner Sand aus den Wüsten zu Füßen der Berge heraufgeweht wird. Den Sommer über können drei Meter Schnee auf der Quelccaya-Eiskappe fallen, die dann von den Schneefällen des Folgejahres zusammengedrückt werden und erst zu Firn, dann zu Eis werden.

Dabei werden Luftblasen eingeschlossen, die als Miniarchive fungieren, in denen der Zustand der Atmosphäre festgehalten ist. Selbst der Staub liefert Informationen, denn er lässt auf die Stärke und die Richtung der Winde schließen und auf die Verhältnisse unterhalb der Eiskappe.

Die Eisschilde Grönlands und der Antarktis liefern die längsten Bohrkerne der Erde. Unter günstigen Umständen kann man daraus wirklich spektakuläre Daten erlangen. Im Juni 2004 wurde ein über drei Kilometer langer Eisbohrkern aus einer Region der Antarktis gezogen, die Dome C genannt wird und rund 500 Kilometer von der russischen Wostok-Station entfernt ist. Durch Eis zu bohren ist komplizierter, als man glauben mag, und die Gewinnung eines so langen Eisbohrkerns muss als einer der größten Triumphe der Wissenschaft gelten.

Die Bohrstelle war bitterkalt: −50 °C zu Beginn der Bohrsaison und −25 °C in der Mitte des antarktischen Sommers. Der Bohrer selbst hat nur zehn Zentimeter Durchmesser, und während er sich in die Tiefe mahlt, wird eine schlanke Eissäule herausgeschält und zur Oberfläche hochgezogen. Der erste Kilometer war besonders schwierig, denn dort war das Eis voller Luftblasen, und die tendierten dazu, zu zerplatzen und das Eis in nutzlose Scherben zu zersplittern, wenn der Kern hochgezogen wurde. Noch schlimmer war, wenn Eissplitter den Bohrkopf verstopften, sodass er blockierte.

Im Sommer 1998/99 hing der Bohrkopf in über einem Kilometer Tiefe so fest, dass das Loch aufgegeben werden musste. Das Team hatte keine andere Möglichkeit, als ganz von vorn anzufangen. Als sie danach dann tatsächlich drei Kilometer tief bis zum Grund bohrten, stoppten sie den Bohrer nach jeweils ein bis zwei Metern und holten den kostbaren Kern an die Oberfläche.

Als das Team über den Punkt hinaus bohrte, der zuvor erreicht worden war, war die Begeisterung mit Händen zu greifen. »Man weiß, dass man Zeugs kriegt, das noch nie zuvor jemand gesehen hat«, sagte ein Teammitglied, und jeder vollbrachte Kilometer wurde mit eigens erwärmtem Champagner gefeiert.

Als man fast schon den Felsgrund erreicht hatte, tauchte ein weiteres Problem auf. Die Wärme aus dem Felsen darunter schmolz das Eis, sodass der Bohrkopf ein weiteres Mal zu blockieren drohte. Die letzten 100 Meter wurden Ende 2004 gebohrt, man behalf sich mit einem Plastikbeutel voll Äthanol (das sanft den Weg nach unten freischmolz).

Der Bohrkern von Dome C erlaubt uns unter anderem einen Blick auf die Bedingungen während der sogenannten glazialen Maxima, also der Zeiten, in denen das Eis die Erde am festesten im Griff hat. Das letzte Mal geschah dies vor 35 000 bis 20 000 Jahren.

Damals lag der Meeresspiegel über 100 Meter tiefer als

heute, was die Umrisse der Kontinente veränderte. Die heute am dichtesten besiedelten Landschaften Nordamerikas und Europas lagen unter kilometerdickem Eis. Selbst Regionen südlich des Eises, beispielsweise Zentralfrankreich, waren baumlose, subarktische Wüsten. Ihre jährliche Vegetationsperiode dauerte nur 60 Tage und bestand aus einem Wechsel von eisigen Nordwinden und ein paar ruhigen Tagen, an denen ein den Atem raubender Dunst aus Gletscherstaub die Luft erfüllte.

Gegen Ende der Eiszeit gab es große Veränderungen, die sehr schnell erfolgten. Klimatologen interessiert vor allem die Zeit vor 20 000 bis 10 000 Jahren – als das glaziale Maximum abnahm –, denn in jenen zehn Jahrtausenden erwärmte sich die Gesamtoberfläche der Erde um 5 °C – der steilste Anstieg in der jüngeren Erdgeschichte.

Lassen sich das Tempo und das Ausmaß der Veränderungen während jener Periode mit dem vergleichen, was für dieses Jahrhundert vorhergesagt wird? Wenn wir unsere Emissionen von Treibhausgasen nicht reduzieren, ist ein Anstieg um 3 °C (plus oder minus 2 °C) im Verlauf des 21. Jahrhunderts wohl unausweichlich. Am Ende des letzten glazialen Maximums betrug die schnellste damals festzustellende Erwärmung jedoch nur 1 °C pro tausend Jahren.

Der Wechsel, mit dem wir es heute zu tun haben, vollzieht sich dreißigmal schneller – und weil Lebewesen Zeit zur Anpassung brauchen, ist das Tempo beim Klimawandel ebenso wichtig wie das Ausmaß.

Im Jahr 2000 ergab die Analyse eines Bohrkerns aus dem Bonaparte Gulf im tropischen Nordwesten Australiens, dass vor 19 000 Jahren in einem Zeitraum von bloß 100 bis 500 Jahren der Meeresspiegel abrupt um zehn bis 15 Meter stieg. Das weist darauf hin, dass das Tauwetter weit früher einsetzte, als man bislang geglaubt hatte. Das Wasser stammte aus dem Zusammenbruch eines großen Eisschilds auf der Nordhalbkugel. Sein Schmelzwasser wirkte sich auch auf den Golfstrom aus, jene außerordentliche Meeresströmung, die aus dem Golf von Mexiko über Tausende von Kilometern nach Norden reicht. Damals sorgte der schmelzende Eisschild dafür, dass sich ein Viertel bis zwei Sverdrup Süßwasser in den Nordatlantik ergossen. Meeresströmungen werden in Sverdrup gemessen, benannt nach dem norwegischen Ozeanographen Harald Ulrik Sverdrup. Ein Sverdrup stellt eine sehr große Menge fließenden Wassers dar – eine Million Kubikmeter pro Sekunde –, und dieser Zustrom hatte, indem er den Golfstrom unterbrach, weitreichende Folgen.

Der Golfstrom führt riesige Mengen Wärme aus der Nähe des Äquators nach Norden – fast ein Drittel dessen, was die Sonne Westeuropa liefert –, und als Transportmittel dafür dient eine Strömung warmen Salzwassers. Wenn es seine Wärme abgegeben hat, sinkt das Wasser nach unten, weil es wegen des höheren Salzgehalts schwerer ist als das Wasser in der Umgebung, und dieses Absinken zieht mehr warmes, salziges Wasser nach Norden. Wird der salzige Golfstrom mit Süßwasser verdünnt, sinkt er beim Abkühlen nicht mehr ab, und kein weiteres warmes Wasser wird in seinem Gefolge mehr nach Norden transportiert.

Der Golfstrom war in der Vergangenheit mehrfach unterbrochen. Ohne die Wärme, die er mitführt, beginnen die schmelzenden Gletscher wieder anzuschwellen, und da ihre weiße Oberfläche die Sonnenenergie ins All zurückstrahlt, kühlt sich das Land ab. Tiere und Pflanzen ziehen sich zurück oder sterben, und gemäßigte Regionen wie beispielsweise Zentralfrankreich versinken in sibirischer Kälte.

Die Wärme verschwindet jedoch nicht. Das meiste davon sammelt sich um den Äquator herum und auf der Südhalbkugel, wo es zu einem Abschmelzen der südlichen Gletscher kommen kann. Die Sonnenstrahlen fallen dann statt auf Eis auf eine dunkle Meeresoberfläche, wo sie absorbiert werden. Dies heizt die Welt sozusagen von unten her auf. Wenn der Golfstrom sich dank der zunehmenden Eismassen im Norden wieder etabliert hat, tritt die Welt in einen weiteren Zyklus der Erwärmung ein.

Etwas in der Größenordnung von zwei Sverdrup Süßwasser ist erforderlich, um den Golfstrom merklich abzubremsen, und die geologischen Daten bestätigen, dass dies vor 20000 bis 8000 Jahren wiederholt passiert ist. Der Übergang von der Eiszeit zur heutigen Wärmephase war also kein sanfter Anstieg, sondern vielmehr eine wilde Achterbahnfahrt.

Danach wichen die Klimakapriolen einer äußerst gelassenen Ruhe. Es war, sagt der Archäologe Brian Fagan, als hätte ein langer Sommer eingesetzt, mit einer Wärme und Stabilität, wie sie die Welt der Eiszeiten nie zuvor erlebt hatte.

Überall auf der Erde begannen Menschen, die bislang in Hütten Schutz gesucht und von der Hand in den Mund gelebt hatten, Getreide anzubauen, Tiere zu domestizieren und in planvoll errichteten Städten zu leben.

Waren Wärme und Stabilität die Impulse, die zur Blüte unserer vielschichtigen Gesellschaft führten?

7. Der lange Sommer

Der lange, nun schon 8000 Jahre währende Sommer ist zweifelsohne *das* entscheidende Ereignis der Menschheitsgeschichte. Obwohl die Landwirtschaft schon früher begann (nämlich vor rund 15 000 Jahren im Fruchtbaren Halbmond), züchteten wir erst in diesem Zeitraum unsere wichtigsten Nutzpflanzen, zähmten unsere Haustiere, bauten die ersten Städte, die ersten Bewässerungsgräben, schrieben die ersten Wörter nieder und prägten die ersten Münzen. All das geschah nicht nur einmal, sondern viele Male in verschiedenen Teilen der Welt. Noch ehe der lange Sommer 5000 Jahre alt war, waren in West- und Ostasien, in Afrika und Zentralamerika Städte entstanden. Und ihre Tempel, Häuser und Befestigungsanlagen waren sich erstaunlich ähnlich.

Es war, als hätte der menschliche Geist schon die ganze Zeit einen Städtebauplan enthalten und nur darauf gewartet, bis die Umstände seine Umsetzung zuließen.

Diese menschlichen Siedlungen wurden von einer Elite beherrscht, die sich auf fähige Handwerker stützte. In einigen Gesellschaften wurde Schrift entwickelt, und schon in den frühesten Aufzeichnungen – Tontafeln aus dem alten Mesopotamien – begegnet uns das Leben, wie es in einer großen Metropole gelebt wird.

Ist dieser lange Sommer die Folge eines kosmischen Glücksfalls? Standen die Milanković-Zyklen und Sonne und Erde »genau richtig« zueinander, um eine Phase der Wärme und Stabilität von nie dagewesener Dauer herbeizuführen? In jeder der uns bekannten Warmzeiten der letzten eine Million Jahre bewirkten die Milanković-Zyklen einen plötzlichen Temperaturanstieg, auf den ein langes, unstetes Abkühlen folgte. Im gegenwärtigen Milanković-Zyklus gibt es keine Besonderheit, die für den langen Sommer verantwortlich sein könnte. Im Gegenteil, würden die Milanković-Zyklen nach wie vor das Klima der Erde bestimmen, dann müssten wir mittlerweile eine deutliche Kälte verspüren.

Als Bill Ruddiman, ein Umweltwissenschaftler an der University of Virginia, der Frage nachging, was den langen Sommer ausgelöst hatte, suchte er nach einem singulären Faktor – nach etwas, das nur auf diesen letzten Zyklus einwirkte, nicht aber auf die früheren. Dieser singuläre Faktor, so sein Befund, waren wir selbst.

Der Nobelpreisträger Paul Crutzen (der für seine Forschungen über das Ozonloch geehrt wurde) und seine Kollegen hatten bereits zuvor eine neue geologische Epoche ausgemacht und sie uns zu Ehren Anthropozän genannt – was »Zeitalter der Menschheit« bedeutet. Ihren Beginn legten sie auf 1800 n. Chr. fest, als das Methan und das CO_2, das die gigantischen Maschinen der Industriellen Revolution zusammenbrauten, das Klima der Erde zu beeinflussen begannen.

Ruddiman erweiterte diese Argumentation um einem entscheidenden Dreh, denn er spürte etwas auf, das er für menschliche Einflüsse auf das Erdklimas hält, die schon lange vor 1800 einsetzten.

Als Ruddiman die Anteile zweier wichtiger Treibhausgase – Methan und CO_2 – in den Luftblasen im Eis Grönlands und der Antarktis untersuchte, entdeckte er, dass sich das, was passiert, seit 8000 Jahren nicht mehr durch die Milanković-Zyklen erklären lässt. Zu jenem Zeitpunkt hätte ein allmählicher Rückgang des Methans einsetzen müssen, der dann vor 5000 Jahren in einen schnellen hätte übergehen müssen. Stattdessen begann der Methananteil nach einer flachen Delle vor 5000 Jahren wieder langsam, aber nachhaltig zu steigen.

Das, so Ruddiman, sei der Beweis dafür, dass die Menschen der Natur die Kontrolle über die Methan-Emissionen entrissen hätten, und folglich müssten wir den Beginn des Anthropozäns auf vor 8000 Jahren und nicht auf vor 200 Jahren datieren.

Die Anfänge der Landwirtschaft – besonders der Reisanbau auf überfluteten Terrassen in Ostasien – ließen die Entwicklung wieder umkippen, denn solche Anbauverfahren können unglaubliche Mengen Methan produzieren. Auch Bauern mit anderen Getreidearten, die ebenfalls viel Feuchtigkeit brauchen, leisteten zur damaligen Zeit ihren Beitrag dazu. Der Taro-Anbau (für den man Bewässerungssysteme erbauen und instand halten muss) war beispielsweise vor 8000 Jahren auf Neuguinea bereits hoch entwickelt.

Selbst Jäger und Sammler könnten eine Rolle gespielt haben. Durch den Bau von Wehren wurden riesige Bereiche Südostaustraliens zu bestimmten Jahreszeiten in Sümpfe verwandelt. Diese Bauwerke waren vielleicht die größten, die je von nicht sesshaften Menschen errichtet wurden, und sie dienten dazu, Sümpfe für die Zucht von Aalen zu gewinnen. Bei großen Stammestreffen wurden die Aale in Massen gefangen, getrocknet und geräuchert und über weite Entfernungen gehandelt.

Ruddiman fand in den Eisblasen auch Beweise, dass die CO_2-Konzentration in der Atmosphäre schon viel früher von Menschen beeinflusst wurde als zunächst angenommen. Am Ende einer Eiszeit steigt die CO_2-Menge rapide, dann folgt normalerweise ein allmählicher Rückgang, wenn sich die nächste Kälteperiode nähert. Aber in unserem Zyklus nahm sie weiter zu. Bis 1800 war sie auf 280 Teile pro Million angestiegen. Würden einzig natürliche Zyklen das irdische Kohlenstoff-Budget verwalten, behauptet Ruddiman, hätte die CO_2-Menge zu diesem Zeitpunkt nur 240 Teile pro Million betragen und abnehmen müssen.

Auf den ersten Blick erscheint seine Argumentation dürftig. Schließlich hätten die frühen Menschen doppelt so viel Kohlenstoff in die Luft blasen müssen wie unser Industriezeitalter zwischen 1850 und 1990 – eine Menge, wie sie nur eine Bevölkerung von vorher nie erreichter Größe mit Maschinen schaffen konnte, die Kohle verbrennen.

Der Schlüssel, erklärt Ruddiman, liegt in der Zeit. 8000 Jahre sind eine lange Spanne, und während die Menschen überall auf der Erde Wälder absägten und verbrannten, wirkte das, als würde man Federn in eine Waagschale häufen: Irgendwann sind genügend Federn beisammen, dass sich die Waagschale senkt.

Die klimatische Stabilität, die die Menschheit im Verlauf der letzten 8000 Jahre geschaffen hat, ist laut Ruddiman so labil, dass sie noch immer für große Zyklen à la Milanković empfänglich wäre. Und der Archäologe Brian Fagan meint, diese Zyklen könnten so verstärkt werden, dass sie sich wahrhaftig durchschlagend auf die menschliche Gesellschaft auswirken. Die leichte Verlagerung der Erdumlaufbahn zwischen 10 000 und 4000 v. Chr. trug der Nordhalbkugel zwischen sieben und acht Prozent mehr Sonnenschein ein. Dies veränderte das Verhältnis zwischen Niederschlägen und Verdunstung und brachte zum Beispiel Mesopotamien 25 bis 30 Prozent mehr Regen. Was einst eine Wüste war, verwandelte sich in eine saftig grüne Ebene, die eine dicht gedrängte Bauernpopulation ernähren konnte. Nach 3800 v. Chr. kehrte die Erde jedoch auf ihre vorherige Umlaufbahn zurück – die Regenfälle ließen nach, und viele Bauern waren gezwungen, ihre Felder aufzugeben und auf der Suche nach Nahrung weiterzuziehen.

Brian Fagan glaubt, dass die vom Hunger vertriebenen Abwanderer Zuflucht an strategisch günstigen Orten wie etwa Uruk (im heutigen Südirak) fanden, wo Bewässerungskanäle Wasser von den großen Flüssen abzweigten. Die Herrscherschicht verschaffte hier den hungernden Zuwanderern Arbeit bei Bauprojekten wie beispielsweise der Instandhaltung der Bewässerungskanäle.

Der Rückgang der Regenfälle, meint Fagan, zwang die Bauern von Uruk auch zu Erfindungen, und so nutzten sie erstmals Pflüge und Zugtiere und bestellten die Felder in einem Rotationsverfahren, das zwei Ernten pro Jahr ermöglichte.

Da die Getreideproduktion um solche günstig gelegenen Städte konzentriert war, spezialisierten sich die Siedlungen ihres Umlands auf die Herstellung von Handelsgütern wie Keramik, Metallgegenstände oder auch Fische, die auf Märkten wie denen von Uruk gegen das immer knapper werdende Getreide getauscht wurden.

All diese Veränderungen führten zur Ausbildung einer immer stärker zentralisierten Macht, die wiederum die ersten Bürokraten der Welt hervorbrachte, deren Aufgabe es war, das lebenswichtige Getreide zu verwalten und zu verteilen.

Unter dem Strich bewirkten die Veränderungen einen Umbau des menschlichen Zusammenlebens, und um 3100 v. Chr. hatte sich in den Städten Südmesopotamiens die erste Hochkultur der Welt ausgebildet. Die Stadt an sich, sagt Fagan, ist eine entscheidende menschliche Anpassung an trockeneres Klima.

Kehren wir nun zu Bill Ruddimans Analyse zurück, denn sie hält noch ein paar Überraschungen bereit. Er sieht einen eindeutigen Zusammenhang zwischen Zeiten mit wenig atmosphärischem CO_2 und Epidemien, die vom Bakterium *Yersinia pestis* verursacht wurden – dem »Schwarzen Tod« des Mittelalters. Diese Pestepidemien waren von globalem Ausmaß und töteten so viele Menschen, dass auf aufgegebenem Ackerland wieder Wälder wuchsen. Dabei absorbierten die Bäume CO_2 und senkten die Atmosphärenkonzentration um fünf bis zehn Teile pro Million. Daraufhin fielen die Temperaturen weltweit, und in Gegenden wie Europa kam es zu relativ kalten Phasen.

Ruddimans These bedeutet, dass den Altvorderen ein chemisches Zauberkunststück gelungen ist, als sie so viel Treibhausgase produzierten, dass eine weitere Eiszeit hinausgezögert wurde, der Planet sich aber auch nicht zu sehr aufheizte. Heute jedoch entdecken die Wissenschaftler in unserer Atmosphäre so große Veränderungen, dass sich wieder einmal eine Zeitpassage zu öffnen scheint.

Es gibt unmissverständliche Anzeichen, dass das Anthropozän unangenehm wird. Wird es zur kürzesten geologischen Epoche der Erdgeschichte?

8. Die Toten ausgraben

Wir gehen über die Erde,
wir passen auf
wie der Regenbogen oben.
Aber etwas ist da unten,
unter dem Boden.
Wir kennen es nicht.
Du kennst es nicht.
Was willst du tun?
Wenn du es berührst,
bewirkst du vielleicht einen Wirbelsturm, heftigen
Regen oder eine Flut.
Nicht bloß hier,
du könntest jemanden an einem anderen Ort töten.
Du tötest ihn vielleicht in einem anderen Land.
Ihn kannst du nicht berühren.

Big Bill Neidjie, *Gagadju Man*, 2001

Australiens Aborigines, seine Ureinwohner, leben mit dem Land, und sie betrachten die Welt mit anderen Augen. Sie sehen das Gesamtbild. Big Bill Neidjie war ein wahrhaft weiser Alter, der in seiner Jugend ein Stammesleben voll Umherziehen, Jagen und Sammeln führte. Wenn er uns von den Auswirkungen des Bergbaus in seinem Kakadu-Land erzählt, spricht er nicht von den Gruben, den Halden und der vergifteten Erde. Mit nur einer Hand voll Worten beschreibt er einen Zusammenhang, der sich von der Störung der ewigen Traumzeit der Ahnen bis zur Katastrophe für ungeborene Generationen erstreckt.

Die Frage und zugleich Aufforderung, die er an uns

richtet – »Was willst du tun?« –, ist beunruhigend, denn mein Heimatland – Bills Heimatland – ist von Gruben aller Art gründlich durchlöchert, aus seinem Boden wird mehr Kohle geholt und nach Übersee verschifft als sonst wo auf dem Planeten. Und in seinem Gedicht hat Bill intuitiv die verborgenen Zusammenhänge zwischen Bergbau, Klimawandel und menschlichem Wohlergehen erfasst, um die jene Wissenschaftler ringen, die versuchen, den Treibhauseffekt zu verstehen. Bills Frage ist noch offen, denn wir haben noch immer die Chance, unsere Zukunft zu bestimmen.

Fossile Brennstoffe – Öl, Kohle und Gas – sind Überreste von Lebewesen, die vor vielen Millionen Jahren der Atmosphäre Kohlenstoff entzogen. Wenn wir Holz verbrennen, setzen wir Kohlenstoff frei, der dem atmosphärischen Kreislauf vor ein paar Jahrzehnten entnommen wurde. Wenn wir aber fossile Energieträger verbrennen, setzen wir Kohlenstoff frei, der dem Kreislauf seit Äonen entzogen war.

Derart die Toten auszugraben ist für die Lebenden eine besonders üble Angelegenheit.

Im Jahr 2002 beförderte das Verheizen fossiler Brennstoffe insgesamt 21 Milliarden Tonnen CO_2 in die Atmosphäre. Dazu trug Kohle 41 Prozent bei, Öl 39 Prozent und Gas 20 Prozent. Die bei ihrer Verbrennung freigesetzte Energie resultiert aus Kohlenstoff und Wasserstoff. Weil der Kohlenstoff zum Klimawandel führt, ist ein Brennstoff für die Zukunft der Menschheit umso gefährlicher, je mehr Kohlenstoff er enthält. Anthrazit, die beste schwarze Kohle, besteht fast nur aus Kohlenstoff. Verbrennt man eine Tonne davon, produziert man 3,7 Tonnen CO_2.

Auf Erdöl basierende Brennstoffe sind weniger kohlenstoffreich, sie haben zwei Wasserstoffatome pro Kohlenstoffatom. Weil Wasserstoff ein Energielieferant ist, der bei der Verbrennung mehr Hitze produziert als Kohlenstoff (und dabei nur Wasser zurücklässt), setzt die Verbrennung von Öl pro Einheit weniger CO_2 frei als die von Kohle.

Der fossile Energieträger mit dem geringsten Kohlenstoffgehalt ist das Methan im Erdgas, bei dem nur ein Kohlenstoffatom auf vier Wasserstoffatome kommt.

Diese Energielieferanten stellen insgesamt so etwas wie eine Stufenleiter weg vom Kohlenstoff als dem Treibstoff unserer Wirtschaft dar. Selbst mit den fortschrittlichsten Verfahren (und die meisten mit Kohle betriebenen Kraftwerke kommen diesem Wert bei weitem nicht nahe) verursacht die Verbrennung von Anthrazit zur Stromerzeugung 67 Prozent mehr CO_2-Emissionen als die von Methan, und Braunkohle (die jünger und feuchter ist und mehr Verunreinigungen aufweist) produziert sogar 130 Prozent mehr.

Das Kraftwerk, das in den größeren Industrieländern in Sachen CO_2 am meisten zur Luftverschmutzung beiträgt, ist die Anlage Hazelwood in Grippsland im australischen Bundesstaat Victoria. Es wird mit Braunkohle befeuert und versorgt den größten Teil des Staates mit Elektrizität.

Im Hinblick auf den Klimawandel besteht ein enormer Unterschied darin, ob man Gas oder Kohle verbrennt.

Kohle ist derjenige fossile Energieträger, der auf unserem Planeten am häufigsten vorkommt. Die Kohleindustrie bezeichnet sie oft als »vergrabenen Sonnenschein«, denn bei Kohlen handelt es sich um die zu Fossilien gewordenen Überreste von Pflanzen, die vor Millionen Jahren in Sümpfen wuchsen. Auf Borneo beispielsweise kann man die Anfangsphasen der Kohlebildung sehen. Dort stürzen riesige Bäume um und versinken im Morast, wo Sauerstoffmangel die weitere Verrottung verhindert. Immer mehr tote Vegetation häuft sich an, bis sich eine dicke Schicht durchnässten Pflanzenmaterials gebildet hat. Dann spülen Flüsse Sand und Schlick in den Sumpf, die die Vegetationsreste zusammendrücken und die Feuchtigkeit und andere Verunreinigungen herauspressen.

Während der Sumpf immer tiefer in der Erde versinkt, verändern Wärme und Zeit die Chemie des Holzes, der Blätter und sonstiger organischer Materie, und es entsteht Torf. Zunächst wird der Torf zu Braunkohle und dann, nach Millionen Jahren, wird die Braunkohle zu Steinkohle, die weniger Feuchtigkeit und Verunreinigungen enthält. Unter weiterem Druck und weiterer Hitze kann diese, wenn noch mehr Verunreinigungen entfernt werden, schließlich zu Anthrazit werden. Der edelste Anthrazit – in Form des Jett (Gagat) – ist ein Juwel, schön wie ein Diamant.

Bestimmte Abschnitte der Erdgeschichte waren für die Kohlebildung günstiger als andere. Einer davon war das Eozän vor rund 50 Millionen Jahren. Damals bedeckten riesige Sümpfe Teile von Europa und Australien, und deren begrabene Überreste sind die Braunkohlelagerstätten, die man heute dort findet.

Die Vegetation, die zu Anthrazit wurde, wuchs größtenteils vor 360 bis 290 Millionen Jahren, im Karbon. Benannt ist die Formation nach den unermesslichen Kohlelagerstätten, die damals entstanden (*carbo* ist das lateinische Wort für Kohle), und die Welt des Karbons unterschied sich sehr von heutigen Feuchtgebieten.

Könnte man mit einem Kahn durch die Sümpfe jener längst vergangenen Ära stochern, würde man statt Sumpfzypressen und Ähnlichem gigantische Verwandte von Bärlapp und anderen Lycopodien (primitiven Sumpfpflanzen) sehen und noch viel merkwürdigere, längst ausgestorbene Pflanzen. Die schuppigen, säulenartigen Stämme des *Lepidodendron* etwa wuchsen in dichten Wäldern, jeder hatte zwei Meter Durchmesser und ragte 45 Meter in die Höhe. Erst weit oben an der Spitze verzweigten sie sich, und dort trugen ein paar kurze unregelmäßige Auswüchse meterlange grasartige Blätter.

In jenen fernen Zeiten gab es keine Reptilien, Säugetiere oder Vögel. Stattdessen wimmelte es in der feuchtschwülen Vegetation vor Insekten und ihresgleichen. Die Atmosphäre war sehr sauerstoffreich. Tausendfüßler wurden zwei Meter lang, Spinnen erreichten einen Meter Durchmesser, und Kakerlaken brachten es auf 30 Zentimeter. Es gab Libellen mit einer Flügelspannweite von einem Meter, während im Wasser darunter Amphibien von Krokodilgröße mit riesigen Köpfen, breiten Mäulern und wachsamen Augen lauerten.

Indem wir uns die vergrabenen Schätze dieser fremden Welt aneignen, befreien wir uns von den Grenzen, die eine biologische Produktion in unserer eigenen Epoche setzt.

Der Weg in eine von fossilen Brennstoffen abhängige Zukunft begann in England zur Zeit von Edward I. Der König selbst fand den Geruch von Kohle allerdings so abstoßend, dass er 1306 ihre Verbrennung verbot. Es gibt Berichte, dass Kohleverbrenner sogar gefoltert, aufgehängt oder enthauptet wurden. Aber Englands Wälder waren langsam erschöpft, und so wurden die Engländer trotz des Königs zu den ersten Europäern, die in großem Umfang Kohle verheizten.

Zu jener Zeit hatten die Menschen keine Ahnung, was Kohle war. Viele Bergleute glaubten, es sei eine lebendige, unter der Erde wachsende Substanz und fleißiges Düngen mit Mist würde ihre Vermehrung beschleunigen. Der bei der Verbrennung entstehende Schwefelgestank erinnerte die Menschen ungut an die Qualen in der Hölle unter ihren Füßen. Zudem verbanden viele Kohle mit der Pest.

Trotz alldem wurden um das Jahr 1700 bereits 1000 Tonnen Kohle pro Tag in London verbrannt. Schon bald drohte eine Energiekrise. Englands Bergwerke waren so weit in die Tiefe getrieben worden, dass sie sich mit Wasser füllten. Es musste eine Möglichkeit gefunden werden, sie leer zu pumpen.

Thomas Newcomen, ein kleinstädtischer Eisenhändler, entdeckte, wie man das vielleicht bewerkstelligen konnte. Sein Apparat verbrannte Kohle und erzeugte damit Wasserdampf, der dann kondensiert wurde, sodass ein Vakuum entstand, das einen Kolben in Bewegung setzte, der das Wasser hochpumpte. Die erste Newcomen-Maschine wurde 1712 in einem Bergwerk in Staffordshire installiert. 50 Jahre später arbeiteten Hunderte davon in Bergwerken im ganzen Land, und die englische Kohleförderung war auf sechs Millionen Tonnen pro Jahr gestiegen.

Der geniale James Watt verbesserte Newcomens Konstruktion, und 1784 baute Watts Freund William Murdoch die erste mobile Dampfmaschine. In diesem Augenblick zeichnete sich ab, dass das kommende Jahrhundert – das 19. – dasjenige der Kohle sein würde. Kein anderer Brennstoff kam ihr bei den Verwendungsmöglichkeiten gleich – vom Kochen über das Heizen und industrielle Zwecke bis hin zum Transport und Verkehr. Als Thomas Edison 1882 in Manhattan das erste Elektrizitätskraftwerk der Welt eröffnete, wurde ihr Leistungsspektrum noch um die Stromerzeugung erweitert.

Heute wird mehr Kohle verbrannt als je zuvor.

Weltweit ist für die Jahre 1999 bis 2009 der Bau von 249 neuen Kohlekraftwerken geplant, fast die Hälfte davon soll in China stehen. Weitere 483 werden in dem Jahrzehnt bis 2019 folgen – und noch einmal 710 zwischen 2020 und 2030. Rund ein Drittel davon wollen die Chinesen bauen, und alle zusammen werden 710 Gigawatt Strom erzeugen (ein Gigawatt sind eine Milliarde Watt). Das von ihnen produzierte CO_2 wird den Planeten noch jahrhundertelang aufheizen.

Wenn das 19. Jahrhundert das der Kohle war, so wurde das 20. zu dem des Öls. Im Januar 1901 bohrte Al Hamill auf einem kleinen Hügel namens Spindletop bei Beaumont in Texas nach Öl. Über 300 Meter war er schon in den Sandstein unter sich vorgedrungen, und um 10.30 Uhr am Vormittag stand er kurz davor aufzugeben, weil ihn sein Misserfolg zermürbt hatte. Doch in diesem Augenblick änderte sich alles: »Mit einem ohrenbetäubenden Dröhnen und einem ungeheuren, heulenden Röhren schossen dicke Wolken von Methangas aus dem Loch. Dann kam die Flüssigkeit, wie eine Säule, 15 Zentimeter im Durchmesser. Zig Meter schoss sie in den Winterhimmel hoch, ehe sie als schwarzer Regen wieder zur Erde fiel.« Die Entdeckung von Öl in so tiefen Schichten war etwas Neues. Schon bald verdrängte das Öl die Kohle beim Transport und bei der Hausheizung. Das Problem mit Öl ist nur, dass es viel weniger davon gibt als Kohle und es schwerer zu finden ist. Erdöl ist das Produkt von Lebewesen in uralten Ozeanen und Flussmündungen. Hauptsächlich setzt es sich aus Überresten von Plankton zusammen – besonders den Einzellern, die man im Phytoplankton findet. Wenn die winzigen Lebewesen abstarben, sanken ihre Überreste in die sauerstofffreien Tiefen, wo ihre organische Materie sich ansammelte, ohne von Bakterien aufgezehrt zu werden.

Der geologische Prozess der Ölherstellung ist so präzise wie ein Rezept für Pfannkuchen.

Zunächst müssen die Sedimente, die die Überreste des Phytoplanktons enthalten, begraben und von anderen Felsen zusammengepresst werden. Dann müssen die genau richtigen Bedingungen herrschen, damit die organische Materie aus dem ursprünglichen Gestein hinausgedrückt wird und durch Risse und Spalten in eine geeignete Lagerschicht gelangt. Diese Schicht muss porös sein, darüber muss es aber eine Lage undurchlässigen Gesteins geben, die dick genug ist, um ein Entweichen auf andere Weise unmöglich zu machen.

Darüber hinaus müssen die Wachse und Fette, die die Ausgangsstoffe des Öls sind, Millionen Jahre lang bei 100 bis 135 °C »gekocht« werden. Übersteigen die Temperaturen diese Grenze, bleibt nichts als Gas übrig, und anderenfalls geht der fossile Brennstoff komplett verloren. Die Entstehung von Öllagerstätten ist purer Zufall – die richtigen Felsen müssen auf die richtige Art und Weise die richtige Zeit lang gekocht werden.

Das Herrscherhaus Saud, der Sultan von Katar und andere vermögende Fürstenhäuser des Nahen Ostens verdanken ihr gütiges Schicksal diesen geologischen Zufällen. In ihrer Region waren die Verhältnisse in den Gesteinsschichten »genau richtig« gewesen, um ihnen Unmassen Öl zu bescheren. Ehe man es anzapfte, lagerte in einem einzigen saudi-arabischen Ölfeld, dem von Ghawar, ein Siebtel der Ölvorräte des gesamten Planeten.

Bis 1961 entdeckten die Ölgesellschaften jedes Jahr immer neue Ölvorräte, viele davon im Nahen Osten. Seither hat sich das Tempo der Erschließungen verlangsamt, doch der Bedarf ist in die Höhe geschossen. 1995 verbrauchte die Menschheit im Durchschnitt 24 Milliarden Barrel Öl pro Jahr, neu entdeckt wurden aber durchschnittlich nur 9,6 Milliarden Barrel. 2006 stieg der Ölpreis auf über 70 US-Dollar pro Barrel. Viele Fachleute sagen sogar noch höhere Preise und für vielleicht schon 2010 eine Verknappung vorher, was heißt, dass etwas anderes gefunden werden muss, um die Wirtschaft des 21. Jahrhunderts anzuheizen.

Dieses »etwas anderes«, glauben viele Industrievertreter, sei Erdgas, das zu rund 90 Prozent aus Methan besteht. Noch vor 30 Jahren lieferte Erdgas weltweit bloß 20 Prozent der fossilen Brennstoffe. Doch wenn die gegenwärtigen Trends anhalten, wird es bis 2025 das Öl als wichtigsten Brennstoff der Welt überflügelt haben. Die nachgewiesenen Gasreserven reichen noch 50 Jahre. Es sieht danach aus, dass das jetzige Jahrhundert das des Erdgases wird.

Um 1900 war die Welt Heimat von kaum mehr als einer Milliarde Menschen. Im Jahr 2000 gab es schon sechs Milliarden unserer Art, und jeder Einzelne verbrauchte im Durchschnitt viermal so viel Energie wie seine Ahnen 100 Jahre zuvor. Im Verlauf des 20. Jahrhunderts hat sich der Verbrauch fossiler Brennstoffe versechzehnfacht.

Der Wissenschaftler Jeffrey Dukes hat folgende Rechnung aufgestellt: Aller Kohlen- und aller Wasserstoff in fossilen Brennstoffen wurde mit Hilfe der Sonnenenergie von längst vergangenen Pflanzen eingesammelt. Und aus rund 100 Tonnen einstigen pflanzlichen Lebens werden vier Liter Benzin.

Das bedeutet, dass die Menschen in jedem Jahr unseres Industriezeitalters den Gegenwert von mehreren Jahrhunderten einstiger Sonnenenergie aufgezehrt haben, um ihre Wirtschaft am Laufen zu halten. Die Zahl für 1997 – rund 422 Jahre fossiler Sonnenenergie – war typisch.

Über 400 Jahre strahlender Sonnenschein – und wir haben das in einem einzigen Jahr verheizt!

Dukes' Analyse hat meine Weltsicht verändert. Wenn ich jetzt über Sydneys Sandstein-Gehsteige laufe, spüre ich die Energie längst vergangener Sonnenstrahlen an meinen nackten Füßen. Wenn ich mir das Gestein mit einer Lupe ansehe, kann ich die winzigen Körnchen erkennen, deren abgerundete Kanten meine Füße streicheln, und mir wird klar, dass jedes dieser zahllosen Milliarden Körnchen von Sonnenenergie geformt wurde. Vor über 300 Millionen

Jahren holte diese Energie Wasser aus einem Urozean, das dann als Regen auf eine entfernte Gebirgskette fiel. Stückchen um Stückchen zerbröckelte der Fels und wurde in Flüssen weitertransportiert, bis nur noch kleine runde Quarzkörnchen übrig waren.

Millionenmal mehr Energie muss dafür aufgewendet worden sein, all die Sandkörner zu erschaffen, als je in sämtliches Menschenwerk eingegangen ist. Von meinen Fußsohlen bis zu meinem von der Sonne erwärmten Kopf weiß ich instinktiv, was Dukes über das fossile Sonnenlicht sagt: Die Vergangenheit ist ein wahrhaft weites Land, dessen eingelagerte Reichtümer einfach sagenhaft sind, wenn man sie mit der täglichen Ration Solarenergie vergleicht, die wir abbekommen.

Es wird schwer werden, auf die Energie der verführerischen fossilen Brennstoffe zu verzichten. Würde die Menschheit als Ersatz auf Biomasse (die Gesamtheit aller Lebewesen, in diesem Fall aber vor allem Pflanzen) ausweichen, würden wir 50 Prozent mehr benötigen, als wir heute auf unseren Feldern produzieren. Wir verbrauchen aber bereits jetzt 20 Prozent mehr, als der Planet nachhaltig liefern kann, also müssen wir dafür innovative nachhaltige Wege finden.

Im Jahr 1961 gab es nur drei Milliarden Menschen, und sie verbrauchten die Hälfte aller Ressourcen, die unser globales Ökosystem nachhaltig zur Verfügung stellen kann. 1986 überstieg die Gesamtbevölkerung fünf Milliarden, und wir haben die *gesamte* nachhaltige Produktion der Erde aufgebraucht.

Wenn sich bis zum Jahr 2050 die Population bei rund neun Milliarden einpendelt – was man annimmt –, werden wir die Ressourcen – wenn wir sie dann noch finden –

von fast zwei Planeten Erde benötigen. Doch trotz all der Probleme, die wir haben werden, diese Ressourcen zu erschließen, sind unsere Abfälle – vor allem die Treibhausgase – der Umstand, der uns Grenzen setzt.

Seit dem Beginn der Industriellen Revolution ist es auf unserem Planeten zu einer globalen Erwärmung von 0,63 °C gekommen. Die Hauptursache dafür ist die Zunahme von atmosphärischem CO_2 von rund drei Teilen pro 10 000 auf knapp vier. Dieser Anstieg geht größtenteils auf die Verbrennung fossiler Energieträger in den letzten paar Jahrzehnten zurück.

Neun der zehn je registrierten wärmsten Jahre erlebten wir nach 1990.

II. Teil
Eine von Zehntausend

9. Magische Tore, El Niño und La Niña

Die Auswirkungen der globalen Erwärmung auf das Klima lassen sich mit dem Finger auf dem Lichtschalter vergleichen. Eine ganze Weile geschieht nichts, aber wenn man allmählich den Druck erhöht, wird ein bestimmter Punkt erreicht, an dem plötzlich etwas passiert, und die Umstände wechseln schlagartig von einem Zustand in einen anderen.

Die Klimatologin Julia Cole bezeichnet solche Klimasprünge als »magische Tore«, und sie behauptet, seit die Temperaturen in den siebziger Jahren rasch zu steigen begannen, habe unser Planet Derartiges zweimal erlebt – 1976 und 1998.

Die Überlegung, dass die Erde im Jahr 1976 klimatisch ein magisches Tor durchschritt, hat ihren Ursprung in dem abgelegenen Korallenatoll Maiana im pazifischen Inselstaat Kiribati. Genauer gesagt, wurde sie durch einen Methusalem unter den Korallen angestoßen, der dort lebte und wuchs – einer 155 Jahre alten Lochkoralle (*Porites*). Als Forscher ein Stück aus dieser Koralle bohrten, stellten sie fest, dass es detaillierte Aufzeichnungen der Klimaveränderungen bis zurück ins Jahr 1840 enthielt.

Als magisches Tor des Jahres 1976 kann man den plötzlichen, dauerhaften Anstieg der Oberflächentemperatur des Meeres um 0,6 °C und den Rückgang seines Salzgehalts um 0,8 Prozent betrachten.

Zwischen 1945 und 1955 sank die Oberflächentemperatur des Pazifiks in den Tropen in der Regel auf unter 19,2 °C, aber seit dem magischen Tor von 1976 ist sie nur selten unter 25 °C gefallen. »Der westliche tropische Pazifik ist der wärmste Bereich der Weltmeere und ein bedeutender Klimaregulator«, sagt der Klimaforscher Martin Hoerling. Dieser Teil des Meeres steuert unter anderem die meisten tropischen Niederschläge und die Position des Jetstreams, dessen Winde Schnee und Regen nach Nordamerika bringen.

1977 veröffentlichte die Zeitschrift *National Geographic* einen Bericht über die Wetterkapriolen des vorangegangenen Jahres, zu denen ungewohnt milde Wetterverhältnisse in Alaska und Schneestürme in den weiter südlich gelegenen 48 US-Bundesstaaten zählten. Unmittelbare Ursache war eine Verlagerung des Jetstreams, aber nicht allein die Vereinigten Staaten waren davon betroffen: Selbst in so weit entfernten Weltgegenden wie Südaustralien und auf den Galápagosinseln, die am Äquator tausend Kilometer vor der südamerikanischen Küste im Pazifik liegen, kam es zu Auswirkungen. Letztere beeinflussten die Evolution.

In den dreißiger Jahren des 19. Jahrhunderts besuchte Charles Darwin die Galápagosinseln. Anhand der Finken dort legte er seine Theorie der Evolution durch natürliche Auslese dar. Das war möglich, weil die isolierte Lage der Inseln dazu geführt hatte, dass sich ihre Pflanzen und Tiere unter ganz eigenen Umständen entwickelt hatten. Seither ist die Gegend ein Mekka der Biologen, die dort Forschungsstationen zur Beobachtung der einheimischen Lebensformen einrichteten.

Vogelforscher mussten hilflos zusehen, wie die Dürre des Jahres 1977 eine hier beheimatete Finkenart auf einer der Inseln fast ausrottete. Von 1300 Tieren, die es dort vor der Dürre gab, überlebten nur 180, und dies waren die

Exemplare mit den größten Schnäbeln, weil die sie in die Lage versetzten, sich von harten Samen zu ernähren. Von den 180 überlebenden Vögeln waren 150 Männchen. Als endlich wieder Regen fiel, fanden sich die männlichen Finken in einem harten Wettbewerb um die wenigen Weibchen wieder. Abermals waren es die mit den größten Schnäbeln, die gewannen. Mit diesem Doppelschlag der natürlichen Auslese kam es auf dieser Insel zu einer messbaren Änderung der Schnabelgröße. Da seit 150 Jahren die Schnabelgrößen festgehalten wurden, hatten die Biologen den Eindruck, sie würden Zeugen, wie sich eine neue Art bildet.

Das magische Tor von 1998 hatte mit dem Wechselspiel von El Niño und La Niña zu tun, einem zwei bis acht Jahre dauernden Zyklus, der einem Großteil der Welt extreme Klimaverhältnisse bringt.

Der Name El Niño kommt vom spanischen Wort für Christkind und wurde von peruanischen Fischern geprägt, die feststellten, dass in ihren Fanggründen um Weihnachten herum oft eine warme Strömung auftaucht. La Niña bedeutet »kleines Mädchen« und bezeichnet eine Abkühlungsphase im Meer vor Südamerika.

Während der La-Niña-Phase weht der Wind westwärts über den Pazifik und häuft warmes Oberflächenwasser vor der Küste Australiens und den ihm nördlich vorgelagerten Inseln an. Wenn das warme Oberflächenwasser nach Westen geblasen wird, kann vor der Pazifikküste Südamerikas der kalte Humboldtstrom an die Oberfläche steigen, der die Nährstoffe mitführt, von denen die reichsten Fischgründe der Welt leben.

Der El-Niño-Teil des Zyklus beginnt mit einem Abflauen der tropischen Winde, sodass das warme Oberflächenwasser nach Osten zurückströmt, sich über den Humboldtstrom legt und Feuchtigkeit in die Atmosphäre entlässt, die den normalerweise trockenen Wüsten Perus Regen bringt. Im fernen westlichen Pazifik dringt nun kühleres Wasser nach oben. Das verdunstet nicht so leicht wie warmes Wasser, daher sind dann Australien und Südostasien von Dürre betroffen.

Wenn El Niño extrem genug ausfällt, können zwei Drittel des Globus unter Trockenheit, Überschwemmungen und anderen extremen Wetterverhältnissen leiden.

Das El-Niño-Jahr 1997/98 hat der World Wide Fund for Nature (WWF) als »das Jahr, in dem die Welt Feuer fing« unsterblich gemacht. Trockenheit hielt einen großen Teil des Planeten im Würgegriff. Es kam auf allen Kontinenten zu Bränden, aber am schlimmsten wüteten sie in den normalerweise feuchten Regenwäldern Südostasiens. Über zehn Millionen Hektar verbrannten dort, die Hälfte davon war uralter Regenwald. Auf der Insel Borneo gingen fünf Millionen Hektar verloren – ein Gebiet von knapp der Größe der Niederlande.

Viele der verbrannten Wälder werden sich auf absehbare Zeit nicht wieder erholen. Die Auswirkungen auf die einzigartige Fauna Borneos werden aller Wahrscheinlichkeit nach niemals voll erfasst werden können.

Die Zunahme der Treibhausgase in der Atmosphäre führt dazu, dass wir ständig in einem El-Niño-ähnlichen Zustand leben werden.

Schwere El Niños können das globale Klima auf Dauer verändern. Die Ereignisse von 1998 setzten genügend Wärmeenergie frei, um die globale Temperatur um rund 0,3 °C auf einen Spitzenwert zu steigern. Seither hat das Wasser im zentralen Westpazifik häufig 30 °C erreicht, während der Jetstream sich in Richtung Nordpol verlagert hat. Diese neuen Klimaverhältnisse scheinen auch extremere El Niños hervorzubringen.

Wenn Wissenschaftler die Reaktionen der Natur auf den Klimawandel festhalten wollen, benutzen sie oft die Aufzeichnungen von Vogelschützern, Fischern und anderen Naturbeobachtern. Einige dieser Notizen reichen sehr weit zurück – eine englische Familie vermerkte zwischen 1736 und 1947 in jedem Jahr das erste Quaken von Fröschen und Kröten auf ihrem Anwesen.

Vor 1950 ließen sich in diesen Aufzeichnungen kaum Hinweise für irgendeinen Trend feststellen, aber während der letzten 55 Jahre hat sich überall auf dem Globus ein sehr deutliches Muster ausgebildet. Bestimmte Arten sind pro Jahrzehnt im Durchschnitt um sechs Kilometer in Richtung der Pole gewandert oder um 6,1 Meter pro Jahrzehnt die Berghänge hinaufgezogen. Und das Einsetzen von Frühlingsaktivitäten hat sich pro Jahrzehnt um 2,3 Tage nach vorn verschoben.

Diese Trends stimmen mit der Größenordnung und der Richtung des Temperaturanstiegs durch die Treibhausgas-Emissionen überein. Ihre Entdeckung wurde als globaler »Fingerabdruck des Klimawandels« gefeiert. Diese Trends vollziehen sich so rasch und deutlich, als hätten die Wissenschaftler das CO_2 dabei erwischt, wie es die Natur mit der Peitsche in Richtung Pole treibt.

Winzige Meeresorganismen, die man Kopepoden (Ruderfußkrebse) nennt, wurden beispielsweise bis zu 1000 Kilometer von ihrem angestammten Lebensraum entfernt entdeckt. 35 ortsfeste Schmetterlingsarten der Nordhalbkugel sind um bis zu 240 Kilometer nach Norden gezogen, während sie gleichzeitig im Süden ausgestorben sind. Selbst tropische Arten sind in Bewegung geraten: Die Vögel aus dem Tiefland von Costa Rica haben sich im Verlauf von 20 Jahren 18,9 Kilometer weiter nach Norden ausgebreitet.

Menschliche Eingriffe in die Umwelt behindern unvermeidlicherweise die Wanderung sehr vieler Arten.

Der Scheckenschmetterling *Euphydryas editha* hat eine unverwechselbare Unterart, die im Norden von Mexiko und im Süden von Kalifornien lebt. Gestiegene Frühlingstemperaturen haben dazu geführt, dass die Pflanze, von der sich die Raupen ernähren – eine Löwenmäulchenart –, früh verwelkt, sodass die Larven hungern und sich nicht verpuppen können. Die Schmetterlinge hätten vielleicht nach Norden ausweichen können, wenn ihnen das weit auseinandergezogene San Diego nicht den Weg versperrt hätte. Da *Euphydryas editha* jetzt auf nur noch 20 Prozent seines ursprünglichen Verbreitungsgebiets leben kann, wird es diesen Schmetterling im nächsten Jahrhundert vielleicht nicht mehr geben.

Die Vorverlagerung von Frühlingsaktivitäten ist ein eindeutiges Anzeichen für einen Klimawandel. In der Vogelwelt hat die Trottellumme, ein Seevogel der Nordhalbkugel, im Verlauf der Zeit, in der ihr Nistverhalten untersucht wurde, mit dem Eierlegen im Durchschnitt pro Jahrzehnt 24 Tage früher begonnen. In Europa knospen und blühen zahlreiche Pflanzenarten 2,4 bis 3,1 Tage pro Jahrzehnt früher, ihre Verwandten in Nordamerika machen das 1,2 bis 2 Tage früher. Europäische Schmetterlinge tauchen 2,8 bis 3,2 Tage früher pro Jahrzehnt auf, und Zugvögel kommen in Europa 1,3 bis 4,4 Tage früher pro Jahrzehnt an.

Während einige Arten rasch ihr Verbreitungsgebiet verlagern, bleiben andere hilflos zurück. Ein wichtiger Bestandteil der Nahrung erscheint vielleicht zu spät, um noch von Nutzen zu sein, oder ist zu weit nach Norden gezogen, sodass er von dem Räuber nicht mehr gefressen werden kann. Die Raupen des europäischen Kleinen Frostspanners fressen nur junge Eichenblätter. Doch Eichen und Frostspanner reagieren auf unterschiedliche Anzeichen für den Frühlingsbeginn. Das wärmere Wetter lässt die Raupen des Kleinen Frostspanners schlüpfen, die Eichen aber »zählen« die kurzen kalten Wintertage, und das sagt ihnen, wann es an der Zeit ist, Blätter auszutreiben.

Der Frühling ist wärmer als noch vor 25 Jahren, die Anzahl kalter Wintertage hat sich aber nicht geändert. Infolgedessen schlüpfen die Raupen des Frostspanners heute bis zu drei Wochen bevor die Eichen ihre ersten Blätter tragen. Da die Raupen nur zwei bis drei Tage ohne Nahrung überleben können, gibt es heute viel weniger von ihnen. Und die Überlebenden wachsen im Allgemeinen schneller, weil es weniger Nahrungskonkurrenz gibt, was bedeutet, dass die Vögel weniger Zeit haben, sie zu finden.

In diesem Fall wird wahrscheinlich die natürliche Auslese so auf den Kleinen Frostspanner einwirken, dass sich der Zeitpunkt des Schlüpfens ändert. Aber das wird nur durch ein Massensterben der früh schlüpfenden Raupen geschehen, und zumindest mehrere Jahrzehnte lang können wir davon ausgehen, dass die Art sich rar macht. Werden die Vögel, Spinnen und Insekten, die den Kleinen Frostspanner fressen, überleben? Wenn nicht, ist das ein weiteres Beispiel dafür, wie durch den Klimawandel überall auf der Welt das empfindliche Netz des Lebens zerrissen wird.

Im Verlauf der letzten paar Jahrzehnte sind in Europa Molche immer früher zum Brüten in die Teiche gegangen, Frösche aber nicht. Das bedeutet, dass die Larven der Molche bereits ziemlich groß sind, wenn die der Frösche aus den Eiern schlüpfen. Daher können die Molchlarven die Kaulquappen in großer Zahl fressen, was sich auf die Menge der Frösche auswirkt.

Einige Reptilien sind von der globalen Erwärmung viel unmittelbarer bedroht, denn bei ihnen hängt das Geschlecht der Jungen von der Temperatur ab, bei der die Eier ausgebrütet werden. Bei der nordamerikanischen Zierschildkröte bewirken höhere Temperaturen, dass weniger Männchen geboren werden. Wenn die Wintertemperaturen auch nur ein wenig über ihr gegenwärtig schon hohes Niveau steigen, gibt es von diesen Tieren möglicherweise alsbald nur noch Weibchen.

Eine ganz andere Folge des Klimawandels wurde kürzlich im Tanganjikasee in Afrika entdeckt, der zu den ältesten und tiefsten Süßwasserseen der Welt zählt. Knapp südlich des Äquators gelegen, ist er von einer Fülle einzigartiger Lebewesen bevölkert. Wie bei den meisten Seen ist sein Wasser geschichtet, das wärmste schwimmt oben. In der Regel mischen sich die sauerstoffreichen oberen

Schichten nicht mit den nährstoffreichen unteren, folglich mangelt es Pflanzen in den von der Sonne beschienenen oberen Schichten an Nährstoffen und denen in den unteren Schichten an Sauerstoff. In der Vergangenheit wurde die Schichtung des Sees in der entsprechenden Jahreszeit dank des Südost-Monsuns durchbrochen: Er peitschte das Wasser stark genug auf, um die Lagen zu vermischen, und das führte zu der wunderbaren Artenvielfalt hier.

Seit Mitte der siebziger Jahre hat die globale Erwärmung jedoch die Oberflächenschichten so stark aufgeheizt, dass der Monsun nicht mehr ausreicht, um die Wasserlagen zu durchmischen. In der Folge ist das Plankton, von dem die meisten Lebewesen im See abhängen, jetzt auf weniger als ein Drittel des überreichlichen Angebots von vor 25 Jahren zurückgegangen.

Die einzigartige Schnecke *Tiphoboia horei*, die es nur in diesem See gibt, hat zwei Drittel ihres Lebensraums verloren. Heute findet man sie nur in einer Tiefe von höchstens 100 Metern, während sie sich vor 25 Jahren dreimal so tief wagte. Aufgrund dieser Veränderungen, warnen Wissenschaftler, droht ein Zusammenbruch des gesamten Ökosystems im See.

Überall auf der Erde erwärmen sich die Oberflächenschichten von Seen, was das Durchmischen des Wassers verhindert und ihrer Vielfalt die Grundlage nimmt.

Sogar entlegene, scheinbar unberührte Regenwälder sind von der globalen Erwärmung betroffen.

In Gegenden am Amazonas, die weit entfernt von irgendwelchen direkten menschlichen Einflüssen liegen, verändern sich die Anteile der Bäume, die das Blätterdach bilden. Aufgrund von höheren CO_2-Mengen schießen schnell wachsende Arten in die Höhe und verdrängen langsamer wachsende. Das verringert die Artenvielfalt des Regenwaldes, denn die Vögel und andere Tiere, die von den langsamer wachsenden Arten leben, verschwinden mitsamt ihren Nahrungsquellen.

Eine der wichtigsten natürlichen Grenzen auf der Erde ist die Wallace-Linie. Westlich von ihr liegt Asien mit seinen Tigern und Elefanten, östlich das um Australien konzentrierte Gebiet, das auch als Meganesien bezeichnet wird. Es hat eine uralte, ganz eigene Pflanzen- und Tierwelt, zu der viele Beuteltiere gehören.

Das reichste Habitat in ganz Meganesien sind die Eichenwälder in den Bergen von Neuguinea. Wenn die Früchte reifen, ist dort der satte Humus des Waldbodens mit großen, glänzenden braunen Eicheln übersät. Hebt man eine auf, entdeckt man höchstwahrscheinlich, dass darauf herumgebissen worden ist: Diese Wälder sind die Heimat von mehr Kletterbeutler- und Riesenbaumrattenarten, als es irgendwo sonst auf der Erde gibt, und viele von ihnen tun nichts lieber, als Eicheln zu fressen.

Als ich 1985 erstmals diese wundersamen Wälder sah – im Nong-River-Tal nördlich von Telefomin, fast in der Mitte der Insel – erstreckten sie sich vor meinen Augen als ein ununterbrochenes Band der Wildnis in die blaue Ferne. Ich hatte das Privileg, als erster Säugetierspezialist überhaupt in dieser Gegend arbeiten zu können. Sie war die Heimat vieler ungewöhnlicher Arten, von denen einige ausschließlich hier vorkamen und der Wissenschaft völlig unbekannt waren.

Bei einem dieser Lebewesen handelte es sich um einen gräulichen, katzengroßen Kuskus mit großen braunen

Auf meiner Hand sitzt eine ganz junge Riesenbaumratte. Das Bild entstand 1985 im Nong-River-Regenwald im Landesinnern von Neuguinea. Der Lebensraum dieser Riesenbaumrattenart existiert nicht mehr.

Augen, kleinen Pfoten und einem kurzen Schwanz, den die Telefol (die manchmal zum Jagen in das Tal gingen) *matanim* nannten. Von den Jägern erfuhr ich, dass er sich hauptsächlich von Feigenblättern, Früchten und dem verrottenden Holz bestimmter Bäume ernährte.

In das Nong-Tal zu kommen ist alles andere als leicht. Als sich mir 2001 die Gelegenheit bot, dorthin zurückzukehren, griff ich also sofort zu. Man kann sich vorstellen, wie aufgeregt ich war, aber noch ehe der Hubschrauber landete, war meine Stimmung auf einem Tiefpunkt. Das gesamte Tal samt der umliegenden Gipfel hatte sich in einen Hain aus Grabmalen verwandelt, die einst Pflanzen gewesen waren.

Später erzählten mir meine alten Telefol-Freunde, dass

in der zweiten Hälfte des Jahres 1997 kaum oder gar kein Regen gefallen war und der wolkenlose Himmel bitteren Frost geschickt hatte, der die Bäume tötete. Bis Neujahr waren die Reste des Waldes knochentrocken, und der Boden war mit den Blättern der toten Bäume bedeckt. Als dann das Feuer kam, raste es das Tal hinunter und die angrenzenden Gipfel hoch. Monatelang brannte es, und selbst noch ein Jahr später flackerte es immer mal wieder aus dem Moos und den tief in der Erde vergrabenen Pflanzenresten wieder auf.

Diese Geschehnisse hatten das Gebiet vollkommen verwüstet und die Wildtiere aus ihren Verstecken getrieben. Die große Zahl von Beuteltier-Kiefern, die die Jäger als Trophäen ausstellten, bezeugte, dass die Katastrophe die letzten unberührten Rückzugsgebiete den Menschen zugänglich gemacht hatte. Jetzt hingen Ketten mit Hunderten von Kiefern der größeren und seltenere Tiere wie beispielsweise Baumkängurus, Kletterbeutlern und Riesenbaumratten über den Feuerstellen und zeigten, dass selbst einem mittelmäßigen Jäger seine Beute gewiss war.

Hing dort unter diesen Trophäen, fragte ich mich, vielleicht der Kieferknochen des allerletzten *matanim* auf Erden?

Es würde Jahre der Forschung brauchen, um das Vorhandensein oder Fehlen eines so seltenen und schwer zu findenden Tieres zu bestätigen. Aber was ich bei meinem Besuch im Jahr 2001 sah, brachte mich zu dem Schluss, dass sein Überleben als ein Wunder gelten müsste.

10. Alarm an den Polen

In den letzten Tagen des Jahres 2004 erreichte eine erstaunliche Nachricht die Städte der Welt: Von der Nordspitze her ergrünte die Antarktis.

Die Antarktische Grasschmiele wächst normalerweise in vereinzelten Büscheln an der Nordseite eines Felsbrockens oder einer anderen geschützten Stelle. Im südlichen Sommer des Jahres 2004 jedoch sprossen ganze Wiesen davon im einstigen Reich der Schneestürme. Das ist geradezu beispielhaft für die Veränderungen in unseren Polarregionen. Doch die Vorgänge an Land sind unerheblich, wenn man sie mit denen vergleicht, die im Meer ablaufen: Das Packeis verschwindet.

Die Meere nördlich der Antarktis gehören zu den reichhaltigsten der Erde, obwohl hier der Nährstoff Eisen fast völlig fehlt. Das Meereis kompensiert diesen Mangel irgendwie, denn am halbgefrorenen Saum zwischen dem Salzwasser und dem schwimmenden Eis wächst in erstaunlichen Mengen mikroskopisch kleines Plankton, das die Basis der Nahrungspyramide ist.

Trotz der dunklen Wintermonate gedeiht das Plankton unter dem Eis und ernährt den Krill, der einen siebenjährigen Lebenszyklus hat. Und wo immer es Krill im Überfluss gibt, gibt es meistens auch Pinguine, Robben und große Wale.

Doch seit 1976 gehen die Krillbestände drastisch zurück, sie vermindern sich um nahezu 40 Prozent pro Jahrzehnt. Und während die Krillbestände abnahmen, nahmen die einer weiteren hauptsächlich planktonfressenden Art zu: der gallertartigen Salpe. Salpen waren zuvor nur in Gewässern weiter nördlich verbreitet. Sie brauchen keine große Planktondichte, um zu gedeihen; ihnen genügt das magere Angebot der eisfreien Teile des Südpolarmeers. Die Salpen selbst sind so nährstoffarm, dass kein Säugetier oder Vogel der Antarktis sich die Mühe machen, sie zu fressen.

Der Rückgang der Krillmengen hängt offenkundig eng mit der Erwärmung der Ozeane und dem Rückgang des Meereises zusammen. Es besteht kaum Zweifel, dass der Klimawandel dem produktivsten Ozean der Welt wie auch den größten hier lebenden Tieren schadet.

Man stelle sich bloß einmal vor, was es für die wilden Tiere der Serengeti bedeuten würde, wenn ihre Weideflächen seit 1976 pro Jahrzehnt um 40 Prozent zurückgegangen wären. Oder wenn unser eigener Lebensraum in jedem Jahrzehnt um 40 Prozent verkleinert würde!

Es gibt nur noch halb so viele Kaiserpinguine wie vor 30 Jahren, und die Zahl der Adeliepinguine ist um 70 Prozent zurückgegangen.

Die Südlichen Glattwale, die erst seit kurzem wieder an die Küsten Australiens und Neuseelands zurückkehren, werden nicht mehr kommen, denn sie müssen sich erst mit dem Winterkrill Speck anfuttern, wenn sie an ihren Geburtsort, der in wärmeren Gewässern liegt, ziehen wollen. Die Buckelwale, die in ähnlicher Weise die Weltmeere durchqueren, werden ihre geräumigen Mägen nicht länger füllen können und auch nicht die unzähligen Robben und Pinguine, die in den südlichen Meeren herumtollen. Stattdessen werden wir eine auftauende Kryosphäre

Die Zahl der Kaiserpinguine nimmt aufgrund des Klimawandels bereits ab. Schon kleine Veränderungen ihrer empfindlichen Umwelt können dazu führen, dass sie aussterben.

(das ist der Fachbegriff der Wissenschaftler für die Teile der Erde, die im ewigen Eis liegen) und einen Ozean voller gallertartiger Salpen bekommen.

Die Antarktis ist ein gefrorener Kontinent, der von einem unendlich reichhaltigen Meer umgeben ist. Die Arktis hingegen ist ein gefrorener Ozean, der fast vollständig von Land umgeben ist. Und sie ist auch die Heimat von vier Millionen Menschen. Die meisten davon leben am Rand der Arktis, und dort, beispielsweise im Süden von Alaska, sind die Winter nun um 2 bis 3 °C wärmer als vor 30 Jahren.

Zu den Auswirkungen des Klimawandels, die weltweit am deutlichsten ins Auge fallen, zählen die Machenschaften des Fichtenborkenkäfers. In den letzten 15 Jahren hat er gut 40 Millionen Bäume im südlichen Alaska umgebracht, mehr als jedes andere Insekt in der Geschichte Nordamerikas. Zwei harte Winter reichen in der Regel aus, um die Zahl der Käfer unter Kontrolle zu halten, aber eine Serie milder Winter in den zurückliegenden Jahren hat sie geradezu explodieren lassen.

Halsbandlemminge sind der Kryosphäre hervorragend angepasst und überleben sogar an der feindseligen Nordküste Grönlands. Sie sind die einzigen Nagetiere, deren Fell im Winter weiß wird und deren Klauen dann zu ausgezeichneten, zweizinkigen Schaufeln werden, mit denen sie sich durch den Schnee graben. Ihre Zahl ist so groß, dass sie gelegentlich auf der Suche nach Nahrung in Massen weiterziehen. Doch es stimmt nicht, dass sie Selbstmord begehen, indem sie sich von Klippen stürzen.

Wenn die globale Erwärmung anhält, sagen Wissenschaftler voraus, werden sich die Wälder bis zur Küste des Nordpolarmeers vorschieben und dabei die Tundra mit ihren endlosen Ebenen und dem Dauerfrostboden zerstören. Mehrere hundert Millionen Vögel ziehen zum Brüten hierher. Wenn die Wälder nach Norden vorrücken, werden diese gigantischen Scharen über 50 Prozent ihrer Brutreviere allein in diesem Jahrhundert verlieren.

Beim Hudson-Halsbandlemming sind die Tundra und sein Leben aufs Engste verflochten. Experten fürchten, dass er noch vor dem Jahr 2100 ausgestorben sein wird. Alles was dann bleibt, wird vielleicht eine folkloristische Erinnerung an ein kleines Nagetier sein, das manchmal Selbstmord begeht.

Die Tragödie wird allerdings darin bestehen, dass die Lemminge nicht gesprungen sind. Sie wurden gestoßen.

Das Karibu (der amerikanische Vetter des Rentiers) ist für das Leben der Inuit, der Ureinwohner der Arktis, von größerer Bedeutung. Das Peary-Karibu ist eine kleine, helle Unterart, die nur in Westgrönland und auf den arktischen Inseln Kanadas lebt. Jahreszeiten mit weniger Schnee und stattdessen mehr Regen können für es bedrohlich werden. Heute überziehen Herbstregen die Flechten, von denen sich die Tiere im Winter ernähren, mit einem Eispanzer, sodass viele hungern. Die Zahl der Peary-Karibus ging von 26 000 im Jahr 1961 auf 1000 im Jahr 1997 zurück. 1991 wurde die Art als gefährdet eingestuft, was bedeutet, dass sie nicht mehr gejagt werden darf und somit für die Inuit-Wirtschaft nicht mehr von Belang ist. Die Samen (Lappen) in Finnland haben eine ähnliche Vereisung der Rentier-Winternahrung bemerkt. Wenn der Klimawandel weiter so fortschreitet, wird die Arktis wohl kein geeignetes Habitat mehr für Karibus sein.

Können wir uns einen Nordpol ohne Rentiere vorstellen?

Wenn es ein Symbol für die Arktis gibt, dann ist es sicherlich *nanuk*, der große weiße Eisbär. Er ist ein Nomade und Jäger und in der weißen Unendlichkeit seiner Polarwelt jedem Mann gewachsen. Jeden Zentimeter der Arktis hat er im Griff: Er wurde in 2000 Meter Höhe auf dem grönländischen Inlandeis gesichtet, und er stromerte zielgerichtet keine 150 Kilometer vom Nordpol entfernt über das Eis. Genügend zu fressen zu finden heißt für Eisbären, viel Packeis zur Verfügung zu haben. Und davon verschwinden pro Jahrzehnt acht Prozent.

Es stimmt, dass Eisbären sich dazu herablassen, Lemminge zu fangen oder tote Vögel zu fleddern, wenn sich die Gelegenheit dazu bietet, aber Packeis und *netsik* – die Ringelrobbe, die dort lebt und ihre Jungen aufzieht – bilden den Kern der *nanuk*-Lebensweise.

Netsik ist das im äußersten Norden am weitesten verbreitete Säugetier, mindestens 2,5 Millionen Exemplare schwimmen im von Eisbergen gekühlten Meer. Manchmal jedoch sind die Klimaverhältnisse so, dass sie sich einfach nicht vermehren können. 1974 schneite es über dem Amundsengolf zu wenig, sodass die Robben auf dem Packeis ihre Schneehöhlen nicht bauen konnten. Also zogen sie fort, einige bis nach Sibirien.

Und die Eisbären? Diejenigen, die fett genug waren, auf Wanderschaft zu gehen, folgten den Robben. Aber viele konnten da nicht mithalten und hungerten.

Die Sattelrobben, die im Sankt-Lorenz-Golf leben, unterscheiden sich genetisch vom Rest dieser Art. Wie die Ringelrobben können sie keine Jungen großziehen, wenn es zu wenig oder gar kein Packeis gibt – und das war in ihrer Heimat in den Jahren 1967, 1981, 2000, 2001 und 2002 der Fall. Die Folge von Jahren ohne Junge zu Beginn dieses Jahrhunderts ist beunruhigend. Wenn die Strecke eisfreier Jahre länger ist als der gebärfähige Lebensabschnitt einer weiblichen Ringelrobbe – wohl höchstens ein Dutzend Jahre –, wird die Gruppe im Sankt-Lorenz-Golf aussterben.

Auch Ringel-, Sand- und Bartrobben brauchen das Packeis zum Gebären und zur Aufzucht ihres Nachwuchses. Selbst das mächtige Walross ist auf ein Leben im vereisten Meer angewiesen, denn der äußerst nahrungsreiche Eissaum stellt sein primäres Habitat dar.

Während jeder Winter wärmer wird als der zuvor, verhungern die großen weißen Bären allmählich. Eine Langzeituntersuchung von 1200 Tieren entlang der Hudson Bay ergab, dass sie im Durchschnitt bereits 15 Prozent magerer waren als noch vor ein paar Jahrzehnten. Jahr um Jahr gebären die hungernden Weibchen weniger Junge. Noch vor einigen Jahrzehnten waren Drillinge üblich, heute gibt es sie nicht mehr. Und damals war rund die Hälfte der Jungen mit 18 Monaten entwöhnt und ernährte sich selbst, heute ist das nicht einmal bei einem von 20 der Fall. In manchen Gebieten führen vermehrte Regenfälle im Winter dazu, dass ihre Höhlen einstürzen und das Muttertier und die Jungen, die darin schlafen, umkommen. Zudem kann das frühere Aufbrechen des Eises die Winterquartiere von den Nahrungsquellen abschneiden. Wenn die Jungen dann noch nicht die Strecken schwimmen können, die bis zum Fressen zu bewältigen sind, verhungern sie. Im Frühjahr 2006 haben Inuit erstmals ertrunkene Eisbären gefunden: Das Eis hat sich jetzt zu weit vom Ufer zurückgezogen.

Indem wir eine Arktis mit schwindendem Packeis erschaffen, entsteht eine Einöde aus offenem Wasser und trockenem Land. Und was wird ohne Eis, Schnee und *nanuk* aus den Inuit – den Menschen, die dem großen weißen Bär den Namen gaben und ihn wie keine anderen verstehen? Wenn *nanuk* bei Kräften und wohlgenährt ist, frisst er von einer fetten Robbe nur den Speck, den Rest überlässt er Polarfüchsen, Raben und Möwen.

Wenn sich die Arktis mit hungrigen weißen Bären füllt, was wird dann aus diesen anderen Lebewesen? Der Bestand an Elfenbeinmöwen ist in Kanada in den letzten 20 Jahren schon um 90 Prozent zurückgegangen.

Sie werden dieses Jahrhundert sicher nicht überleben. Und *nanuk* wird schon bald auf der Liste gefährdeter Arten stehen.

Es sieht danach aus, dass der Verlust von *nanuk* den beginnenden Zusammenbruch des gesamten arktischen Ökosystems markiert.

Wenn nichts unternommen wird, um die Treibhausgas-Emissionen einzuschränken, kann man wohl davon ausgehen, dass um 2050 der Tag heraufdämmern wird, an dem in der Arktis kein Sommereis mehr zu sehen ist – sondern bloß eine endlose, dunkle, aufgewühlte See. Doch noch ehe das letzte Eis schmilzt, werden die Bären ihre Winterquartiere, Nahrungsreviere und Wanderungskorridore verloren haben.

Vielleicht wird sich noch eine Schar älterer Bären herumtreiben und Jahr für Jahr immer dürrer werden. Oder es kommt vielleicht der schreckliche Sommer, in dem nirgendwo Robben in ihren Höhlen hocken. Ein paar Bären halten sich dann vielleicht eine Zeit lang notdürftig mit Lemmingen, Aas und im Wasser gefangenen Robben am Leben, aber sie werden so abgemagert sein, dass sie nicht mehr aus dem Winterschlaf erwachen. Angesichts des Tempos, mit dem die Veränderungen vor sich gehen, ist damit zu rechnen, dass es 2030 keine oder nur sehr wenige Eisbären in freier Natur gibt.

Die an den Polen zu beobachtenden Veränderungen sind von der schnellen Art. Wenn wir nicht rasch handeln, wird das Reich der Eisbären, Narwale und Walrosse ersetzt von den kalten, eisfreien Meeren des Nordens und den großen gemäßigten Wäldern der Taiga (dem größten

Habitat auf Erden, das sich über Kanada, Europa und Asien erstreckt).

Man könnte meinen, dass vorrückende Wälder durch ihren CO_2-Verbrauch beim Wachsen helfen würden, den Klimawandel zu bremsen. Wissenschaftler schätzen jedoch, dass jeder Gewinn hier durch den Verlust der Albedo wettgemacht werden wird. Ein dunkelgrüner Wald absorbiert viel mehr Sonnenlicht als die schneebedeckte Tundra und fängt daher viel mehr Wärme ein. Insgesamt wird die Bewaldung der nördlichen Breiten unseren Planeten also sogar noch schneller aufheizen.

Wenn das passiert ist, wird es, egal was die Menschheit mit ihren Emissionen macht, für eine Umkehr zu spät sein. Nach Millionen von Jahren wird die Kryosphäre des Nordpols für immer verschwunden sein.

11. 2050: Das Große Stummelriff?

Von allen Ökosystemen im Meer ist keines vielfältiger oder von schönerem Farben- und Formenreichtum als ein Korallenriff. Und kein System ist, sagen uns die Klimaexperten und Meeresbiologen, stärker durch den Klimawandel gefährdet.

Stehen die Korallenriffe der Welt wirklich am Rand des Untergangs?

Diese Frage ist für die Menschheit von erheblichem Interesse, denn die Korallenriffe sorgen für rund 30 Milliarden US-Dollar Einkommen jährlich; größtenteils profitieren davon Menschen, die nur wenige andere Einkommensquellen haben.

Doch die finanziellen Verluste werden sich vielleicht als kleines Übel erweisen. Die Bewohner von fünf Staaten leben ausschließlich auf Korallenatollen, und Saumriffe sind alles, was zwischen der heranstürmenden See und zig Millionen weiterer Menschen steht. Zerstört man diese Saumriffe, tut man vielen Pazifikländern dasselbe an, als würde man Hollands Deiche mit dem Bulldozer wegreißen.

Eines von vier Meereslebewesen verbringt zumindest einen Teil seines Lebens in Korallenriffen. Diese Artenvielfalt dort beruht zum einen auf der komplexen Architektur der Korallen, die viele Verstecke bietet, zum anderen auf dem Nährstoffmangel in den klaren, tropischen Gewässern.

Auch ein Mangel an Nährstoffen kann eine große Vielfalt hervorbringen. Das beste Beispiel dafür sind die unfruchtbaren Sandebenen der südafrikanischen Kapprovinz, auf denen 8000 Arten strauchartiger Blütenpflanzen wachsen – eine Mischung, die ebenso vielfältig ist wie in den meisten Regenwäldern.

Korallenriffe sind das marine Gegenstück der südafrikanischen Sandebenen. Die Erzfeinde der Korallenriffe sind Nährstoffe und Störungen, die ihre Struktur zusammenbrechen lassen. Dann gedeihen nur ein paar Unkrautarten – größtenteils Meeresalgen.

Als Alfred Russel Wallace 1857 Ambon Harbour im heutigen Ostindonesien ansteuerte, erlebte er

… einen der erstaunlichsten und schönsten Anblicke, die mir je zuteil wurden. Der Meeresboden war vollständig mit einer unablässigen Folge von Korallen, Schwämmen, Aktinien und anderen marinen Hervorbringungen bedeckt, die von großartigen Dimensionen, vielfältigen Formen und brillanten Farben waren. Die Tiefe variierte zwischen zwanzig und fünfzig Fuß, und der Grund war sehr uneben, Felsen und Spalten und kleine Hügel und Täler boten abwechslungsreiche Stellen für das Wachstum dieser tierischen Wälder. In sie hinein und wieder hinaus zogen Unmengen von blauen und roten und gelben Fischen, die auf die verblüffendste Weise gefleckt und gebändert und gestreift waren, während große orangene oder rosarote transparente Medusen dicht unter der Oberfläche entlangtrieben. Stundenlang konnte man den Blick nicht abwenden, und keine Beschreibung kann der vorüberziehenden fesselnden Schönheit gerecht werden.

Im Lauf der neunziger Jahre fuhr ich oft nach Ambon Harbour, aber ich sah keine Korallengärten, keine Medusen, keine Fische, noch nicht einmal den Grund. Stattdessen stank die trübe Brühe und war voller Abwässer und Müll. Je näher ich der Stadt kam, desto schlimmer wurde es, bis mich ganze Flöße aus Fäkalien, Plastiktüten und den Innereien geschlachteter Ziegen begrüßten.

Ambon Harbour ist nur eines der zahllosen Beispiele für Korallenriffe, die im Lauf des 20. Jahrhunderts verwüstet wurden. Heute bedroht die weit verbreitete Unsitte des Überfischens – wozu auch das Fischen mit Sprengstoff und Gift gehört – die Riffe. Die Biodiversität der Riffe zu stören, fördert auch die rasche Ausbreitung von Arten, die den Korallen schaden, wie beispielsweise des Dornenkronenseesterns. Ein weiteres Problem sind Nährstoffe, die aus der Landwirtschaft und den verschmutzten Städten ins Wasser gelangen. Sie haben dazu beigetragen, dass sogar geschützte Riffe wie das australische Große Barrier-Riff bedroht sind.

Während des Niño von 1997/98 brannten die Regenwälder Indonesiens wie nie zuvor, und monatelang war die Luft voller Smogwolken, die viel Eisen enthielten. Vor diesen Bränden zählten die Korallenriffe des südwestlichen Sumatra zu den artenreichsten der Welt und konnten sich über 100 Steinkorallen-Spezies rühmen, darunter großer, über 100 Jahre alter Exemplare. Ende 1997 kam es dann vor der Küste von Sumatra zur »roten Flut«. Die Farbe stammte von der Blüte winziger Organismen, die sich vom Eisen im Smog ernährten. Die Gifte, die sie produzierten, richteten so viele Schäden an, dass die Riffe Jahrzehnte zur Erholung brauchen, falls ihnen das überhaupt gelingt.

Die Smogwolke, die während des Niño von 2002 über Südostasien stand, war noch ausgedehnter – sie hatte die Größe der Vereinigten Staaten. Smog in solchem Umfang kann die Sonneneinstrahlung um zehn Prozent mindern und die untere Atmosphäre wie den Ozean aufheizen. Die Algenblüte verheert heute die Küsten von Indonesien bis nach Südkorea und verursacht Schäden in Höhe von Hunderten Millionen Dollar im Meer. Es ist unwahrscheinlich, dass sich irgendein ostasiatisches Korallenriff wieder erholt.

Hohe Temperaturen führen zum Ausbleichen der Korallen. Um dies zu verstehen, müssen wir ein Riff untersuchen, das sich weitab von jedem menschlichen Einfluss befindet, wo also allein das wärmere Wasser für die Veränderung verantwortlich ist. Das Myrmidon Reef liegt weit vor der Küste des australischen Bundesstaates Queensland, und die einzigen Menschen hier sind Wissenschaftler, die es alle drei Jahre untersuchen. Als sie das 2004 taten, sah das Riff aus, »als sei es bombardiert worden«. Der Kamm des Riffs war stark ausgebleicht und bestand nur noch aus einem Wald toter, weißer Korallen. Nur an den tieferen Abhängen ging das Leben weiter.

Zum Ausbleichen von Korallen kommt es immer dann, wenn die Wassertemperaturen einen bestimmten Schwellenwert überschreiten. Wo zu warmes Wasser die Korallen umspült, werden sie weiß wie der Tod. Ist die Erwärmung von kurzer Dauer, erholen sich die Korallen vielleicht langsam, hält sie aber an, sterben sie. Vor 1930 hatte man kaum etwas von ausbleichenden Korallen gehört, und bis in die siebziger Jahre blieben sie etwas recht Seltenes. Doch 1998 löste El Niño das weltweite Sterben aus.

Das Große Barrier-Riff ist durch den Klimawandel am leichtesten verwundbar. 1998 waren insgesamt 42 Prozent des Großen Barrier-Riffs ausgeblichen, und 18 Prozent hatten bleibende Schäden erlitten.

Als es 2002 wieder zu El-Niño-Verhältnissen kam, bildete sich über dem Großen Barrier-Riff ein rund eine halbe Million Quadratkilometer großes Gebiet mit warmem Wasser. Die Folge war ein weiteres massives Ausbleichen, das an einigen küstennahen Riffen 90 Prozent aller Korallen tötete und 60 Prozent des Großen Barrier-Riffs in Mitleidenschaft zog. An den wenigen Stellen, wo das Wasser kühl blieb, wurden die Korallen hingegen nicht geschädigt.

2006 sah es so aus, als gäbe es wieder ein schlimmes Jahr für das Riff, aber dann kam der Zyklon Larry. Er entzog dem Meer genug Wärme, um das Ausbleichen zu stoppen, setzte diese Energie in verheerende Stürme um, die 50 000 Wohnstätten in Queensland beschädigten oder zerstörten. Ein schrecklicher Preis, um den das Riff für ein weiteres Jahr gerettet wurde.

Im Jahr 2002 warnte ein Expertengremium von 17 weltweit führenden Korallenriffforschern, dass die Riffe der Welt bis zum Jahr 2030 katastrophale Verluste erlitten haben werden und bis 2050 selbst die am besten geschützten Riffe massive Anzeichen von Schädigungen aufweisen werden.

Riffexperten zufolge würde ein weiterer Anstieg der globalen Temperatur um 1 °C dazu führen, dass 82 Prozent des Großen Barrier-Riffs ausbleichen und sterben. Bei einer Steigerung von 2 °C sind es 97 Prozent, und bei 3 °C folgt die »totale Vernichtung«.

Die Ozeane brauchen rund drei Jahrzehnte, bis sie die

Gobiodon Spezies C: Dieser kleine Fisch lebt vor Papua-Neuguinea. Sein Lebensraum – ein Riff – ist so weit zerstört, dass ihm nun nur noch ein einziger Korallenstock zum Leben geblieben ist.

in der Atmosphäre angesammelte Wärme aufgenommen haben. Daher könnte es gut sein, dass vier Fünftel des Großen Barrier-Riffs aus lebenden Toten bestehen – die nur darauf warten, bis die Zeit und das warme Wasser sie einholen.

Ein vom Klimawandel verursachtes Artensterben hat mit großer Sicherheit an den Riffen der Welt bereits eingesetzt. Dafür typisch könnte das Schicksal einer winzigen Fischart sein, die in Korallenriffen lebt und als *Gobiodon* Spezies C bezeichnet wird. Der Lebensraum dieses klitzekleinen Tieres wurde durch das Ausbleichen der Korallen während des Niño von 1997/98 zum größten Teil zerstört, und man kann den Fisch heute nur noch in einer kleinen Korallenbank in einer Lagune von Papua-Neuguinea finden.

»Spezies C« zeigt an, dass die Art noch nicht offiziell benannt wurde, und es kann sein, dass sie ausgestorben ist, ehe das geschieht. Es ist keine Übertreibung zu sagen, dass wir den Verlust dieses einen kleinen Fisches vertausendfachen müssen, um eine Vorstellung von der Lawine des Aussterbens zu bekommen, die bereits jetzt im Gang ist.

Eine 2003 durchgeführte Bestandsaufnahme am Großen Barrier-Riff ergab, dass auf der Hälfte des Riffgebiets der Mantel aus lebenden Korallen auf weniger als zehn Prozent geschrumpft war. Auch in den gesündesten Abschnitten war ein starker Rückgang zu erkennen. Öffentliche Empörung zwang die Politik zum Handeln, und die australische Regierung erklärte 30 Prozent des Riffs zum Schutzgebiet. Das bedeutet, dass hier der kommerzielle Fischfang verboten ist und sonstige menschliche Aktivitäten stark eingeschränkt sind.

Es sind aber nicht die Fischer oder die Touristen, die das Große Barrier-Riff umbringen. Es sind die CO_2-Emissionen, die sich immer höher schrauben. Und die Australier blasen pro Kopf mehr CO_2 in die Luft als jedes andere Volk der Erde.

Wenn wir diese Naturwunder erhalten und verhindern wollen, dass etwa das Große Barrier-Riff 2050 nur noch ein Großes Stummelriff ist, müssen wir *jetzt* unsere Treibhausgas-Emissionen verringern.

12. Eine Warnung von der Goldkröte

Bislang gab es in unserer Geschichte noch keine Art, die eindeutig aufgrund des Klimawandels ausgestorben ist. Dort, wo es vermutlich bereits geschehen ist, etwa in den Wäldern Neuguineas und an den Korallenriffen, war kein Biologe zur Stelle, der das Ereignis hätte festhalten können. Im Monteverde-Bergregenwald-Naturschutzgebiet im mittelamerikanischen Costa Rica gibt es hingegen eine Fülle von Wissenschaftlern. Dort liegt das Goldkröten-Labor für Umweltschutz.

Nicht lange nachdem unser fragiler Planet das magische Klimator von 1976 durchschritt, beobachteten die Ökologen, die ihre Tage mit genauen Feldforschungen in jenen ursprünglichen Wäldern verbringen, auf einmal merkwürdige Vorgänge.

Während des trockenen Winters von 1987 begannen die Frösche aus den moosbewachsenen Regenwäldern in rund 1500 Metern Höhe über dem Meer zu verschwinden. 30 der 50 Froscharten, die in dem 30 Quadratkilometer großen Untersuchungsgebiet gelebt hatten, gab es nicht mehr. Zu ihnen zählte eine wunderschöne Kröte, die die Farbe gesponnenen Goldes aufwies. Die Goldkröte lebte an den oberen Hängen des Berges. Zur jeweiligen Jahreszeit scharten sich die glitzernden Männchen zu Dutzenden um Pfützen im Waldboden, um sich mit Weibchen zu paaren.

Entdeckt und benannt wurde die Goldkröte im Jahr 1966. Die Indianer kannten sie allerdings viel länger. In ihren Mythen gibt es einen geheimnisvollen goldenen Frosch, der sehr schwer zu finden ist. Doch dem, der lange genug in den Bergen nach ihm sucht, verleiht der Frosch großes Glück. Die Geschichten erzählen von einem Mann, der den Frosch fand, ihn aber wieder laufen ließ, weil er das Glück nicht ertragen konnte. Ein anderer ließ den Frosch frei, weil er das Glück nicht erkannte, als es zu ihm kam.

Nur die Männchen sind golden; die Weibchen sind schwarz, gelb und scharlachrot gefleckt. Einen guten Teil des Jahres leben die Tiere im Verborgenen; sie verbringen ihre Zeit unter Tage in Gängen zwischen den vermoosten Wurzelmassen des Waldes. Wenn dann die Trockenzeit den feuchten Monaten April und Mai weicht, tauchen sie für wenige Tage oder Wochen in Massen auf. Da die Zeit für die Paarung so knapp ist, kämpfen die Männchen miteinander um den besten Platz und ergreifen jede Gelegenheit zur Begattung – und wenn es nur der Stiefel eines Feldforschers ist.

In ihrem Buch *Auf der Suche nach dem goldenen Frosch* erzählt die Amphibienexpertin Marty Crump, wie es war, die Tiere im Paarungsrausch zu beobachten:

Ich stapfe bergauf ... durch Bergregenwald, dann durch knorrigen Krummholzwald ... Hinter der nächsten Kurve offenbart sich mir der unglaublichste Anblick, den ich je gesehen habe. Um mehrere kleine Tümpel zu Füßen windgebeugter, verkrüppelter Bäume posieren über 100 goldorangene Kröten wie Statuen, gleißende Juwelen vor dunkelbraunem Matsch.

Am 15. April 1987 notierte Crump etwas in ihrem Forschungstagebuch, das weittragende Bedeutung erlangen sollte:

Wir sehen einen großen orangefarbenen Klecks mit Beinen, die in alle Richtungen fuchteln: eine sich windende Masse von Krötenfleisch. Eine genauere Überprüfung ergibt drei Männchen, die darum kämpfen, Zugang zu dem Weibchen in der Mitte zu bekommen. 42 glitzernde, orangefarbene Kleckse, die sich um den Tümpel herum aufgebaut haben, sind Männchen, die sich noch nicht gepaart haben, auf jede Bewegung lauern und bereit sind, jederzeit herbeizustürzen. Weitere 57 paarungsbereite Männchen hocken verstreut in der Nähe. Insgesamt finden wir 133 Kröten in der Umgebung dieser Pfütze von der Größe einer Küchenspüle.

Am 20. April:

Die Paarungszeit scheint vorbei zu sein. Vor vier Tagen habe ich das letzte Weibchen gefunden, und allmählich kehren die Männchen in ihre Verstecke unter der Erde zurück. Jeden Tag ist der Boden trockener, und die Tümpel haben immer weniger Wasser. Die Beobachtungen von heute sind entmutigend. Die meisten Tümpel sind vollständig ausgetrocknet. Zurück bleiben vertrocknete, bereits mit Schimmel bedeckte Eier. Unglücklicherweise zieht das trockene Wetter von El Niño diesen Teil Costa Ricas noch immer in Mitleidenschaft.

Als hätten sie um das Schicksal ihrer Eier gewusst, versuchten die Kröten im Mai noch einmal welche zu legen. Das war, soweit wir wissen, die letzte große Krötenorgie. Trotz des Umstands, dass 43 500 Eier in den zehn von Crump untersuchten Tümpeln abgelegt wurden, blieben nur 29 Kaulquappen länger als eine Woche am Leben, denn die Tümpel trockneten abermals rasch aus.

Im nächsten Jahr kehrte Crump zur Paarungszeit zum Monteverde zurück, aber diesmal war alles anders. Nach langem Suchen machte sie am 21. Mai ein einziges Männchen ausfindig. Als es Juni war und sie noch immer suchte, war Crump besorgt: »Ohne die leuchtenden, orangefarbenen Kleckse wirken die Wälder steril und deprimierend ... Ich begreife nicht, was passiert ist. Warum haben wir nicht ein paar hoffnungsfrohe Männchen gefunden, die voller Erwartung die Pfützen inspizieren?«

Ein weiteres Jahr sollte vergehen, bis am 15. Mai 1989 abermals ein einsames Männchen gesichtet wurde. Es hockte nur drei Meter von der Stelle entfernt, an der Crump zwölf Monate zuvor eines gesehen hatte, daher handelte es sich höchstwahrscheinlich um dasselbe Tier.

Das zweite Jahr schon hielt das Krötenmännchen einsam Wache und wartete vergebens auf das Eintreffen seiner Artgenossinnen. Es war, soweit wir wissen, das letzte seiner Art. Seither ist die Goldkröte nicht mehr gesehen worden.

Andere Arten am Monteverde waren gleichfalls betroffen. Zwei Eidechsenarten verschwanden völlig. Gegenwärtig werden die Bergregenwälder weiter ihrer Juwelen beraubt, Jahr um Jahr werden viele Reptilien, Frösche und andere Tiere seltener. Das Naturschutzgebiet ist zwar noch grün genug, um den Namen »Monteverde« zu rechtfertigen, aber es beginnt einer Krone zu ähneln, die ihre strahlendsten Edelsteine verloren hat.

Die Wissenschaftler durchforsteten daraufhin die monatlichen Aufzeichnungen zu Temperatur und Regenfällen in der Gegend. 1999 konnten sie schließlich verkünden, dass sie das Rätsel um das Verschwinden der Goldkröte gelöst hätten.

Seit die Erde 1976 das erste magische Klimator durchschritt, hatte die Anzahl von Tagen ohne Nebel in jeder Trockenzeit am Monteverde zugenommen, bis sie sich schließlich zu ganzen Strecken nebelloser Tage verbanden. In der Trockenzeit des Jahres 1987 hatte die Anzahl von aufeinander folgenden nebellosen Tagen einen kritischen Schwellenwert überschritten. Nebel, das muss man bedenken, bringt lebenswichtige Feuchtigkeit. Sein Fehlen führte zu katastrophalen Veränderungen. Warum, wollten die Forscher wissen, hatte sich der Nebel vom Monteverde abgewandt? Von 1976 an stieg die Unterkante der Nebelwolken stetig höher, bis die Wolkenlinie oberhalb des Waldes lag. Bewirkt wurde diese Veränderung von dem abrupten Anstieg der Oberflächentemperaturen im zentralen Westpazifik. Der warme Ozean hatte die Luft aufgeheizt und den Kondensationspunkt für die darin enthaltene Feuchtigkeit nach oben verlagert. Bis 1987 hatte die steigende Wolkenlinie an vielen Tagen den moosbewachsenen Wald ganz und gar verlassen, und die Wolken hingen im Himmel darüber, wo sie Schatten spendeten, aber keine Feuchtigkeit. Die Haut der Goldkröte ist durchlässig, und das Tier liebt es, bei Tageslicht herumzuziehen. Daher war es dem neuen, trockeneren Klima besonders ausgeliefert.

Es ist immer niederschmetternd, wenn man Zeuge eines Artensterbens wird. Man sieht die Zerschlagung von Ökosystemen und einen nicht wiedergutzumachenden genetischen Verlust. Es dauert Hunderttausende von Jahren, bis sich so ein Geschöpf entwickelt hat.

Die Goldkröte ist das erste dokumentierte Opfer der globalen Erwärmung. Wir haben sie mit unserer rücksichtslosen Nutzung von aus Kohle erzeugter Elektrizität und mit unseren überdimensionierten Autos umgebracht, und zwar so unmittelbar, als hätten wir ihren Wald mit Bulldozern platt gemacht.

Seit 1976 haben viele Forscher beobachtet, dass Amphibienarten vor ihren Augen verschwanden, ohne dass sie den Grund nennen konnten. Neue Studien legen nahe, dass der Klimawandel auch für diese Verluste verantwortlich ist.

Ende der siebziger Jahre verschwand ein bemerkenswertes Geschöpf namens Bauchbrütender Frosch aus den moosbewachsenen Wäldern im südöstlichen Queensland. Als der braune, mittelgroße Frosch im Jahr 1973 entdeckt wurde und ein Forscher in das offene Maul eines Weibchens blickte, sah er zu seiner Verblüffung auf dessen Zunge einen Miniaturfrosch sitzen! Auch die Froschforscher saßen daraufhin rund um die Welt mit offenen Mündern da.

Die Art ist keineswegs kannibalisch. Aber sie hat bizarre Brutgewohnheiten. Das Weibchen verschluckt seine befruchteten Eier, und die Kaulquappen entwickeln sich in seinem Magen, bis sie sich in Frösche verwandeln, die das Weibchen dann in die Welt hinauswürgt.

Als diese bis dahin unbekannte Methode der Vermehrung veröffentlicht wurde, waren einige Ärzte verständlicherweise sehr aufgeregt. Wie konnte der Frosch seinen Magen von einem säuregefüllten Verdauungsorgan in einen Kindergarten verwandeln? Die Antwort darauf könnte ihnen helfen, verschiedene Magenkrankheiten zu

Der australische Bauchbrütende Frosch lässt seine Kaulquappen im eigenen Magen heranwachsen, den er irgendwie von einem Verdauungsorgan in einen Brutkasten umwandelt. Es ist gut möglich, dass diese Art das erste Opfer des Klimawandels in Australien ist.

behandeln. Leider konnten sie nicht viele Untersuchungen durchführen, denn 1979 – sechs Jahre nachdem die staunende Menschheit von seiner Existenz erfahren hatte – verschwand der Bauchbrütende Frosch und mit ihm ein weiterer Bewohner derselben Flüsse, der Mount-Glorious-Strömungsfrosch. Keiner ist seither wieder gesehen worden.

Anfang der neunziger Jahre begannen die Frösche massenhaft aus den Regenwäldern im nördlichen Queensland zu verschwinden. Mittlerweile sind mindestens 16 Froscharten (13 Prozent der gesamten Amphibien Australiens) stark zurückgegangen. Die Abnahme der Regenfälle, die Ostaustralien in den letzten paar Jahrzehnten erlebt hat, kann für Frösche nicht gut gewesen sein. Zumindest im Fall des Bauchbrütenden und des Strömungsfrosches ist der Klimawandel der wahrscheinlichste Grund für das Verschwinden.

Heute ist fast ein Drittel der über 6000 Amphibienarten auf der Welt vom Aussterben bedroht. Einige Wissenschaftler glauben, es liegt daran, dass die Tümpel, in denen sie heranwuchsen, aufgrund von El-Niño-ähnlichen Bedingungen flacher geworden sind. Pilzerkrankungen tragen gleichfalls zum Aussterben bei, und der Klimawandel führt zu Bedingungen, die das Pilzwachstum fördern.

Die verborgene Ursache für diese Welle des Amphibiensterbens ist anscheinend der Klimawandel.

13. Regen

Die Temperaturen unserer Erde reichen von rund −40 °C an den Polen bis zu rund +40 °C am Äquator. Luft von +40 °C kann 470-mal so viel Wasserdampf aufnehmen wie solche von −40 °C. Dieser Umstand verdammt unsere Pole dazu, riesige gefrorene Wüsten zu sein. Und er bedeutet auch, dass wir für jedes Grad von uns verursachter Erwärmung global im Durchschnitt ein Prozent mehr Regen bekommen werden.

Dieser zusätzliche Niederschlag ist aber nicht gleichmäßig verteilt. Stattdessen regnet es an einigen Orten zu ungewöhnlichen Zeiten, an anderen überhaupt nicht mehr.

Über weiten Teilen der Welt nehmen die Regenfälle zu, aber mehr Regen ist nicht notwendigerweise gut. Infolge der globalen Erwärmung werden die hohen Breitengrade im Winter mehr Regen abbekommen, der sich in Eis und Matsch verwandelt, was für die Bewohner der Arktis sehr schlecht ist. Weiter im Süden führen vermehrte winterliche Niederschläge ebenfalls zu unwillkommenen Veränderungen: 2003 lösten sie in Kanada eine todbringende Lawinenserie aus, während in Großbritannien der Frühling 2004 so nass war, dass es in vielen Gegenden schwierig oder unmöglich war, Heu zu machen.

Der Klimawandel wird einigen Regionen einen ständigen Regenmangel bescheren.

Manche Gegenden werden zu einer neuen Sahara oder zumindest zu Landstrichen, in denen Menschen nicht mehr leben können. Ausbleibende Niederschläge bezeichnet man oft als »Dürreperioden«, doch Perioden sind etwas Vorübergehendes. In den hier angesprochenen Gegenden aber gibt es kaum Aussicht, dass der Regen zurückkehren wird. Was dort geschehen ist, ist vielmehr ein rascher Wechsel zu einem neuen, trockeneren Klima.

Die ersten Anzeichen dafür gab es in den sechziger Jahren in der afrikanischen Sahelzone. Der betroffene Landstrich war riesig: Ein großer Gürtel südlich der Sahara, der vom Atlantischen Ozean bis in den Sudan reicht. Er zieht sich durch mehrere Länder, darunter Senegal, Nigeria, Äthiopien, Eritrea und Somalia. Vier Jahrzehnte sind jetzt seit dem plötzlichen Rückgang der Niederschläge dort vergangen, und es gibt keinerlei Anzeichen, dass die lebenspendenden Monsunregen wiederkehren werden.

Schon vor dem Ausbleiben des Regens gab es im Sahel nur wenige Niederschläge, und das Leben dort war hart. In Bereichen mit besseren Böden und mehr Regen konnten die Bauern von ihren Feldern leben. Im trockeneren Brachland zogen Kamelhirten auf der Suche nach Futter für ihre Herden ihre halbnomadischen Runden.

Der Regenmangel hat das Leben für beide Gruppen schwierig gemacht: Die Hirten finden kaum noch Gras in den Bereichen, die jetzt eine echte Wüste sind, während die Bauern kaum noch genügend Regen bekommen, um ihren Feldern ein Minimum an Ernte zu entlocken. Ab und zu zeigen die Medien der Welt Bilder von den Folgen: Hungernde Kamele und verzweifelte Familien, die sich durch ein staubiges Brachland kämpfen.

Ich kann mich noch erinnern, wie ich als Kind im Fernsehen diese Bilder sah und hörte, dass die Zunahme der Bevölkerung dieses menschliche Elend verursacht hätte. Jahrzehntelang hat sich die westliche Welt weisgemacht, die Katastrophe dort sei von den Afrikanern selbst hervorgerufen worden. Die Begründung lautete, die Überweidung durch Kamele, Ziegen und Rinder und auch das Sammeln von Feuerholz hätten die dünne Vegetationsschicht zerstört, damit den dunklen Boden freigelegt und die Albedo des Sahel verändert. Und als diese menschengemachte »Dürre« immer länger dauerte, wurde immer mehr Ackerkrume weggeblasen. Diese Sicht der Dinge wird von vielen Umweltschützern und Hilfsorganisationen geteilt. Aber sie ist in so gut wie jeder Hinsicht falsch.

Der wahre Grund für die Katastrophe im Sahel kam ans Licht, als Klimaforscher in den USA eine äußerst sorgfältige Untersuchung veröffentlichten, bei der die Niederschlagsmuster der Region zwischen 1930 und 2000 mit Computermodellen simuliert worden waren.

Das war ein gewaltiger Aufwand, denn von den Meeres- und Landtemperaturen bis hin zu den Veränderungen in der Vegetation des Sahel musste alles in den Computer eingegeben werden.

Das Modell zeigt auf, dass die von Menschen verursachten Schäden der Böden viel zu geringfügig waren, um die drastische Klimaveränderung auszulösen. Stattdessen war eine einzige Veränderung für den Großteil des Niederschlagrückgangs verantwortlich: steigende Oberflächentemperaturen im Indischen Ozean, hervorgerufen durch die Zunahme der Treibhausgase.

Von allen Ozeanen der Erde erwärmt sich der Indische am schnellsten. Und durch diese Erwärmung werden die Be-

dingungen, unter denen sich Monsunregen für die Sahelzone bilden, abgeschwächt. Das ist der Grund, warum der
Sahel kaum noch Niederschläge bekommt.

Es mehren sich die Anzeichen, dass der Sahel-Klimawan-
del schließlich die gesamte Erde beeinflussen wird. Rund
die Hälfte des Staubs, der sich heute weltweit in der Atmosphäre befindet, hat seinen Ursprung in den trockenen Gebieten Afrikas, und das Ausmaß der Dürre ist
dort so groß, dass sich die Staubmenge in der Atmosphäre um ein Drittel erhöht hat. Staub ist ein wichtiger
Stoff, denn seine winzigen Teilchen können das Sonnenlicht streuen und absorbieren und damit die Temperatur
senken. Die Teilchen tragen auch Nährstoffe in den
Ozean und in entfernte Länder, was das Wachstum von
Pflanzen und Plankton fördert und dadurch die CO_2-Ab-
sorption erhöht. Wie sich der zusätzliche Staub letztlich
auf das Weltklima auswirkt, ist ungewiss, aber sicher erheblich.

Die Bewohner der industriellen Welt neigen zu der
Überzeugung, dass ihre Technologie sie vor Katastrophen
wie im Sahel schützen wird, aber die Natur arbeitet mit
Fleiß daran, ihnen das Gegenteil zu beweisen.

Australien ist ein trockenes Land, und die Australier
sind vom Thema Regen besessen. Die Südwestecke des
Kontinents erfreute sich einst zuverlässiger Niederschläge. Üblicherweise fiel der Regen während des Winters, an einigen Orten waren es über 100 Zentimeter pro
Jahr. Die Gegend war daher für ihre Felder berühmt. Der
westliche Weizengürtel galt als eines der größten und verlässlichsten Zentren des Getreideanbaus von ganz Australien. In jüngerer Zeit haben sich überall in den feuchteren

Gegenden Weingüter breitgemacht, die einige der besten Weine der Südhalbkugel liefern.

Vor der Besiedelung durch die Europäer war der größte Teil des Südwestens in eine zähe, dornige Heidevegetation gehüllt, die als Kwongan bekannt ist. Nach den Winterregen verwandelte sich das Kwongan-Gebiet in einen riesigen Wildblumengarten. Nur im tropischen Regenwald und in einer ähnlichen Gegend Südafrikas drängen sich auf einem einzigen Hektar noch mehr Arten.

Während der ersten 147 Jahre europäischer Besiedlung des Südwestens (1829 bis 1975) brachten die zuverlässigen Winterregen Wohlstand und Entwicklungsmöglichkeiten. Die Siedler entfernten die Kwongan-Vegetation, um Ackerflächen zu gewinnen. Doch ab 1976 änderten sich die Dinge, und seither leidet die Region unter einem Rückgang der Niederschläge um durchschnittlich 15 Prozent. Klimamodelle lassen darauf schließen, dass rund die Hälfte davon auf die globale Erwärmung zurückzuführen ist, die die gemäßigte Klimazone nach Süden verschoben hat.

Klimaforscher glauben, dass die andere Hälfte aus der Zerstörung der Ozonschicht herrührt, die die Stratosphäre über der Antarktis abgekühlt hat. Das hat die Zirkulation kalter Luft um den Pol beschleunigt und die südliche Regenzone noch weiter nach Süden gezogen.

Die Farmen bekamen den Rückgang des Regens sofort zu spüren, vor allem an den Rändern der Region, wo schon Schwankungen um ein paar Zehntel Millimeter über eine gute oder eine Missernte entscheiden. In diesen Gebieten wird hauptsächlich Weizen angebaut, und zwar auf ungewöhnliche Weise. In den sechziger Jahren wollten die Farmer im Westen rund eine halbe Million Hektar Kwongan-

Buschland pro Jahr roden. Als die Bulldozer ihr Werk getan hatten, starrten die Farmer auf sterile Sandflächen – mit die unfruchtbarsten Böden, die man auf dieser Welt finden kann –, denn wie im Fall der Regenwälder waren hier die natürlichen Reichtümer in die Vegetation eingebunden. Genauso wollten es aber die Farmer haben, denn der Weizenanbau im Südwesten war eine gigantische Form von Hydrokultur: Die Farmer versenkten ihre Weizensaat, bestäubten den sterilen Sand mit Nährstoffen und warteten dann auf die nie ausbleibenden Winterregen, die das Wasser dazu liefern sollten.

Nachdem sich die Natur jahrzehntelang geweigert hatte, das Wasser dazu zu liefern, begann sich 2004 das Weizengebiet nach Westen zu verlagern, wo es die Milchwirtschaft in einem Landstrich ersetzte, der einst als zu nass für den Getreideanbau gegolten hatte. Doch wenn sich die Verhältnisse im Verlauf des kommenden Jahrhunderts weiter verschlechtern, setzt der Indische Ozean dieser Entwicklung irgendwann eine unverrückbare Grenze: Die Gegend, auf die viel Regen fällt, wird nach und nach unweigerlich ins Meer verschoben.

Die 15 Prozent Rückgang bei den Niederschlägen verschleiern eine viel größere Katastrophe: In Wirklichkeit haben die Winterregen um einiges mehr abgenommen, während die Sommerregen (die viel launenhafter sind) zugenommen haben. Weil man sich auf die sommerlichen Niederschläge nicht verlassen kann, bauen die Farmer kein Sommergetreide an. Also fällt der Regen auf die kahle Erde, und das Wasser durchweicht den Boden bis zum Grundwasserspiegel. Dort trifft es auf Salz, das beständige westliche Winde seit Millionen von Jahren aus dem Indischen Ozean herangeweht haben.

Unter jedem Quadratmeter dieses Landes liegen im Durchschnitt zwischen 70 und 120 Kilogramm Salz. Ehe das Land gerodet wurde, machte das nichts, denn die vielfältige einheimische Kwogan-Vegetation nutzte jeden Wassertropfen, der vom Himmel fiel, und das Salz blieb ungelöst, wo es war.

Als die Sommerregen dann jedoch auf leergefegte Weizenfelder fielen, begann Wasser, das viel salziger war als Meerwasser, nach oben zu dringen und alles umzubringen, womit es in Berührung kam. Das erste Anzeichen für Probleme war, dass das Wasser der zuvor sauberen Bäche in der Region salzig schmeckte. In vielen Fällen konnte man es bald nicht mehr trinken, und die Pflanzen an den Ufern starben ab. Binnen ein oder zwei Jahrzehnten waren die Bäche zu toten Salzwasserkanälen verkommen.

Heute stehen verarmte und bankrotte Farmer im Westen Australiens vor dem weltweit schlimmsten Fall von Versalzung trockenen Binnenlandes. Weder die Wissenschaft noch die Regierung haben Lösungen anbieten können, und die Schäden gehen in die Milliarden.

Selbst die Regierung gibt zu, dass die von der Versalzung betroffene Fläche in Westaustralien in jeder Stunde um die Größe eines Fußballfeld zunimmt. Straßen, Eisenbahnlinien, Häuser und Flugplätze werden mittlerweile vom Salz angegriffen. Solange nicht die ursprüngliche Vegetation wieder eingeführt und dazu gebracht werden kann, in den trockneren und salzigeren Verhältnissen von heute zu gedeihen, scheint es keine Hoffnung auf eine Wende zu geben.

Die Hauptstadt von Westaustralien ist Perth, eine durstige Stadt mit 1,5 Millionen Einwohnern und die abgelegenste Metropole der Welt. Bei einem Taxifahrer dort handelt es sich wahrscheinlich um einen bankrotten Weizenfarmer, der sich mühsam seinen Lebensunterhalt verdient, während er versucht, seine jetzt unbrauchbare Farm zu verkaufen. Der Rückgang der Winterregen bedeutet auch weniger Wasser im Einzugsgebiet der Stadt. Seit 1975 gab es in der Hauptsache leichte Schauer, die im Boden versickerten und nicht bis in die Staubecken gelangten.

Den größten Teil des 20. Jahrhunderts waren im Durchschnitt 338 Gigaliter Wasser pro Jahr in die Staubecken geflossen, aus denen die Stadt ihren Durst stillt. (Ein Gigaliter sind eine Milliarde Liter, was ungefähr 500 gefüllten Schwimmbecken mit olympischen Maßen entspricht.) Zwischen 1975 und 1996 aber lag der Durchschnitt bei nur 177 Gigalitern – ein Rückgang um fast 50 Prozent in der Wasserversorgung der Stadt. Zwischen 1997 und 2004 verringerte sich die Menge auf 120 Gigaliter – etwas mehr als ein Drittel von dem, was noch drei Jahrzehnte zuvor angefallen war.

1976 wurden strenge Wassersparmaßnahmen angeordnet, doch bald entspannte sich die Lage, weil man eine Grundwasserreserve namens Gnangara Mound angebohrt hatte. Ein Vierteljahrhundert lang zapfte die Stadt dieses unterirdische Wasser ab, doch ausbleibende Regenfälle bedeuteten, dass diese Vorräte nicht wieder aufgefüllt wurden. Im Jahr 2001 floss in die Staubecken von Perth so gut wie überhaupt kein Wasser mehr, und 2004 war beim Gnangara-Grundwasser ein kritischer Wert erreicht. Die staatliche Umweltbehörde warnte, wenn noch mehr Grundwasser abgezapft würde, wären einige Arten

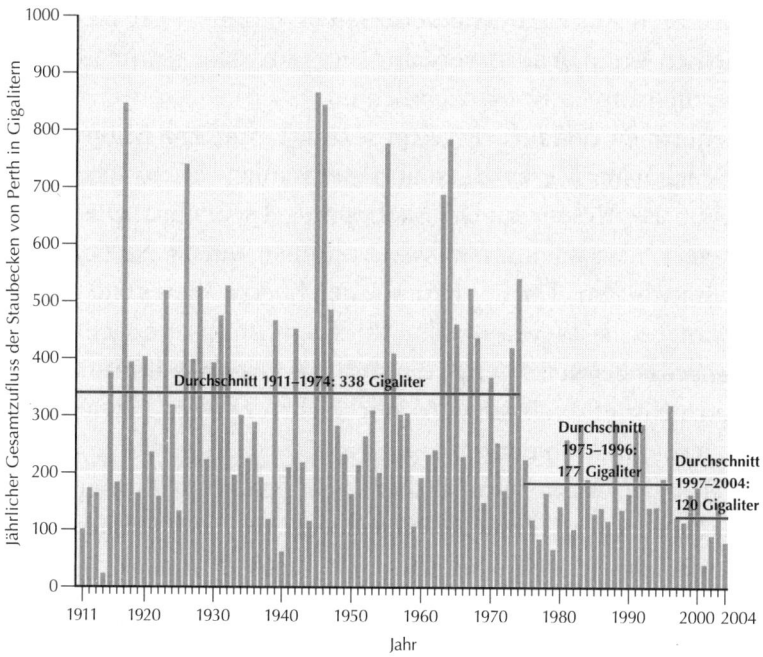

Durchschnitt 1911–1974: 338 Gigaliter

Durchschnitt 1975–1996: 177 Gigaliter

Durchschnitt 1997–2004: 120 Gigaliter

Jahr

Die Graphik zeigt die Wassermengen im Einzugsgebiet von Perth zwischen 1911 und 2004. Große Einbrüche folgten den »magischen Toren« der Jahre 1976 und 1998. In den letzten dreißig Jahren ist die Versorgung der Stadt mit Oberflächenwasser um zwei Drittel zurückgegangen.

vom Aussterben bedroht. Heute überlebt die Falsche Spitzkopfschildkröte, ein lebendes Fossil, nur noch, weil Wasser in ihr Habitat gepumpt wird.

Anfang 2005, fast 30 Jahre nach den ersten Krisenanzeichen, bewerteten die Wasserexperten von Perth die Wahrscheinlichkeit eines »katastrophalen Nachschubausfalls« – was heißt, es kommt kein Wasser mehr aus dem Hahn – mit eins zu fünf. Träte dieser Fall ein, hätte die Stadt keine andere Wahl, als noch das letzte Wasser aus dem Gnangara Mound zu quetschen und damit einen

133

Großteil uralter und wundersamer Biodiversität zu zerstören – und *dennoch* brächte dies nur vorübergehend Erleichterung.

Jetzt sind Pläne aufgelegt worden, für 350 Millionen Dollar eine Meerwasserentsalzungsanlage zu bauen, die eine der größten auf der Südhalbkugel sein wird. Die Anlage soll Wasser aus dem Meer pumpen und das Salz darin herausfiltern. Dafür wird so viel Energie benötigt, dass manche dieses Wasser als »flüssigen Strom« bezeichnen. Glücklicherweise wird die Anlage mit Windkraft versorgt. Aber auch sie wird nur 15 Prozent des Wasserbedarfs von Perth decken.

An der Ostküste Australiens war Trockenheit nie etwas Unbekanntes, aber die Dürrezeit, die 1998 einsetzte, unterscheidet sich von allem, was man dort zuvor gesehen hat. In sieben aufeinander folgenden Jahren blieben die Niederschläge unter dem Durchschnitt. Es ist eine »heiße« Dürreperiode, denn die Temperaturen liegen rund 1,7 Grad über denen früherer Trockenzeiten, was zu extrem lebensfeindlichen Verhältnissen führt. Der Grund für den Regenrückgang an der australischen Ostküste, so glaubt man, ist ein Doppelschlag des Klimawandels: Ausfälle der Winterregen und anhaltende trockene El-Niño-Verhältnisse.

Städten wie Sydney fehlen die Grundwasserreserven, die Perth hat. Der einzige Puffer gegen fehlende Niederschläge sind die Staubecken, was bedeutet, dass ein Rückgang des Oberflächenwassers sofort zu Wassermangel führt. Sydneys Wasservorräte zählen zu den größten künstlich angelegten der Welt; pro Einwohner kann viermal so viel Wasser gespeichert werden wie in New York und neunmal so viel wie in London.

Aber selbst diese großzügige Bevorratung hat sich als unzureichend erwiesen. Zwischen 1990 und 1996 flossen im Durchschnitt pro Monat 72 Gigaliter in Sydneys elf Staubecken, bis 2003 aber fiel dieser Wert auf bloß 40 Gigaliter ab, ein Rückgang um 44 Prozent. Und die Lage bleibt kritisch. Die vier Millionen Einwohner Sydneys haben noch Wasser für zwei Jahre in den Speichern.

In Australien gibt es kaum eine Stadt, die nicht in der einen oder anderen Form mit einer Wasserkrise kämpfen muss.

Jenseits des Pazifiks erlebt der Großteil des amerikanischen Westens sein sechstes Dürrejahr in Folge. Eine solche Trockenheit hat es dort seit rund 700 Jahren nicht mehr gegeben, und damals war der amerikanische Südwesten sogar noch wärmer als heute. Dies lässt auf einen Zusammenhang zwischen Trockenheit und höheren Temperaturen schließen. Und wie beim Sahel scheinen steigende Meerestemperaturen der Grund zu sein.

Die Dürreperioden im amerikanischen Westen werden in den Medien häufig als Teil eines natürlichen Zyklus dargestellt. Doch die Veränderungen entsprechen jenen, die man als Folgen der globalen Erwärmung erwartet und die auch in der Vergangenheit zu wärmeren Zeiten beobachtet worden sind. Der Klimawandel hat das Potenzial, nahezu überall auf unserem Planeten Dürre herbeizuführen.

Ein Großteil des Wassers im amerikanischen Südwesten bekommt das Land in Form von winterlichen Schneefällen, die sich auf seinen hohen Bergen anhäufen. Weil der Schnee über den Frühling und Sommer hinweg schmilzt, sorgt er für einen stetigen Wassernachschub, wenn die

Farmer diesen am dringendsten brauchen. Die dicke Schneedecke ist praktisch eine billige Form von Wasserbevorratung, die die Zahl der nötigen Staubecken verkleinert. Die jeweiligen Schneemengen unterschieden sich zwar schon immer von Jahr zu Jahr, aber im Verlauf der letzten 50 Jahre ist ihr Durchschnitt deutlich zurückgegangen.

Setzt sich dieser Trend weitere fünf Jahrzehnte fort, werden sich in einigen Regionen der westlichen USA die Schneedecken um bis zu 60 Prozent verringern, was den sommerlichen Wassernachschub halbieren kann. Das wirkt sich nicht nur auf die Wasserversorgung verheerend aus, sondern auch auf die Stromerzeugung aus Wasserkraft und auf die Fischhabitate.

In den letzten 50 Jahren ist der Südwesten um 0,8 °C wärmer geworden – damit liegt er leicht über dem globalen Durchschnitt. Dadurch ist die Schneedecke dünner geworden, denn aufgrund der höheren Temperaturen schmilzt der Schnee, ehe er sich verfestigen kann. Und auch insgesamt taut die Schneedecke früher, was bedeutet, dass die Spitzenwerte des Schmelzwassers, das in die Flüsse strömt, sich jetzt drei Wochen früher einstellen als 1948.

Dadurch bleibt weniger Wasser für den Hochsommer übrig, wenn es am dringendsten gebraucht wird, und der Wasserzustrom im Winter und Frühling wird vermehrt, was zu stärkeren Überschwemmungen führen kann. Da die Temperaturen in dieser Weltgegend im Verlauf dieses Jahrhunderts um 2 °C bis 7 °C steigen werden, wenn wir die CO_2-Emissionen nicht erheblich drosseln, wird das meiste Wasser schließlich im Winter fließen, wenn es am wenigsten gebraucht wird.

»Was soll's?«, sagen vielleicht viele. »Wir bauen einfach mehr Stauseen.«

Es ist gut möglich, dass genau das getan wird, wenn sich die Krise verschärft. Es gibt in der Region aber nur eine begrenzte Zahl von Stellen, die sich für Staudämme eignen, und ein Stausee bedeutet, dass die Farmer für den Wasservorrat bezahlen müssen, den ihnen einst die Natur umsonst lieferte. Doch abgesehen davon: Der Wandel ist so gewaltig, dass ein Staudamm-Ncubauprogramm ihn nicht ausgleichen kann. Wissenschaftler sagen voraus, dass wegen der veränderten Schneeschmelze der Wert der Farmen um 15 Prozent sinken könnte, was Milliardenverluste bedeuten würde.

Das größte Problem jedoch haben sicherlich die Städte im Westen der USA, die immer weniger Wasser bekommen werden. Solche gigantischen Metropolen kann man unmöglich umsiedeln, und einige müssen – wie es bei den alten Städten in Mesopotamien der Fall war – vielleicht aufgegeben werden, wenn sich das Tempo der Veränderungen beschleunigt. Das klingt vielleicht zu krass, aber wir befinden uns erst am Anfang der Wasserkrise im Westen.

Vor 5000 Jahren, als der amerikanische Südwesten noch ein bisschen wärmer und trockener als heute war, verschwanden die Indianerkulturen, die einst in der Region gediehen, fast vollständig. Erst als das Klima wieder kühler wurde, war die Region erneut bewohnbar. Über ein Jahrtausend lang war der gesamte Südwesten kaum mehr als eine einzige riesige Geisterstadt.

14. Wetterextreme

Im Jahr 2003 verkündeten Klimaforscher, dass sich die Tropopause (die Grenzschicht zwischen Troposphäre und Stratosphäre in der Atmosphäre) binnen weniger Jahre um mehrere hundert Meter nach oben verlagert habe. Die Ursache dafür waren zum einen eine Erwärmung und Ausdehnung der Troposphäre aufgrund der Zunahme der Treibhausgase und zum anderen, dass sich die Stratosphäre aufgrund des Ozonrückgangs abgekühlt und zusammengezogen hat.

Warum sollte uns diese kleine Verlagerung elf Kilometer über unseren Köpfen Sorgen machen?

Aus genau dem Grund, dass, wie Klimatologen heute wissen, die Tropopause der Ort ist, an dem ein Gutteil unseres Wetters gestaltet wird. Pfuscht man an ihr herum, ändert man nicht nur den Witterungsverlauf als solchen, sondern auch die Wetterextreme.

Es steht zweifelsfrei fest, dass Wetterextreme immer häufiger auftreten.

Ein paar Beispiele aus den letzten Jahren: Der stärkste je verzeichnete Niño (1997/98), der verheerendste Hurrikan seit 200 Jahren (Mitch 1998), der heißeste und tödlichste Sommer in Europa seit Beginn der Wetteraufzeichnungen (2003), der erste Hurrikan im Südatlantik überhaupt (2002), eine nie dagewesene Überschwemmung in Mumbai, Indien (2005), die schlimmste Hurrikansaison in den USA, der Hurrikan, der den größten wirtschaftlichen

Schaden verursacht hat (Katrina, 2005), und Monoca, der stärkste Zyklon, der je in Australien verzeichnet wurde (2006).

Wieso bewirkt die globale Erwärmung stärkere Hurrikane und Zyklone? Die Antwort liefern die Erwärmung der Weltmeere und die Fähigkeit warmer Luft, Wasserdampf zu speichern, den Treibstoff für schwere Stürme.

Wir kennen alle das Prinzip, wie Verdunstung Wärme in die Atmosphäre einbringt: An einem heißen Tag schwitzen wir, und wenn unser Schweiß verdunstet, verlagert er die Hitze von unserem Körper in die Luft. Das ist eine äußerst wirkungsvolle Form des Wärmetransports, denn die Verdunstung von bloß einem Gramm Wasser auf der Haut reicht aus, um 580 Wärmekalorien wegzuschaffen.

Wenn man den Größenunterschied zwischen unserem Körper und einem ganzen Ozean bedenkt, bekommt man ein Gefühl dafür, in welch unglaublichen Massen dessen Wärmeenergie mittels Verdunstung in die Atmosphäre eingebracht wird.

Warmes Wasser kann also die Luft aufheizen. Und die vom Klimawandel erhitzte Luft kann wesentlich mehr Wasser speichern. Mit jedem Anstieg der Temperatur um 10 °C verdoppelt sich die Menge Wasserdampf, die die Luft aufnehmen kann. Luft von 30 °C kann also viermal so viel »Hurrikantreibstoff« enthalten wie Luft von 10 °C.

Die auffälligste Veränderung bei den Wirbelstürmen seit etwa 1950 – als sich die globale Wärmung bemerkbar zu machen begann – ist eine Verlagerung ihrer Routen. Die am besten belegten Beispiele dafür stammen aus Ostasien. Die Häufigkeit der Taifune, die die Meere vor Ostchina und um die Philippinen heimsuchten, hat seit 1976 abgenommen, im Südchinesischen Meer ist die Anzahl dagegen gestiegen.

Weiter westlich – im Arabischen Meer und im Golf von Bengalen – gab es weniger Taifune, was gut für die Millionen Menschen ist, die in diesen Gegenden fast auf Meereshöhe leben. Zu einer weiteren bemerkenswerten Veränderung kam es in den hohen Breitengraden der Südhalbkugel, wo die Zyklone über dem subantarktischen Ozean südlich des 40. Breitengrades stark zurückgegangen sind, im antarktischen Ozean aber leicht zugenommen haben.

Beunruhigend ist, dass die Zahl der Hurrikane in Nordamerika offenbar zunimmt. 1996, 1997 und 1999 trafen die Vereinigten Staaten jeweils mehr als doppelt so viele Hurrikane wie sonst durchschnittlich im Verlauf des 20. Jahrhunderts. Und was den Hurrikanen von 1998 an ihrer Zahl fehlte, machten sie durch ihre Gewalt mehr als wett.

Im Oktober 1998 zog der Hurrikan Mitch durch die Karibik, tötete 10 000 Menschen und machte drei Millionen obdachlos. Mit Windgeschwindigkeiten von bis zu 290 Stundenkilometern war Mitch der viertstärkste je im Atlantik verzeichnete Wirbelsturm. Er war der tödlichste Sturm, der den amerikanischen Kontinent seit 200 Jahren heimgesucht hatte; nur der Große Hurrikan von 1780, durch den mindestens 22 000 Menschen starben, hatte noch tödlichere Wucht.

Im Jahr 2004 kehrten die Unwetter mit Macht zurück: Vier große Tropenstürme trafen in rascher Folge auf die Küste Floridas und verwüsteten weite Teile des Staates. Viele der dabei beschädigten Häuser sind noch immer unbewohnbar.

Der Hurrikan Katrina (Kategorie 5) auf seinem Weg zur amerikanischen Küste. Er richtete verheerende Schäden in New Orleans an. Ein Hurrikan dieser Größenordnung kann bis zu 15 Meter hohe Wellen, 6 Meter hohe Sturzfluten und 2 Milliarden Kubikmeter Regen pro Tag mit sich bringen.

Im September 2005 brach der Hurrikan Katrina über New Orleans herein und veränderte die Klimageschichte. Dann schüttelte Rita Texas durch, und die Menschen begannen sich zu fragen, ob diese gigantischen Zerstörungsmaschinen Auswirkungen des Klimawandels seien.

Wie alle Hurrikane war Katrina zu Anfang nur ein Gewitter, in diesem Fall über den warmen Gewässern vor den Bahamas. Dann wurde sie zum Tropensturm, also zu einer Reihe von Gewittern, die zu kreiseln anfingen, bis sie einen Wirbel bildeten.

Tropenstürme verstärken sich nur dann zu Hurrikanen, wenn die Oberflächentemperatur des Meeres bei mindestens 26 °C liegt. Der Grund dafür ist, dass sehr warmes

Meerwasser leicht verdunstet und damit genug vom dem Kraftstoff liefert – Wasserdampf –, der einen Hurrikan antreibt.

Hurrikane werden nach der Saffir-Simpson-Skala klassifiziert, die von 1 bis 5 reicht. Hurrikanen der Kategorie 1 fehlt die Kraft, um an Gebäuden echte Schäden anzurichten, aber sie können Brandungswellen von 1,5 Metern Höhe aufbauen, die Küsten überspülen und schlecht gebaute Häuser beschädigen.

Hurrikane der Kategorie 3 sind wesentlich gefährlicher. Sie erreichen Windgeschwindigkeiten zwischen 180 und 210 Stundenkilometern und können Wohnmobile zerstören und die Blätter von den Bäumen reißen.

Hurrikane der Kategorie 5 sind etwas völlig anderes. Treffen sie auf Land, sorgen Windgeschwindigkeiten von 250 Stundenkilometern dafür, dass keine Bäume oder Sträucher mehr stehen bleiben. Auch von den Gebäuden bleiben nicht viele übrig. Und da, rund vier Stunden ehe das Auge des Sturms eintrifft, die Sturzfluten über 5,5 Meter hoch werden, kommt es zu viel schwereren Überschwemmungen, und die Fluchtwege für die Menschen werden blockiert.

Als Katrina am 25. August auf Florida traf, war sie ein Sturm der Kategorie 1 mit Windgeschwindigkeiten von 120 Stundenkilometern. Doch auch das kostete in Florida schon elf Menschen das Leben. Hurrikane fallen oft zusammen, wenn sie über Land ziehen, aber Katrina überlebte irgendwie die Überquerung der Halbinsel Florida, und am 27. August zog sie in den Golf von Mexiko hinaus.

Im Sommer 2005 war das Oberflächenwasser des nördlichen Golfs außergewöhnlich warm – rund 30 °C. Das ist viel zu warm, als dass Schwimmen noch Spaß macht. Große Wassermassen werden nicht viel wärmer, doch im Golf ist das Meer tief, sodass er ein großes Wärmereservoir darstellt. So viel heißes Wasser ergibt riesige Mengen Wasserdampf. Während ihres viertägigen Zugs über den Golf schwoll Katrina immer mehr an, bis sie die Kategorie 5 erreichte.

Als sich Katrina New Orleans näherte, war sie in die Kategorie 3 zurückgestuft worden, und das Auge zog 50 Kilometer östlich der Stadt vorbei. Als sie zuschlug, war Katrina also nicht der heftigste aller Stürme, und sie traf die Stadt auch nicht direkt. Trotzdem waren die Folgen katastrophal.

Eine halbe Million Menschen lebten in der Innenstadt, von der große Teile mehrere Meter unter Meereshöhe liegen – der entscheidende Grund, warum die Stadt so verwundbar ist. Die Deiche, die das Wasser des Mississippi und des Lake Pontchartrain zurückhielten, waren für ein friedlicheres Klima gebaut worden. Der Wucht des Hurrikans konnten sie nicht standhalten. Da die Zahl der sehr starken Hurrikane im letzten Jahrzehnt zugenommen hatte, war allgemein bekannt, dass die Verwüstung der Innenstadt nur eine Frage der Zeit sein würde. Im Oktober 2004 umriss ein Artikel in *National Geographic* die Gefahren, und im September 2005 listete *Time* sie erneut auf.

Vieles ging in New Orleans schief. Armut, jede Menge Schusswaffen in Privatbesitz sowie Korruption und Inkompetenz bei den Behörden trafen zusammen und behinderten die Rettungsmaßnahmen. Und dann verursachten die Überschwemmungen und Windgeschwindigkeiten auch noch industrielle Umweltschäden. Da in der Region ein erheblicher Teil des amerikanischen Rohöls gelagert und verarbeitet wird, war eine Ölverseuchung unvermeidlich. Katrina überflutete viele der 140 großen petrochemischen Anlagen im »Krebskorridor« von Louisiana. Diese Schäden wurden natürlich durch Rita noch verschlimmert, die in Texas die petrochemische Industrie der USA ins Herz traf.

All dies lehrt uns, dass viele der verheerenden Folgen einzelner Hurrikane nichts mit der globalen Erwärmung zu tun haben. Ob Katrina ein bisschen schwächer oder stärker hätte sein können, ob sie 50 oder 150 Kilometer von der Stadt entfernt vorbeizog, ob sie eine Woche früher oder später zugeschlagen hätte, das ist alles von Zufällen abhängig.

Doch es gibt genügend Hinweise, dass die globale Erwärmung die Bedingungen in der Atmosphäre und in den Meeren so verändert, dass künftige Hurrikane noch verheerender ausfallen werden.

Wissenschaftler haben festgestellt, dass die weltweit von Hurrikanen insgesamt freigesetzte Energie in den letzten beiden Jahrzehnten um 60 Prozent zugenommen hat und dass ein immer größerer Anteil dieser Energie in den stärksten Hurrikanen konzentriert ist.

Die Zahl der Hurrikane der Kategorien 4 und 5 hat sich seit 1974 fast verdoppelt. Die einzelnen Hurrikane dauern länger, und auch der Zeitraum, in dem sie auftreten, ist größer geworden. Bislang haben wir im Winter noch keine Hurrikane, weil das Meer dann zu kalt ist. In einer wärmeren Welt ist das nicht mehr unbedingt der Fall.

Hurrikane und Zyklone lenken die Aufmerksamkeit stärker als jedes andere Naturereignis auf den Klimawandel.

Und sie haben das Potenzial, viel mehr Schaden anzurichten und viel mehr Menschen zu töten als selbst die größten Terrorangriffe. Mit dem erhöhten Risiko solcher Verheerungen leben zu müssen, sollte uns ständig daran erinnern, dass es einen wirklich hohen Preis fordern wird, wenn wir nichts gegen den Klimawandel unternehmen. Den Wirbelstürmen folgt Hochwasser, und weil wärmere Luft mehr Wasserdampf speichern kann, nimmt die Zahl schwerer Überschwemmungen zu und wird vermutlich noch weiter steigen. Im Sommer 2002 fielen zwei Fünftel der jährlichen Niederschlagsmenge in Südkorea binnen einer Woche und richteten solche Zerstörungen an, dass der Staat Truppen schicken musste, um den Flutopfern zu helfen. Gleichzeitig litt China unter Überschwemmungen ungekannter Größenordnungen, von denen 100 Millionen Menschen betroffen waren.

Die Hochwasserschäden haben im Verlauf der letzten Jahrzehnte weltweit drastisch zugenommen. In den sechziger Jahren wurden rund sieben Millionen Menschen jährlich von Überschwemmungen heimgesucht. Heute steht diese Zahl bei 150 Millionen. Und nach dem Hochwasser kommen Seuchen. Durch das stehende und verschmutzte Wasser wird Cholera übertragen, die Mücken vermehren sich und verbreiten Malaria, Gelbfieber, Denguefieber und Gehirnhautentzündung. Selbst die Pest kann grassieren, wenn Flöhe, Ratten und Menschen sich in höher gelegenen Gebieten dicht zusammendrängen.

Wissenschaftler haben auch herausgefunden, dass in Großbritannien die schweren Winterstürme deutlich zugenommen haben, und dieser Trend wird sich ihrer Meinung nach fortsetzen. Dies geht mit einem wärmeren Klima einher: Die neunziger Jahre des 20. Jahrhunderts waren das wärmste Jahrzehnt in Mittelengland seit Beginn der Wetteraufzeichnungen in den sechziger Jahren des 17. Jahrhunderts. Die Wachstumsperiode für die Pflanzen hat sich um einen Monat verlängert, Hitzewellen sind häufiger geworden, und die viel nasseren Winter brachten stärkere Regenfälle.

Auf dem europäischen Festland gibt es noch alarmierendere Anzeichen. Dort war der Sommer 2003 so heiß, wie das – statistisch betrachtet – nur einmal in 46 000 Jahren vorkommen sollte. Im Juni und im Juli starben 30 000 Menschen, als die Temperaturen in weiten Teilen Europas auf über 40 °C stiegen. Durch Hitzewellen sterben weltweit jedes Jahr zahllose Menschen. Selbst in den klimatisch turbulenten Vereinigten Staaten gibt es mehr Tote durch Hitze als durch alle anderen Wetterereignisse zusammengenommen.

Die USA haben bereits heute extremere Wetterverhältnisse als jedes andere Land auf der Erde. Nirgendwo sonst gibt es so viele verheerende Tornados, Überschwemmungen, schwere Gewitter, Hurrikane und Schneestürme. Da davon auszugehen ist, dass die Schwere solcher Ereignisse mit der Erwärmung unseres Planeten zunehmen wird, haben die Menschen in den Vereinigten Staaten durch den Klimawandel mehr zu verlieren als in irgendeinem anderen großen Land.

Wie wir am Beispiel der abrupt abnehmenden Niederschläge schon gesehen haben, leidet Australien ebenfalls unter den Folgen des Klimawandels. Dazu gehören auch schwere Stürme, eine zunehmende Anzahl sehr heißer Tage, ein Anstieg der Nachttemperaturen, eine Abnahme der sehr kalten Tage und ein Rückgang der Frosttage.

In einigen Gegenden, beispielsweise um Alice Springs in

Zentralaustralien, sind die Temperaturen im Verlauf des 20. Jahrhunderts um über 3 °C gestiegen. Zudem hat die Zahl starker Zyklone zugenommen, genau wie die ausgeprägter Tiefdrucksysteme in Südostaustralien. Auch die Hochwasserhäufigkeit ist besonders seit den sechziger Jahren gestiegen.

Es dürfte kaum möglich sein, zwei Länder zu finden, denen der Klimawandel mehr zusetzt als den USA und Australien.

Einige Weltgegenden haben im Gegensatz dazu bislang kaum Veränderungen zu spüren bekommen. Abgesehen von Gujarat und West-Orissa herrscht in Indien weniger Dürre als vor 25 Jahren. Nur der Nordwesten leidet unter einer deutlichen Zunahme extrem heißer Tage; die Hitzewellen dort verursachen viele Todesfälle. Und 2005 gab es einen Monsun mit Rekord-Regenfällen und -Stürmen, die in Mumbai und Umgebung heftige Überschwemmungen zur Folge hatten und die Erdgasförderanlage dort vor der Küste beschädigten.

Die Auswirkung der globalen Erwärmung bekommen die Kontinente im gleichem Maß zu spüren: Sie alle schrumpfen. Denn die Ozeane werden wegen der Hitze und des schmelzenden Eises größer. Ist das eine Bedrohung für die Menschheit? Wie hoch wird das Wasser steigen – und wie schnell?

15. Das Wasser steigt

Die Wiege der Menschheit stand höchstwahrscheinlich an den Seen im ostafrikanischen Graben, wo sich unsere Vorfahren von jeder Menge Fischen, Muscheln, Vögeln und Säugetieren ernährten. Seither haben wir immer wieder versucht, dicht am Wasser zu wohnen, denn das Wasser lockt Lebewesen von nah und fern herbei. Zeltet man bei einem Wasserloch, sieht man früher oder später Tiere, die sich zum Durststillen einstellen. Nahezu instinktiv leben Menschen schon immer gern dort, wo sie aufs Wasser blicken können, vor allem wenn dies einen Strand, einen See oder einen kurzgehaltenen Rasen einschließt, der aussieht, als würde er von großen Weidetieren abgegrast. Immobilienmakler kennen unsere Vorlieben genau und wissen auch, wie viel wir dafür zu zahlen bereit sind.

Heute leben zwei von drei Menschen auf der Erde nicht weiter als 80 Kilometer von einer Küste entfernt. Doch in unserem Unterbewusstsein ist uns klar, dass das Wasser über das Land kommen und alle unsere mit harter Mühe erworbenen Häuser wertlos machen kann.

Vor 15 000 Jahren lag der Meeresspiegel mindestens 100 Meter niedriger als heute. Damals war der nordamerikanische Kontinent ein Eisreich, die Menge des auf ihm gefrorenen Wassers übertraf sogar die der Antarktis. Als dann die großen amerikanischen Eiskappen schmolzen, setzten sie allein genügend Wasser frei, um den Meeresspiegel weltweit um 74 Meter steigen zu lassen.

Rasch schwollen die Ozeane an, bis vor rund 8000 Jahren der Meeresspiegel seine heutige Höhe erreichte und sich die Verhältnisse stabilisierten. Überall auf der Welt sahen Menschen zu, wie das Wasser stieg, was es gelegentlich so schnell tat, dass die Küstenlinie sich von Jahr zu Jahr verschob. Heute wäre selbst ein bescheidener Anstieg des Meeresspiegels eine Katastrophe, denn die Küsten sind überall, von Manhattan bis zum Golf von Bengalen, dicht besiedelt.

Der schreckliche Tsunami im Dezember 2004 in Asien hat zwar nichts mit dem Klimawandel zu tun, aber er lässt erahnen, wie verheerend ein steigender Meeresspiegel und turbulentes Wetter sein können. Die Niederlande planen bereits den Bau eines Superdeichs, um sich gegen das heranrückende Meer zu wappnen, und auch die Themse-Dämme, die London schützen, sollen verstärkt werden. Aber unzählige Millionen weiterer Menschen wohnen am Meer – einige in teuren Anwesen, andere in bescheidenen Dörfern –, und sie sind ungeschützt. Allein in Bangladesch leben über zehn Millionen Menschen keine 100 Zentimeter über dem Meeresspiegel. Das letzte Mal, als es auf der Erde so warm war, wie man es für 2050 erwartet, lag der Meeresspiegel vier Meter höher als heute.

Alles, was von den großen Eiskappen der Nordhalbkugel heute übrig ist, sind das Inlandeis Grönlands, das Packeis des Nordpolarmeers und ein paar Gletscher. Und diese Reste beginnen jetzt, nach 8000 Jahren, ebenfalls abzuschmelzen. Der grandiose Columbus Glacier in Alaska hat sich in den letzten 20 Jahren zwölf Kilometer zurückgezogen. Im amerikanischen Glacier National Park wird es binnen weniger Jahrzehnte überhaupt keine Gletscher mehr geben. In Gletschern wie diesen ist nur so viel Wasser enthalten, um den Meeresspiegel um einige Zentimeter zu heben.

Das grönländische Inlandeis jedoch ist ein echtes Relikt der kontinentalen Eiskappen, wie sie die Mammute wiedererkennen würden. Es enthält genügend Wasser, um den Meeresspiegel weltweit um rund sieben Meter steigen zu lassen. Im Sommer 2002 ging es um den Rekordwert von einer Million Quadratkilometern zurück – das größte je verzeichnete Abschmelzen. Zwei Jahre später, in 2004, entdeckte man dann, dass Grönlands Gletscher zehnmal schneller schmelzen, als man zuvor annahm.

Und die schlechten Nachrichten reißen nicht ab. 2006 wurde ein Bericht veröffentlicht, dass die Grönland-Gletscher doppelt so schnell schmelzen, als wir 2004 glaubten.

Daher überrascht es vielleicht, dass über den höchsten Teilen sowohl des Grönland- als auch des Antarktiseises die Temperaturen niedrig bleiben – tatsächlich sogar sinken. Es sind die einzigen Weltgegenden, in denen deutlich fallende Temperaturen zu beobachten sind. Das ist beruhigend, denn laut einer neueren Studie wird sich das Grönlandeis nie wieder aufbauen können, sobald es komplett abgeschmolzen wäre, selbst wenn wir die CO_2-Werte der Atmosphäre weltweit auf Mengen wie vor der Industriellen Revolution zurückbrächten.

Die größte Eisansammlung der Nordhalbkugel ist das Packeis über dem Polarmeer, und seit 1979 ist sein Umfang im Sommer um 20 Prozent zurückgegangen. Darüber hinaus ist das verbliebene Eis viel dünner geworden. Messungen mit U-Booten ergaben, dass es nur noch 60 Prozent der Stärke von vor vier Jahrzehnten hat. Dieses unglaubliche Abschmelzen wirkt sich jedoch nicht direkt auf den Meeresspiegel aus, jedenfalls nicht mehr, als das Schmelzen eines Eiswürfels in einem Glas Saft den Flüssigkeitsspiegel im Glas steigen lässt. Das ist so, weil es sich beim Eis der Arktis um Packeis handelt, von dem neun Zehntel unter Wasser schwimmen. Wenn es schmilzt, verdrängt nur jene Menge, die vorher aus dem Meer ragte, entsprechend viel vorhandenes Wasser.

Nur Eis an Land lässt, wenn es schmilzt und abfließt, den Meeresspiegel deutlich steigen.

Auch wenn das Abschmelzen des Packeises keine unmittelbare Auswirkung hat – die indirekten Folgen sind bedeutend. Wenn der Rückgang im gegenwärtigen Tempo weitergeht, wird im Sommer 2030 nur noch wenig – wenn überhaupt – Arktiseis übrig sein, und das wird die Albedo der Erde erheblich ändern.

Momentan wird, wie gesagt, ein Drittel der auf die Erde fallenden Sonnenstrahlen wieder ins All reflektiert. Eis, vor allem das an den Polen, ist für ein Gutteil dieser Albedo verantwortlich, denn es reflektiert bis zu 90 Prozent des Sonnenlichts, das darauf fällt.

Wasser ist hingegen ein schlechter Reflektor. Steht die Sonne senkrecht am Himmel, wirft es bloß fünf bis zehn Prozent des Lichts ins All zurück. Allerdings steigt, wie jeder wohl selbst schon einmal bei einem Sonnenuntergang am Meer beobachten konnte, die vom Wasser reflektierte Lichtmenge, wenn sich die Sonne dem Horizont nähert. Wird das Arktiseis durch einen dunklen Ozean ersetzt, werden viel mehr Sonnenstrahlen von der Erdoberfläche absorbiert und als Wärme abgestrahlt. Dadurch kommt es zu einer Erwärmung vor Ort, die das Abschmelzen des verbleibenden Eises noch beschleunigt.

In den letzten 150 Jahren war der Meeresspiegel nur um 10 bis 20 Zentimeter gestiegen, was 1,5 Millimeter pro Jahr ergibt – nur ein Hundertstel so schnell, wie ein menschliches Haar wächst. Doch im letzten Jahrzehnt des 20. Jahrhundert verdoppelte sich der Anstieg auf rund drei Millimeter pro Jahr.

Wissenschaftler sind wegen der Beschleunigung beim Anstieg besorgt, denn die See ist das größte Schwergewicht auf unserem Planeten. Wenn diese Beschleunigung erst einmal ein bestimmtes Tempo erreicht hat, können sie alle Anstrengungen sämtlicher Menschen auf Erden nicht mehr bremsen. Im Vergleich zur Atmosphäre sind die Ozeane enorm schwer: Sie haben fünfhundertmal mehr Masse, und sie sind sehr dicht.

Wenn wir uns also vorstellen, wie die Atmosphäre die Ozeane verändert, müssen wir an so etwas wie einen VW-Käfer denken, der einen Panzer einen Hang hinunterschiebt. Erst ist es mühsam, das Monstrum in Bewegung zu setzen, aber wenn es dann rollt, kann der Käfer kaum noch etwas tun, um den Kurs des Panzers zu ändern.

Wenn sich unser Planet aufheizt, dauert es rund dreißig Jahre, bis das Oberflächenwasser der Ozeane die Wärme aus der Atmosphäre absorbiert hat, und dann dauert es 1000 Jahre oder länger, bis diese Wärme die Tiefen des Ozeans erreicht. Das bedeutet, dass die Meere hinsichtlich der globalen Erwärmung noch immer in den siebziger Jahren leben.

Trotzdem erwärmen sich die Meeresoberflächen bereits, und auch die Temperaturen in der Tiefe steigen deutlich. Wir können nichts tun, um diese langsame Wärmeverschiebung aus der Luft ins Meer zu verhindern, was eine sehr schlechte Nachricht ist.

Beim Stichwort steigender Meeresspiegel denken die meisten an Gletscher und Eiskappen, die in die Ozeane abschmelzen. Doch es gibt noch einen anderen Grund dafür. Im Verlauf des letzten Jahrhunderts war der Anstieg des Meeresspiegels ein gutes Stück weit auf die Ausdehnung der Ozeane selbst zurückzuführen, denn warmes Wasser nimmt mehr Raum ein als kaltes.

Diese »thermale Ausdehnung« wird, so erwartet man, den Meeresspiegel im Verlauf der nächsten 500 Jahre um 0,5 bis zwei Meter steigen lassen.

Die alarmierendsten Nachrichten über das Abschmelzen des Eises kommen vom Südpol. Im Februar 2002 brach das Larsen-B-Eisschelf – mit 3250 Quadratkilometern so groß wie Luxemburg – binnen weniger Wochen weg. Die Wissenschaftler wussten zwar, dass sich die Antarktische Halbinsel schneller erwärmt als nahezu jede andere Weltgegend, aber wie schnell und plötzlich Larsen B zusammenfiel, schockierte viele.

Warum brach das Larsen-B-Eisschelf weg? Aufgrund der Erwärmung der Atmosphäre *und* des Ozeans schmolz das Eis in den Sommern sowohl an der Ober- als auch an der Unterseite. Dadurch wurde das Eis dünn und bekam Risse. Entscheidend war allerdings das Abschmelzen von unten. Das Tiefenwasser des Weddellmeers, das am Eisschelf entlangfließt, war noch immer kalt genug, um einen

Menschen binnen Minuten zu töten, hatte sich aber seit 1973 um 0,32 °C erwärmt. Das reichte aus, um das Abschmelzen in Gang zu setzen.

Wissenschaftler sind davon überzeugt, dass irgendwann in diesem Jahrhundert auch der Rest des Larsen-Eisschelfs wegbrechen wird, aber bis dahin wird sich unsere Aufmerksamkeit schon längst auf das Schicksal weit größerer Eismassen gerichtet haben. Als Erstes wird das Packeis der Amundsensee vor der Westküste der Antarktis in unser Blickfeld rücken. NASA-Wissenschaftler haben entdeckt, dass weite Bereiche so dünn geworden sind, dass sie sich bald von ihren »Verankerungen« auf dem Meeresboden lösen, frei treiben und wie Larsen B wegbrechen. Der Zeitpunkt, an dem das geschieht, könnte beim Amundseneis schon 2009 erreicht sein.

Bis 2002 hatten die in die Amundsensee kalbenden Gletscher ihren Eintrag bereits auf rund 250 Kubikkilometer Eis pro Jahr gesteigert – genug, um den Meeresspiegel weltweit jährlich um 0,25 mm steigen zu lassen. Die Gletscher, die sich in die Amundsensee ergießen, enthalten genug Eis, um den Meeresspiegel weltweit um 1,3 Meter zu erhöhen.

Der Eisschild der Westantarktis ist einer der größten verbliebenen Packeisgürtel der Welt. Auch er ist locker auf dem Grund des flachen Meeres verankert. Sollte er sich je vom Meeresboden lösen, würde er zum Meeresspiegelanstieg bis zum Jahr 2100 etwa 16 bis 50 Zentimeter beitragen. Und noch schlimmer wäre, dass die Gletscher, die ihm den Nachschub liefern, sich beschleunigen und den Meeresspiegel noch viel mehr ansteigen lassen würden. Alles in allem enthalten die 3,8 Millionen Kubikkilometer Pack- und Gletschereis des westantarktischen Schilds genügend Wasser, um den Meeresspiegel weltweit um sechs bis sieben Meter zu heben.

Einen Lichtblick gibt es allerdings in dieser Sache. Da es an den Polen vermehrt zu Niederschlägen kommen wird, erwartet man, dass es hoch oben auf dem Inlandeis der Antarktis mehr Schnee geben wird, der einen Teil des Eises wettmacht, das an den Rändern des Kontinents verloren geht. Allerdings weiß man nicht, für wie lange und in welchem Umfang dieser Ausgleich erfolgen wird.

Die Klimaforscher überlegen jetzt, ob die Menschen schon den Schalter umgelegt haben, der zu einer eisfreien Erde führen wird. Wenn ja, haben wir unseren Planeten und uns selbst bereits zu einem Ansteigen des Meeresspiegels um rund 67 Meter verdammt.

Der Meeresspiegel wird nach 2050 stark ansteigen, aber Wissenschaftler sind zunehmend besorgt, dass auch in nächster Zukunft mit größeren Zunahmen zu rechnen ist. Im Jahr 2001 sprachen die meisten von einigen zig Zentimetern im Lauf dieses Jahrhunderts. Bereits 2004 sagten renommierte Wissenschaftler einen Anstieg von drei bis sechs Metern in den nächsten ein- bis zweihundert Jahren voraus. Doch 2006 erklärte Dr. James Hansen, einer der bedeutenden Klimaforscher in den USA, dass eine Steigerung um 25 Meter in den nächsten paar Jahrhunderten zu erwarten sein könnte.

Das Abschmelzen der Pole eröffnet den Frachtschiffen vielleicht eine Nordwestpassage – aber gibt es dann noch funktionierende Häfen, die sie anlaufen können?

Von all den kostenlosen Diensten, die uns ein stabiles Klima liefert, wird keiner so wenig angezweifelt wie ein gleichbleibender Meeresspiegel. Denk nur an die Stadt, in der du lebst, oder an irgendeine Küstenstadt. Kannst du dir vorstellen, wie viel Anstrengungen und Mittel nötig wären, um den Besitz dort zu schützen, wenn das Meer anfängt, rasch zu steigen? Dann wäre weder Zeit noch Geld für andere dringliche Aufgaben mehr vorhanden. Wenn wir nicht schnell etwas tun, um unser Klima zu stabilisieren, könnten noch zu deinen Lebzeiten Dörfer, Vororte und ganze Städte vom Meer verschlungen werden.

III. Teil
Weissagen als
Wissenschaft

16. Modellwelten

Das Grundwerkzeug für Klimawandel-Vorhersagen ist ein Computermodell der Erdoberfläche und der auf ihr ablaufenden Prozesse. Die Wissenschaftler verändern jeweils die Ausgangsdaten, sodass sie beispielsweise sehen können, wie unser Klima auf eine Verdopplung des CO_2 in der Atmosphäre reagieren würde oder wie sich das Ozonloch auf das Klima auswirkt.

Derzeit gibt es etwa zehn verschiedene globale Computermodelle, die simulieren, wie sich die Atmosphäre heute verhält, und berechnen, was mit ihr in Zukunft passieren wird. Die leistungsfähigsten von ihnen befinden sich in England, Kalifornien und in Deutschland. Das Hadley Centre für Klimavorhersage und Klimaforschung wirkt wie eine moderne Kathedrale zur Untersuchung des Klimawandels. Das neue Gebäude, das 2003 fertiggestellt wurde, ragt als elegante Kombination von Glas und Stahl in den Himmel; es ist so konstruiert, dass es den Energieverbrauch und damit Schädigungen der Umwelt so weit wie möglich verringert. Über 120 Wissenschaftler arbeiten hier daran, die Unsicherheit von Vorhersagen zu verkleinern, indem sie immer ausgeklügeltere Modelle zur Nachahmung der realen Welt entwickeln.

Wäre unser Planet eine gleichförmige schwarze Kugel, hätten die Leute am Hadley Centre leichtes Spiel, denn eine Verdopplung des CO_2 in der Atmosphäre würde dann die Oberflächentemperatur um 1 °C anheben. Aber die Erde ist blau, rot, grün und weiß und ihre Oberfläche ist bucklig. Die weißen Anteile – größtenteils Wolken – sind es, die den Forschern Kopfschmerzen bereiten.

Wolken vernebeln sozusagen die Sachlage, weil bis jetzt noch niemand eine Theorie der Wolkenbildung und -auflösung entwickelt hat. Wolken können zum einen Wärme speichern und zum andern Sonnenlicht ins All reflektieren. Das heißt, sie können je nach Umständen die Erde aufheizen oder abkühlen.

Wie gut sagt die wolkige, computerisierte Kristallkugel des Hadley Centre die irdische Zukunft voraus? Es gibt vier wichtige Tests, die ein globales Computermodell bestehen muss, ehe man seine Vorhersagen als glaubwürdig einstufen kann.

- Stimmt die Grundlage des Modells mit den Gesetzen der Physik überein – der Erhaltung von Masse, Wärme, Feuchtigkeit und so weiter?
- Kann das Modell das gegenwärtige Klima richtig simulieren?
- Kann es Tag für Tag die Weiterentwicklung der Wettersysteme, die unser Klima bestimmen, simulieren?
- Kann das Modell simulieren, was wir über das Klima der Vergangenheit wissen?

Die Computermodelle des Hadley Centre bestehen alle diese Tests mit einem guten Maß an Genauigkeit, aber neue Erkenntnisse über die reale Welt zwingen ständig zu Änderungen an diesen und anderen Computermodellen.

Beispielsweise hat man vor kurzem herausgefunden, dass der menschengemachte Klimawandel den Luftdruck auf Meereshöhe verändert. Dies ist der erste eindeutige Beweis dafür, dass Treibhausgase außer der Temperatur noch einen weiteren meteorologischen Faktor direkt beeinflussen. Da das in den Computermodellen nicht be-

Die Goldkröte ist die erste Art, die eindeutig vom Klimawandel ausgerottet wurde. Ende der achtziger Jahre verschwand sie aus ihrem Lebensraum in Costa Rica.

Ausgebleichte Korallen bei Great Keppel Island im Jahr 2002: Diese Korallen sind Teil des Großen Barrier-Riffs vor Australien und werden bald zerfallen.

Die artenreichste Wüstenvegetation der Erde in der südafrikanischen Karru: Bis 2050 werden Hochrechnungen zufolge 99 Prozent dieser Sukkulenten verschwunden sein.

Oben: Das verblüffende Panorama der nächtlich erleuchteten Welt;
die dafür aufgewendete Elektrizität wird zum größten Teil mit Kohlekraftwerken erzeugt, die CO_2 freisetzen.

Rechts: Australiens Niederschläge im Lauf der letzten 54 Jahre.
Die dunkelroten Bereiche haben pro Jahrzehnt über 50 Millimeter Regen
weniger abbekommen, die dunkelblauen eine vergleichbare Menge mehr.
Über das halbe Jahrhundert hinweg entspricht das einer Zu- beziehungsweise Abnahme von 250 Millimetern.

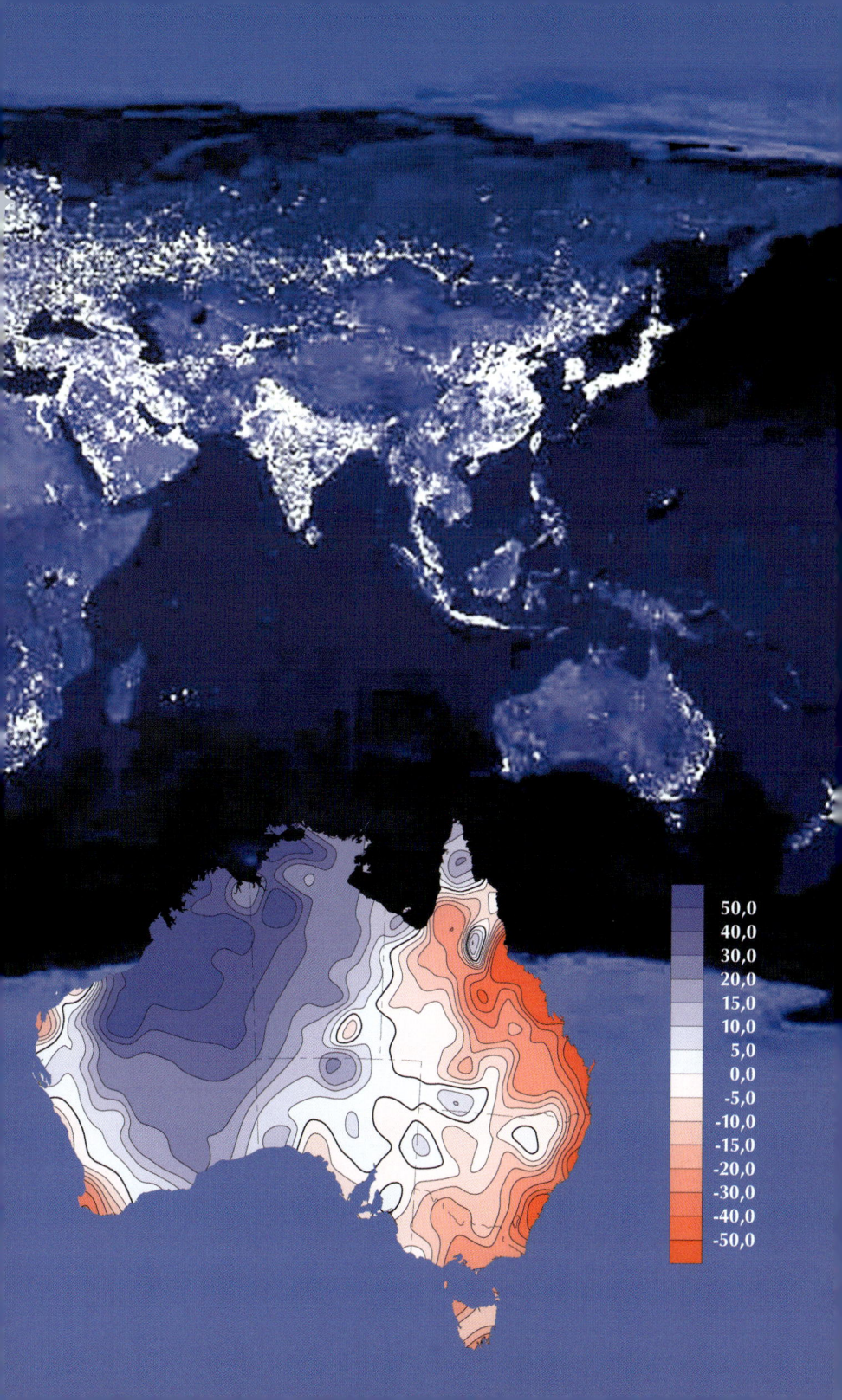

NORDPOL

Seit 1979 sind über 20 Prozent
der Eiskappe rund um
den Pol abgeschmolzen.

SOMMERLICHE PACKEISGRENZE
IM JAHR 1979

Satellitenaufnahme der Arktis von 2003, die den Rückgang des polaren Sommer-
Packeises seit 1979 zeigt. Rechts daneben erkennt man das Inlandeis Grönlands.

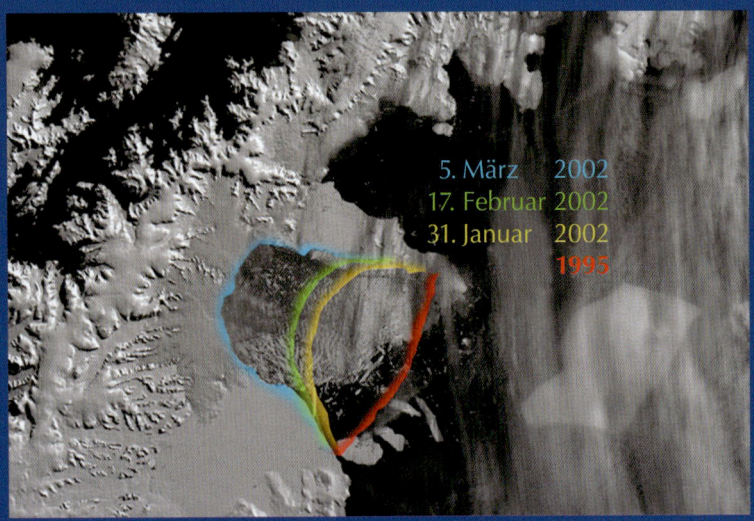

5. März   2002
17. Februar 2002
31. Januar   2002
1995

Diese Bildüberlagerung von der Antarktischen Halbinsel zeigt das zunehmende
Wegbrechen des Larsen-B-Eisschelfs.

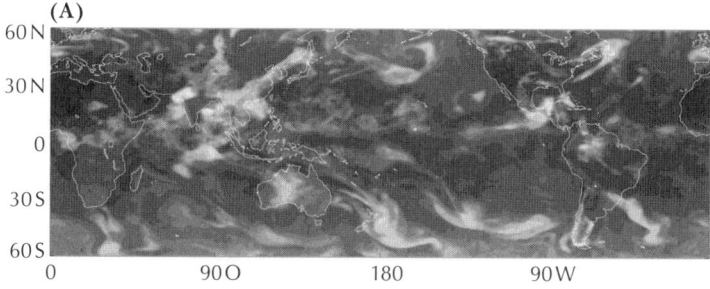

(A)

Das Wetter am 1. Juli 1998: (A) ist die am Hadley Centre erstellte Computersimulation des weltweiten Wetters an diesem Tag. (B) ist eine Satellitenaufnahme des tatsächlichen Wetters. Die weißen Pfeile weisen auf Wolkengebiete hin, die der Computer nicht vorherberechnet hatte, aber ansonsten sind sich die beiden Bilder sehr ähnlich.

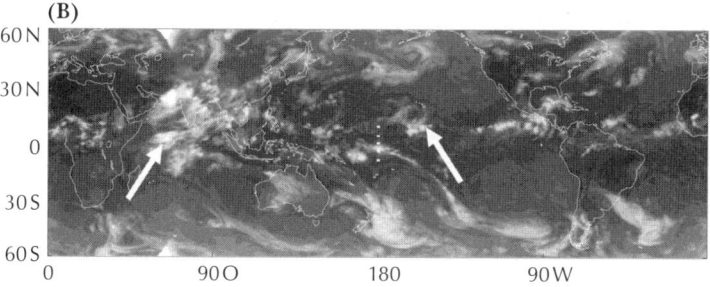

(B)

rücksichtigt worden war, haben wir die Auswirkungen des Klimawandels auf Stürme im Nordatlantik unterschätzt.

Trotz einer Zunahme der Treibhausgase in der Atmosphäre ging die durchschnittliche Oberflächentemperatur der Erde zwischen 1940 und 1970 zurück. Zudem sagten die ersten globalen Computermodelle voraus, dass sich die Erde angesichts der Menge des in die Atmosphäre gelangenden CO_2 im Verlauf des Jahrhunderts doppelt so stark hätte aufheizen müssen, wie das tatsächlich der Fall war.

Die Zweifler stürzten sich auf diese Abweichungen, um sowohl die Computermodelle als auch die These, dass CO_2 und andere Treibhausgase für die steigenden Temperaturen verantwortlich seien, zu verwerfen. Doch es stellte sich heraus, dass beide Abweichungen von einem zuvor übersehenen Faktor herrührten – dem sehr starken Einfluss, den winzige Teilchen in der Atmosphäre auf das Klima haben.

Diese sogenannten Aerosole können vom Staub aus Vulkanen bis zum tödlichen Teilchenmix aus den Schloten von Kohlekraftwerken alles sein. Wüsten wie die Sahelzone produzieren sie in großen Mengen. Dieselmotoren, Reifenabrieb und Brände sind ebenfalls wichtige Quellen. Frühe Computermodelle berücksichtigten keine Aerosole bei ihren Berechnungen, was zum Teil daran lag, dass niemand genau wusste, wie viele davon durch menschliche Aktivitäten freigesetzt werden.

Wir wissen heute, dass ein Viertel bis die Hälfte aller Aerosole in unserer Atmosphäre von Menschen erzeugt werden.

Aerosole können der Gesundheit sehr abträglich sein. Sie waren der Grund für die hohe Sterblichkeit im London des 17. Jahrhunderts, als dort immens viel Kohle verbrannt wurde. Selbst heute noch kommen in den Vereinigten Staaten alljährlich 60 000 Menschen durch Aerosole um, die beim Verbrennen von Kohle entstehen. Die Ursache dafür liegt zum Teil darin, dass sich Kohle wie ein Schwamm verhält und Quecksilber, Uran und andere schädliche Mineralien bindet, die freigesetzt werden, wenn die Kohle verbrannt wird.

Im Bundesstaat Südaustralien liegt das größte Uranbergwerk der Welt, doch die stärkste Strahlungsquelle des Landes ist nicht das Bergwerk, sondern ein Kohlekraftwerk bei Port Augusta. Die Menschen machen sich Sorgen wegen der Strahlung, die bei Atombombentests freigesetzt wird, doch ein einziges mit Kohle betriebenes Kraftwerk im australischen Hunter Valley (wo es einige Kraftwerke dieser Art gibt) kann im Lauf eines Jahres genauso viel Strahlung freisetzen wie einst sämtliche unterirdischen französischen Atombombentests im Pazifik zusammen. Es ist wirklich keine Überraschung, dass oft Lungenkrebs die Folge ist: Im Hunter Valley ist er um ein Drittel häufiger als im nahe gelegenen Sydney, und das trotz der Umweltverschmutzung in dieser Großstadt.

Ich kann mich erinnern, dass ich als Kind »Spucken verboten«-Schilder an den Wänden der Eisenbahntunnel in meiner Heimatstadt Melbourne sah und auch erzählt bekam, dass zu Zeiten meines Großvaters Spucknäpfe in Gebrauch waren. Als ich im Erwachsenenalter dann China bereiste und die Bewohner stark verschmutzter Städte wie Hefei dreckigen Schleim aus den Lungen hochwürgen sah, ging mir auf, dass meine Vorfahren nicht notwendigerweise schlechtere hygienische Umgangsformen hatten als wir. Sie kämpften vielmehr mit einer verpesteten Luft, für die das Verheizen von Kohle sorgte.

Wissenschaftler glauben heute, dass der Temperaturrückgang von den vierziger bis zu den siebziger Jahren des 20. Jahrhunderts durch Aerosole verursacht wurde. Eines davon war Schwefeldioxid, das freigesetzt wird, wenn man Kohle minderer Qualität verbrennt. In den sechziger Jahren begannen die Seen und Wälder in den hohen Breitengraden der Nordhalbkugel zu sterben. Die Bäume verloren Blätter und Nadeln, und die Seen wurden kristallklar, weil in ihnen nichts mehr lebte.

Der Grund dafür war der saure Regen, der durch die Schwefeldioxid-Emissionen von Kohlekraftwerken entstand. Daraufhin wurden Gesetze erlassen, die die Rauchgaswäsche in Kohlekraftwerken und Industriebetrieben vorschrieben. Solche Anlagen sind jetzt seit den siebziger Jahren in Gebrauch, und sie haben den Schwefeldioxid-Ausstoß erheblich verringert.

Das hatte jedoch auch unbeabsichtigte Folgen. Sulfat-Aerosole reflektieren das Sonnenlicht am effektivsten ins All und kühlen daher den Planeten sehr wirkungsvoll. Weil die meisten Aerosole nur ein paar Wochen in der Atmosphäre verbleiben (von Schwefeldioxid zerfallen bei normaler Luftfeuchtigkeit ein bis zwei Prozent pro Stunde), machte sich die Wirkung der Rauchgaswäsche sofort bemerkbar.

Während die Luft reiner wurde, stiegen die globalen Temperaturen aufgrund des CO_2 aus denselben Kraftwerken. Das war das perfekte Beispiel dafür, wie auf unserem Planeten alles mit allem verbunden ist.

Als 1991 auf den Philippinen der Pinatubo ausbrach, bot sich eine außergewöhnliche Möglichkeit zu überprüfen, inwieweit die neuen Computermodelle den Einfluss der Aerosole vorhersagen konnten. Der Vulkan schleuderte 20 Millionen Tonnen Schwefeldioxid in die Atmosphäre. Eine Gruppe unter Führung des NASA-Wissenschaftlers James Hansen berechnete, dies würde zu einer globalen Abkühlung um rund 0,3 °C führen – und diese Zahl entsprach *genau* dem, was tatsächlich passierte.

Zu den wichtigsten und am besten abgesicherten Vorhersagen dieser Modelle gehört, dass sich die Pole schneller erwärmen werden als der Rest der Erde, dass über den Landmassen die Temperaturen rascher steigen werden als im weltweiten Durchschnitt, dass es mehr regnen wird und dass Wetterextreme sowohl an Häufigkeit als auch an Heftigkeit zunehmen werden.

Die Klimafolgen werden sich auch im Rhythmus von Tag und Nacht bemerkbar machen: Im Verhältnis zu den Tagen werden die Nächte wärmer sein, denn in der Nacht gibt die Erdatmosphäre Wärme ans All ab. Und es wird eine Entwicklung hin zu quasi dauerhaften El-Niño-ähnlichen Verhältnissen geben.

Wir müssen uns jetzt dem entscheidenden Unsicherheitsfaktor aller Modelle zuwenden: Wird eine Verdopplung des CO_2 von 280 Teilen pro Million (wie vor der Industriellen Revolution) auf 560 Teile pro Million zu einer Erwärmung um 2 °C oder um 5 °C führen? Auch nach fast 30 Jahren harter Arbeit und erstaunlichen technischen Fortschritten kennen wir die genaue Antwort auf diese Frage noch nicht.

Viele Leute würden allerdings sagen, dass wir bereits genügend wissen: Selbst eine Erwärmung von nur 2 °C wäre für weite Teile der Menschheit eine Katastrophe.

Die größte Untersuchung zum Klimawandel, die bislang unternommen wurde, hat Anfang 2005 ein Team der Universität Oxford vorgestellt. Man bediente sich dabei ungenutzter Rechenzeiten von mehr als 90 000 Personalcomputern und konzentrierte sich auf die Frage, was eine Verdopplung des CO_2 in der Atmosphäre für die Temperaturen bedeuten würde. Das Durchschnittsergebnis besagte, dies würde zu einer Erwärmung um 3,4 °C führen. Aber insgesamt war die Bandbreite sehr groß – sie reichte von 1,9 bis 11,2 °C, wobei der obere Wert der Temperatursteigerung noch nie zuvor vorhergesagt worden war.

Als ich diese Ergebnisse las, fiel mir wieder eine Besonderheit ein, die mich lange beschäftigt hatte. Am Ende der letzten Eiszeit stieg der CO_2-Anteil um 100 Teile pro Million und die durchschnittliche Oberflächentemperatur der Erde um 5 °C. In den meisten Computeranalysen jedoch wird vorhergesagt, dass ein fast dreimal so großer CO_2-Anstieg zu einem Temperaturanstieg von nur 3 °C führen würde.

Natürlich spielten die Milanković-Zyklen und riesige Eiskappen eine Rolle, aber Wissenschaftler, die gegenwärtig an Aerosolen arbeiten, glauben, dass sie einen Teil der Antwort kennen. Direkte Messungen der Sonneneinstrahlung am Boden und weltweite Aufzeichnungen der Verdunstungsraten (die hauptsächlich vom Sonnenlicht beeinflusst werden) weisen darauf hin, dass die Menge Sonnenlicht, die die Erdoberfläche erreicht, im Lauf der letzten drei Jahrzehnte deutlich (um bis zu 22 Prozent in einigen Regionen) zurückgegangen ist. Die Aerosole halten das Sonnenlicht fern.

Dieses Phänomen wird als globales Dimmen bezeichnet. Es wird auf zweierlei Weise hervorgerufen: Aerosole wie etwa Ruß steigern die reflektiven Eigenschaften der Wolken, und die Kondensstreifen der Düsenflugzeuge bilden einen dauernden Wolkenschleier. Rußteilchen fördern die Bildung vieler winziger Wassertröpfchen anstelle

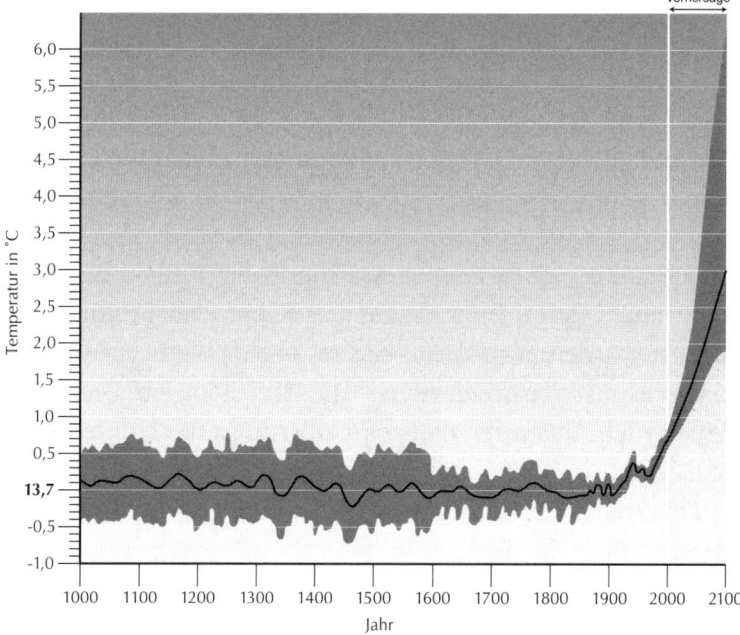

Diese als »Hockeyschläger« bekannte Graphik zeigt die Entwicklung der durchschnittlichen Oberflächentemperatur der Erde von 1000 n. Chr. bis zum Jahr 2100. Vor 1900 lag diese bei 13,7 °C. Der graue Bereich bezeichnet Unsicherheiten bei den zugrunde gelegten Werten; sie nehmen um 1850 mit der Einführung weltweiter Thermometermessungen ab. Die Vorhersage rechts bildet die Bandbreite möglicher Temperatursteigerungen bis 2100 ab.

wenigerer, größerer Tropfen in den Wolken, und mit diesen winzigen Tröpfchen werfen die Wolken viel mehr Sonnenlicht ins All zurück als mit großen Tropfen.

Mit den Kondensstreifen ist es eine andere Geschichte. Nachdem Terroristen am 11. September 2001 das World Trade Center in New York zerstört hatten, blieben in den drei Tagen danach sämtliche US-amerikanischen Verkehrsflugzeuge am Boden. In diesem Zeitraum vermerkten die Klimatologen einen zuvor nicht gekannten Anstieg der Tagestemperaturen im Verhältnis zu den Nachttemperaturen. Der Grund dafür war zusätzliches Sonnenlicht, das wegen der fehlenden Kondensstreifen auf die Erdoberfläche gelangte.

Wenn 100 Teile CO_2 pro Million tatsächlich die Oberflächentemperatur um 5 °C steigen lassen können und wenn Aerosole und Kondensstreifen dem so entgegensteuern, dass wir nur eine Erwärmung von 0,63 °C haben, dann muss deren Einfluss auf das Klima enorm sein. Es ist, als würden zwei große Kräfte – beide weltweit durch die Schornsteine freigesetzt – das Klima in entgegengesetzte Richtungen zerren, wobei allerdings das CO_2 etwas stärker ist.

Das stellt uns vor ein schwerwiegendes Problem, denn die Teilchen, die die Luft verschmutzen, bestehen nur für Tage oder Wochen, CO_2 hingegen verweilt ein Jahrhundert in der Atmosphäre.

Wenn wir das globale Dimmen richtig verstehen, dann haben wir nur eine Möglichkeit: Wir müssen lernen, wie wir CO_2 aus der Atmosphäre holen können. Derzeit haben wir allerdings keine Ahnung, wie das wirkungsvoll geschehen kann.

Eines Tages sind wir vielleicht in der Lage, eine künstliche Photosynthese zu schaffen, mit der Kohlenstoff aus der Luft entfernt werden kann. Aber das bezieht sich auf eine ferne Zukunft, von der wir heute nur träumen können.

Eine der grundlegenden menschlichen Reaktionen auf irgendwelche Veränderungen ist zu überlegen, was sie verursacht haben mag. Das Klimasystem der Erde ist jedoch so sehr mit sich verstärkenden Rückkopplungen durchsetzt, dass unsere normalen Vorstellungen von Ursache und Wirkung nicht länger greifen. Denk nur an das oft zitierte Beispiel aus der Chaostheorie, dass der Flügelschlag eines Schmetterlings am Amazonas in der Karibik einen Wirbelsturm auslösen kann. Einfach erklären zu wollen, dass die eine Sache die andere verursacht hat, ist eine Denkweise, die uns nicht weiterbringt. Wir haben es vielmehr mit scheinbar unbedeutenden Ereignissen am Anfang zu tun – beispielsweise einem Anstieg des CO_2 in der Atmosphäre –, deren Folgen aus dem Ruder zu laufen drohen.

Mehrere Gruppen von Klimaforschern haben computergestützte Hochrechnungen für verschiedene Regionen der Erde und für Zeiträume von wenigen Jahrzehnten vorgelegt. Hier sind drei Beispiele dafür.

Das Hadley Centre hat Vorhersagen für das Klima in Großbritannien in den fünfziger bis achtziger Jahren des 21. Jahrhunderts erstellt. Dabei hat man herausgefunden, dass bis zum Jahr 2050 das menschliche Einwirken auf das Klima alle natürlichen Einflüsse überflügelt haben wird.

Die Wissenschaftler sagen voraus, dass die Schneedecke an den britischen Küsten um bis zu 80 Prozent und im schottischen Hochland um bis zu 60 Prozent zurückgehen wird. Die Regenfälle im Winter werden um bis zu 35 Prozent zunehmen, insbesondere durch Starkregen, während der Sommerregen abnehmen wird und ein Sommer von dreien »sehr trocken« ausfällt. So etwas wie der extreme Sommer von 1995 (in dem es an 17 Tagen über 25 °C und an vier Tagen über 30 °C heiß war) kann sich zweimal pro Jahrzehnt wiederholen, und die große Mehrheit der Jahre wird heißer sein als das bisherige Rekordjahr 1999. Schon 2006 herrschte im Südwesten von England wieder Dürre.

In Europa werden die Veränderungen deutlicher zu spüren sein als im weltweiten Durchschnitt. Eine globale Zunahme der Oberflächentemperatur von nur 2 °C wird ganz Europa, Asien und dem amerikanischen Doppelkontinent in Wirklichkeit eine Temperatursteigerung von 4,5 °C bringen. Für Großbritannien bedeutet das ein eher mediterranes Klima und, wie einige Zeitungen das genannt haben, das »Ende des englischen Gartens«. Wichtiger sind allerdings die Probleme, die dies der Wasserwirtschaft, dem Hochwasserschutz und der menschlichen Gesundheit bereiten wird.

Zwei Regionalstudien aus den Jahren 2003 und 2004 beschäftigten sich mit den Klimafolgen für Kalifornien. Hier kam man zu dem Schluss, dass die globale Erwärmung dem Staat viel heißere Sommer und eine deutlich verringerte Schneedecke bringen wird, was sowohl die Wasserversorgung als auch die Gesundheit bedroht: Bis zum Ende des Jahrhunderts würden Hitzewellen in Los Angeles zwei- bis siebenmal mehr Todesopfer fordern als heute und drei Viertel bis neun Zehntel aller alpinen Wälder in Kalifornien verschwunden sein. Bereits heute sterben die Pfeifhasen (im Hochgebirge lebende Verwandte der Kaninchen) auf verschiedenen Bergen überall im Westen aus. Sieben Gruppen von rund 50 Tieren sind in den letzten Jahrzehnten verschwunden.

Das dritte Beispiel bezieht sich auf den australischen Bundesstaat Neusüdwales, und die Prognosen stammen von der führenden Wissenschaftsinstitution Australiens, dem CSIRO. Sie erwartet in den nächsten Jahrzehnten in diesem Staat Temperaturerhöhungen zwischen 0,2 °C und 2,1 °C, während Kälteperioden und damit Fröste zurückgehen. Die Tage mit über 40 °C werden zunehmen, ebenso die Dürren im Winter und Frühling sowie starke Regenfälle und hohe Windgeschwindigkeiten.

Das Gas befindet sich bereits in der Atmosphäre, und bislang haben wir keine Möglichkeit, es wieder herauszuholen.

Egal, wie zuverlässig die Voraussagen sind: Zumindest für die nächsten paar Jahrzehnte ist der Verlauf des Klimawandels längst festgelegt.

17. Gefahr im Anmarsch

Die Auswirkungen der Treibhausgase, die bereits heute in der Atmosphäre sind, werden erst um 2050 in vollem Umfang zu spüren sein. Würde der Ausstoß von Treibhausgasen sofort gestoppt, erreichte die Erde zu diesem Zeitpunkt einen neuen stabilen Zustand mit einem neuen Klima. Das liegt an der Langlebigkeit des CO_2 in der Atmosphäre. Forscher bezeichnen dies als »Ausgeliefertsein«: Ein Wandel, der uns bevorsteht, den wir aber nicht verhindern können.

Ein Großteil des CO_2, das freigesetzt wurde, als unsere Vorfahren nach dem Ersten Weltkrieg ihre Öfen mit Kohle befeuerten, heizt unseren Planeten noch heute auf. Der meiste Schaden wurde ab den fünfziger Jahren angerichtet, als die Leute in Chevrolets mit Heckflossen herumfuhren und ihre arbeitssparenden Haushaltsgeräte mit Strom aus Kohlekraftwerken mit schlechtem Wirkungsgrad betrieben.

Der größte Vorwurf ist jedoch der Generation der Baby-Boomer zu machen, die in den Jahren nach dem Zweiten Weltkrieg geboren wurde: Die Hälfte der seit der Industriellen Revolution erzeugten Energie wurde erst in den letzten 20 Jahren verbraucht.

Es ist zwar leicht, diese Verschwendungssucht zu verfluchen, aber bis vor kurzem hatte niemand die leiseste Ahnung, dass sich Autoabgase und die Verwendung von Staubsaugern auf die Kinder und Enkel auswirken würden.

Doch jetzt wissen wir Bescheid. Die wahren Kosten der Allradfahrzeuge, Klimaanlagen, elektrischen Heißwasserbereiter, Wäschetrockner und Kühlschränke unserer Familien werden zunehmend jedem klar. In vielen entwickelten Ländern sind die Menschen heute im Durchschnitt dreimal wohlhabender als noch vor wenigen Jahrzehnten, und daher sind wir durchaus in der Lage, uns die Kosten für die Änderung unserer Lebensweise aufzubürden.

Unser »Ausgeliefertsein« – der Klimawandel, den wir nicht mehr abwenden können – hängt von mehreren Faktoren ab:

- dem CO_2, das wir bereits freigesetzt haben,
- den Rückkopplungen, die den Klimawandel verstärken,
- dem globalen Dimmen,
- dem Tempo, in dem unsere Wirtschaft sich vom Kohlenstoff befreien kann.

Von diesen Faktoren ist der erste – die vorhandenen Treibhausgasmengen – bekannt und kann nicht geändert werden.

Der zweite und der dritte – sich verstärkende Rückkopplungen und globales Dimmen – werden von Wissenschaftlern noch erforscht.

Und der vierte – das Maß, um das wir Menschen unsere Emissionen ändern können – wird derzeit überall auf der Welt in Parlamenten und Sitzungssälen diskutiert. Dies und das globale Dimmen sind die einzigen Faktoren, die wir beeinflussen können.

Wissenschaftler sagen, bis Mitte des 21. Jahrhunderts sei eine Verminderung der CO_2-Emissionen um 70 Prozent – von den Werten des Jahres 1990 ausgehend – erforderlich, um das Klima der Erde zu stabilisieren. Dies würde zu einer Atmosphäre mit 450 Teilen CO_2 pro Million führen – heute sind es, wie gesagt, 380 Teile –, und unser globales Klima würde um 2100 eine stabile Temperatur erreichen, die mindestens 1,1 °C über der heutigen läge. Einige Regionen könnten sich allerdings um bis zu 5 °C erwärmen.

Die europäischen Länder sprechen über Einschnitte bei den Emissionen in dieser Größenordnung, aber angesichts der Unnachgiebigkeit der Kohleindustrie und der Politik der gegenwärtigen Regierungen in den USA und in Australien könnte dieses Ziel unerreichbar bleiben. Realistischer sind daher wohl 550 Teile CO_2 pro Million in der Atmosphäre – doppelt so viel wie vor der Industriellen Revolution. Dies würde zu einer Stabilisierung des Klimas in einigen Jahrhunderten führen und zu einem Anstieg der globalen Temperatur um rund 3 °C im Lauf dieses Jahrhunderts.

Doch wir dürfen nicht vergessen, dass wir auch in diesem Fall viel Glück brauchen. Die Menge der Treibhausgase, die sich bereits in der Atmosphäre befinden, könnte Rückkopplungen in Gang setzen, die einen Wandel auslösen, den wir nicht beeinflussen können.

Es ist zu spät, um eine Veränderung unserer Welt zu verhindern, aber wir haben noch die Zeit, der Katastrophe zu entgehen und die Wahrscheinlichkeit eines gefährlichen Klimawandels zu verringern.

Der bessere Weg, das Problem anzugehen, besteht wahrscheinlich darin, zu berechnen, welches *Tempo* bei der Veränderung gefährlich ist. Glücklicherweise ist das Leben flexibel, und wenn man ihm genügend Zeit lässt, kann es sich an extremste Verhältnisse anpassen. Doch wenn die Veränderungen zu schnell erfolgen, bleibt Tieren und Pflanzen keine Zeit für die Anpassung. Unter diesem Aspekt muss man davon ausgehen, dass Erwärmungsraten von über 0,1 °C pro Jahrzehnt erhebliche Schäden an unseren Ökosystemen bewirken. Und ein Anstieg des Meeresspiegels um mehr als zwei Zentimeter pro Jahrzehnt wäre genauso gefährlich wie ein Anstieg um insgesamt fünf Zentimeter.

Doch die Frage, was einen gefährlichen Klimawandel ausmacht, wirft eine weitere auf: Gefährlich für wen? Für die Inuit ist in der Arktis ein schädlicher Schwellenwert bereits überschritten worden. Ihre Hauptnahrungsquellen – Karibus und Robben – sind mittlerweile infolge des Klimawandels nur noch schwer zu finden, und ihre Dörfer sind bedroht.

Ziehen wir das Schicksal des Planeten insgesamt in Betracht, dürfen wir uns keinen Illusionen hingeben, was auf dem Spiel steht. Die Durchschnittstemperatur der Erde liegt bei rund 15 °C, und ob wir zulassen, dass sie um nur 1 °C oder um 3 °C steigt, wird das Schicksal Hunderttausender von Arten und von Milliarden Menschen entscheiden.

18. Rückzug auf die Berge

Sowohl der Schnee auf dem Kilimandscharo als auch die Gletscher in Neuguinea können die heutigen CO_2-Mengen nur noch wenige Jahrzehnte überdauern. Und unterhalb der eisigen Höhen rücken alle Lebensräume samt ihren jeweils einzigartigen Bewohnern immer weiter nach oben.

Keine andere Voraussage der Klimaforschung ist gewisser als das Aussterben vieler Arten, die die Berge dieser Welt bevölkern.

Wir wissen, dass sich unser Planet, komme was wolle, in diesem Jahrhundert um 1,1 °C erwärmen wird. Und wenn wir so weitermachen wie bisher, wird der Temperaturanstieg sogar 3 °C betragen. Der höchste Gipfel Neuguineas – Puncak Jaya – misst knapp 5000 Meter. Ein Anstieg um 3 °C würde den letzten alpinen Lebensraum auf der Insel über die Gipfelhöhe hinaus zwingen und damit auslöschen. Tatsächliche gäbe es im Fall einer so extremen Veränderung nur wenige Berge auf der Welt, die noch hoch genug wären, um ein alpines Klima zu bieten.

In der frischen, klaren Morgenluft auf einem Berggipfel Neuguineas zu erwachen und zwischen den Baumfarnen zarte Spinnweben zu sehen, an denen Tautropfen glitzern, ist ein unvergessliches Erlebnis. Im schräg einfallenden Morgenlicht sind Bronze und strahlendes Grün die dominanten Farben dieser offenen Äquatorwiesen. Dazwischen zeigen sich die leuchtend roten, orangen und wei-

Dingiso: Dieses faszinierende schwarz-weiße Baumkänguru lebt im Hochgebirge von West-Papua-Neuguinea. 1994 wurde es von meinen Kollegen und mir entdeckt. Tragischerweise könnte das Beuteltier, das die Größe eines Labradors hat, ein Opfer des Klimawandels werden.

ßen Blüten von Rhododendronbüschen und einzigartigen Orchideen. Der Moosboden unter den Füßen ist von dem meterlangen Langschnabeligel – dem größten eierlegenden Säugetier der Erde – zerkratzt. Und wenn man genau hinsieht, entdeckt man die Gänge einer nur hier lebenden Riesenbaumrattenart – *Mallomys gunung.* Sie misst von der Nase bis zur Schwanzspitze fast einen Meter und ist damit ebenfalls kein Winzling.

In der Morgendämmerung ist die Luft voller Vogelzwitschern, denn diese Berge sind das Rückzugsgebiet von Paradiesvögeln, Papageien und Horden von Honigfressern, die sich um die mit Blüten übersäten Büsche scharen. Im Lauf des Vormittags hört man aus den vereinzelten Sumpftümpeln ein »Uuuh, uuh«, das sich anhört (fand ich jedenfalls) wie die jungfräuliche Lieblingstante, die nach dem Weihnachtsessen beschwipst ist. In diesem Fall handelt es sich jedoch um einen winzigen, rosa-lila Frosch – nicht größer als der Daumennagel eines Kindes –, der für die Wissenschaft so neu ist, dass er noch nicht einmal einen Namen bekommen hat.

Alle tropischen Hochgebirge der Erde verfügen über vergleichbare alpine Lebensräume, und die Bergwälder darunter weisen eine noch größere Biodiversität auf. Die Bergregionen der Erde lassen eine schwindelerregende Vielfalt von Leben gedeihen – von symbolträchtigen Arten wie Pandas und Berggorillas bis hin zu bescheidenen Flechten und Insekten. Obwohl die alpinen Habitate insgesamt nur drei Prozent der Erdoberfläche ausmachen, beherbergen sie doch über 10 000 Pflanzenarten sowie zahllose Insekten und größere Tiere.

Im Verlauf des 20. Jahrhunderts haben sich die bergbewohnenden Arten pro Jahrzehnt im Durchschnitt um 6,1 Meter die Hänge ihrer Heimat hinauf zurückgezogen. Die Tiere und Pflanzen taten dies, weil die Verhältnisse weiter unten zu heiß oder zu trocken wurden oder weil neue Arten eindrangen, mit denen sie nicht konkurrieren konnten.

Die Bergregenwälder im Nordosten des australischen Bundesstaats Queensland liegen im Atherton-Tafelland westlich von Cairns und erstrecken sich über 10 000 Quadratkilometer. Trotz dieser geringen Größe bilden sie vermutlich das wichtigste Habitat ganz Australiens, denn sie bieten Pflanzen und Tieren eine Heimat, die Überlebende

Das Lumholtz-Baumkänguru ist eine von rund 10 000 Tier- und Pflanzenarten, die es nur in den Bergwäldern im Nordosten des australischen Bundesstaats Queensland gibt. Bei einem Temperaturanstieg von 3,5 °C wird sein Lebensraum verschwinden.

eines kühleren, feuchteren Australiens vor 20 Millionen Jahren sind.

1988 wurden diese Regenwälder als erste Region Australiens in die Liste des Weltnaturerbes aufgenommen. Heute strömen die Touristen in Scharen herbei, und zu den beliebtesten Erlebnissen gehören Nachtwanderungen, bei denen man im Licht eines Scheinwerfers eine Fülle von Beuteltieren aus der Nähe beobachten kann. An einigen Stellen raschelt, grunzt und kreischt es ständig im Wald.

Hoch oben in den größten Bäumen hört man die Lemuren-Ringelschwanzbeutler von Ast zu Ast springen. Es sind lebende Fossilien – Überbleibsel der Abstammungslinie, die den majestätischen, meterlangen Riesengleitbeutler der Eukalyptuswälder hervorbrachte. Lemuren fehlt die Gleitflughaut, aber sie sind ausgezeichnete Springer, deren geräuschvolles Krachen durch das Blätterdach zu den beständigsten Nachtgeräuschen zählt.

Weiter unten in den Bäumen sieht man vielleicht ein Streifen-Ringelschwanzbeutler-Weibchen mit seinem großen Jungen. Diese Tiere sind beim Fressen so wählerisch, dass das Junge bei der Mutter bleibt, bis es fast erwachsen ist, um zu lernen, welche Blätter am besten sind. Sie tummeln sich auf den Berggipfeln, weil sie bereits nach vier oder fünf Stunden bei Temperaturen von 30 °C oder mehr sterben würden. Und solch eine Hitze herrscht in den umliegenden Ebenen nahezu täglich.

65 Arten von Vögeln, Säugetieren, Fröschen und Reptilien gibt es einzig und allein in dieser Region, und keine von ihnen kann wärmere Verhältnisse vertragen. Zu ihnen gehören der Säulengärtner, der Cooktown-Regenwaldfrosch und das Lumholtz-Baumkänguru.

Eine höhere CO_2-Konzentration wirkt sich auch auf das Wachstum der Pflanzen aus. Bei Experimenten wurde festgestellt, dass Pflanzen, die in einer Umgebung mit höherem CO_2-Gehalt wachsen, einen verminderten Nährwert und festere Blätter aufweisen. Allein diese Veränderung wird vermutlich dazu führen, dass die Kletterbeutler-Dichte abnimmt. Und wenn sich verschiedene Arten in immer höhere Lagen zurückziehen müssen, wird wegen der kargeren Böden in den Gipfelregionen der Nährwert ihres Futters immer schlechter. Als wäre dies nicht schlimm genug, werden auch die Niederschläge viel stärker schwanken, und es wird ausgeprägte Dürreperioden geben. Die Wolkenschicht, die jetzt den Bergwäldern 40 Prozent der nötigen Feuchtigkeit zuführt, wird nach oben steigen, sodass die Wälder mehr Sonnenlicht bekommen und mehr Wasser verdunsten. All dies zusammen führt zur Katastrophe.

Bei dem unausweichlichen Temperaturanstieg von nur 1 °C wird mindestens eine Art der feuchten Tropen – der Thornton-Peak-Regenwaldfrosch – aussterben. Bei einem Anstieg um 2 °C werden die tropischen Feuchtökosysteme kaputtgehen. Bei 3,5 °C wird rund die Hälfte der 65 feucht-tropischen Tierarten verschwinden, und der Rest muss sich in karge Lebensräume zurückziehen, die weniger als zehn Prozent des ursprünglichen Verbreitungsgebiets ausmachen. In Wirklichkeit werden ihre Gruppen nicht überlebensfähig sein, und ihr Aussterben ist nur eine Frage der Zeit.

Die Folgen für die Zukunft der Artenvielfalt Australiens sind erheblich. Der Bunya-Bunya-Baum beispielsweise – ein Verwandter der chilenischen Araukarie und die älteste Art einer vorzeitlichen Abstammungslinie – wächst nur auf zwei Bergketten. Diese Art oder etwas sehr Ähnliches gab es schon im Jura vor gut 230 Millionen Jahren. Ihr Aussterben wäre verhängnisvoll. Und genauso das von Orchideen, Farnen und Flechten oder der Wirbellosen – jener Legionen von Würmern, Käfern und anderen fliegenden und kriechenden Kreaturen, die sich zu Zehntausenden finden. Wie kann man sich ein Australien ohne den Atherton-Regenwald und das Große Barrier-Riff vorstellen?

Die drohende Zerstörung der tropischen Regenwälder Australiens ist eine am Horizont lauernde biologische Katastrophe, und die dafür verantwortliche Generation wird von ihren Nachkommen verflucht werden.

Was werden sie ihren Kindern sagen, wenn ihre Klimaanlagen und Allradwagen dem Land die prächtigsten Naturschätze geraubt haben werden?

Überall auf der Welt, auf jedem Kontinent und auch auf vielen Inseln, gibt es Bergketten, die für Arten von bemerkenswerter Schönheit und Vielfalt das letzte Rückzugsgebiet sind. Und wir sehen untätig zu, wie all das verloren geht, von den Gorillas über die Pandas bis zur Raoulia, einer einzigartigen, an ein Schaf erinnernden Polster-Pflanze, die nur im Hochgebirge von Neuseeland wächst. Es gibt nur eine Möglichkeit, sie zu retten. Wir müssen das Problem an der Wurzel packen – der Emission von CO_2 und anderen Treibhausgasen.

Überraschenderweise gibt es jedoch eine Gruppe von Arten, die enorm von diesem Aspekt des Klimawandels profitieren wird. Es handelt sich um jene vier Parasiten, die die verschiedenen Formen von Malaria hervorrufen. Mit zunehmenden Niederschlägen werden sich die Mücken ausbreiten, die die Erreger übertragen, die Malariasaison wird länger werden und die Krankheitsfälle werden immer mehr zunehmen. Von Mexico City bis zum Mount Hagen in Papua-Neuguinea leben in den Bergtälern der Welt dicht gedrängte Menschenmengen. Dort, wo die Bevölkerungskonzentration nicht ganz so groß ist, sind das wunderschöne Gegenden, in denen Krankheiten selten sind.

Doch knapp unterhalb dieser Siedlungen – im Fall von Neuguinea auf rund 1400 Metern Höhe – erstrecken sich große Wälder, in denen niemand lebt, weil da die Malaria herrscht. In naher Zukunft wird die globale Erwärmung den Malariaerregern und ihren Überträgern, den *Anophe-*

les-Mücken, Zugang zu diesen hohen Gebirgstälern verschaffen, und dort werden sie Zehntausende von Menschen finden, die gegen die Krankheit keinerlei Abwehrkräfte entwickelt haben.

19. Wohin geht die Reise?

In der Vergangenheit konnten Arten Klimaumschwünge überleben, weil Berge hoch genug waren, Kontinente weit genug und der Wandel allmählich genug, sodass sie sich neue, passende Lebensräume suchen konnten. Der Schlüssel zum Überleben wird für Tiere und Pflanzen im 21. Jahrhundert darin liegen, ständig in Bewegung zu bleiben. Doch wie kann ihnen das gelingen?

Sollte die Temperatur in Australien in diesem Jahrhundert um lediglich 3 °C steigen, würde beispielsweise die Hälfte der australischen Eukalyptus-Arten außerhalb ihrer gegenwärtigen Temperaturbereiche wachsen. Wenn sie das überleben sollen, müssen sie wandern, doch zahllose Barrieren, darunter der Südpazifik und von Menschen umgestaltete Landschaften, versperren ihnen den Weg.

Die Sukkulenten der südafrikanischen Karru-Steppe umfassen 2500 Pflanzenarten, die man sonst nirgends findet. Das ist die reichste Flora trockener Zonen auf der Erde, und sie ist wegen der Schönheit ihrer Frühlingsblüte berühmt, die von den spärlichen Winterregen abhängt. Wohin sollen diese Pflanzen ausweichen, wenn sich das Klima ändert? Im Süden und Osten – in der Richtung, in die der Klimawandel sie treiben würde – liegt das Kap-Faltengebirge, dessen Beschaffenheit und Böden für die Pflanzen aus der Karru ungeeignet sind. Computersimulationen zeigen auf, dass 99 Prozent der Karru bis 2050 verschwunden sein werden.

Südlich des Kap-Faltengebirges folgt das wunderbare Fynbos-Buschland, das zu den sechs Florenreichen der

Erde zählt und die größte Pflanzenvielfalt außerhalb der Regenwälder aufweist. Die Pflanzen sind kaum mehr als kniehoch, aber von außergewöhnlicher Form. Die Binsen tragen leuchtende, glockenförmige Blüten, deren Nektar von kräftig bunten Netzfliegen mit zwei Zentimeter langen Saugrüsseln, die sie tief in die Glocken stecken, gefressen wird. Steinige Abhänge zieren buschige Silberbaumgewächse voller sternförmiger lila Blüten von Untertassengröße, und die Unmassen von Schmetterlingsblütlern, Gänseblümchenartigen und Verwandten der Schwertlilie scheinen kein Ende zu nehmen.

Eingerahmt vom Ozean an der Südspitze des Kontinents ist das Fynbos-Buschland ein Naturparadies. Aber ihm sind Grenzen gesetzt. Wenn die Erde wärmer wird, geht bis 2050 mehr als die Hälfte seines Verbreitungsgebiets verloren.

In den verschiedenen Heidelandschaften des australischen Südwestens wachsen über 4000 Blütenpflanzen-Arten. Bei nur einem halben Grad zusätzlicher Erwärmung werden die 15 Arten von Säugetieren und Fröschen, die ausschließlich in dieser Region vorkommen, auf winzige Resthabitate beschränkt sein oder aussterben.

Für die Artenvielfalt hätte die globale Erwärmung zu keinem schlechteren Zeitpunkt kommen können. Wenn es in der Vergangenheit zu abrupten Klimawechseln kam, wichen Bäume, Vögel und Insekten auf der Suche nach für sie geeigneten Lebensbedingungen kreuz und quer über die Kontinente aus. In der jetzigen Welt mit ihren 6,5 Milliarden Menschen ist so etwas nicht mehr möglich. Heute beschränkt sich die Artenvielfalt in der Mehrzahl auf Naturschutzgebiete und Wälder.

Weil der amerikanische Westen immer trockener wird,

der Meeresspiegel steigt und die Zahl der Stürme zunimmt, werden die Winterhabitate für ziehende Watvögel in Nordamerika erheblich kleiner. Wärmere Flüsse bedeuten, dass die Zahl der Lachse abnehmen wird, und im Nordatlantik folgen die für den Fischfang bedeutsamen Arten bereits dem kalten Wasser nach Norden und in die Tiefe.

2005/06 wurde der Wandel bereits deutlich. Der Fraser River im kanadischen British Columbia ist einer der weltweit wichtigsten Laichgründe für Lachse. In sechs der letzten 15 Jahre war sein Wasser zu warm für sie. Höhere Temperaturen in den Gewässern vor British Columbia haben zudem dazu geführt, dass die Zahl jener kleinen Krebstiere, die die Basis der Nahrungskette bilden, eingebrochen ist. Das wiederum bewirkte einen Mangel an Fischen und anderen Meeresbewohnern, was schwerwiegende Folgen für die größeren Tiere bedeutete.

Der Aleutenalk ist ein kleiner Schwimmvogel, dessen wichtigste Brutkolonie auf Triangle Island vor British Columbia liegt. 2005 brüteten eine Million Vögel hier, doch es gab so wenig zu fressen für sie, dass – soweit bekannt – kein einziges Küken überlebt hat. Einen derartigen Fehlschlag beim Brüten hat es in den vielen Jahrzehnten, in denen diese Vögel beobachtet werden, noch nie gegeben.

Walbeobachter stellten fest, dass die Buckelwale, die entlang der Küste von British Columbia nach Hawaii ziehen, aufgrund von Hunger Missbildungen aufwiesen. Kurz danach beobachteten Taucher im Winterquartier vor Hawaii verblüfft, dass die Wale dort im praktisch nährstofflosen Wasser zu fressen versuchten. Den Biologen, der all dies erfahren muss, erinnert die Situation höchst ungut an die Lage der Goldkröte 1987.

Die Tierwelt Mexikos wird unter Hitze, Dürre und Unwettern leiden, was zum Sterben vieler Arten führt. Dieselben Entwicklungen, erklären Botaniker, gefährden ein Drittel der europäischen Pflanzenarten ernstlich. Wo die Landmasse kleiner ist, sieht es noch düsterer aus. Viele Vögel auf den Pazifikinseln werden über die Grenzen ihrer Belastbarkeit hinausgetrieben, und bei allen Lebensformen, von Bäumen bis zu Insekten, wird es zum Artensterben kommen. Der Krüger-Nationalpark in Südafrika ist zwar fast so groß wie Israel, aber zwei Drittel seiner Arten drohen verloren zu gehen.

Stell dir vor, was passiert, wenn das Klima von Washington oder Frankfurt am Main eher dem des heutigen Miami oder Algier ähnelt. Überleg, was dieser Wandel für die Wälder, Vögel und die anderen Tiere *deiner* Heimat bedeutet. Dann kannst du dir ein umfassenderes Bild machen.

Zu diesem umfassenderen Bild gehören auch die tiefsten Stellen der Weltmeere. Auch von den Fischen, die dort leben, können wir etwas über den Klimawandel lernen. Wenn Meeresbiologen diese bizarren Kreaturen an die Oberfläche holen, sind diese Tiere bereits am Sterben. Schwarze, schöne Körper von Tiefseeanglerfischen liegen leblos da, ihr geheimnisvolles Leuchten ist nur noch ein Flackern. Räuber wie der Schwarze Zungenkiemer erbleichen und erbrechen ihre letzte Mahlzeit, die oft ein größerer Fisch war als der Zungenkiemer selbst. Binnen Minuten erlahmen die Bewegungen, und die Augen trüben sich. Der Druckunterschied bringt sie um, pflegten die Wissenschaftler zu erklären. In den Tiefen, in denen diese Wesen leben, ist die Kraft der kilometerhohen Wassersäule darüber so gewaltig, dass ein U-Boot auf der Stelle verbeult würde. Als Beweis für diese Theorie verwiesen die Experten auf jene wenigen Tiefseefische, die Schwimmblasen haben. Sie kommen völlig entstellt an die Oberfläche. Ihre Luftsäcke sind, weil sich das Gas ausdehnt, so angeschwollen, dass ihre Körper bis zum Zerplatzen gespannt sind. Trotz solcher grauenhafter »Beweise« wissen wir es inzwischen besser.

Beiß in deiner Phantasie die Zähne zusammen und schnappe dir einen Tiefseeangler, der gerade aus einer Tiefe von drei Kilometern hochgeholt worden ist. Glaub mir, das ist der hässlichste Fisch, den es gibt. Dann wirf seinen schwarzen, sackähnlichen und mit Fäden bedeckten Körper in einen Kübel Eiswasser. Nun warte ab.

Binnen Minuten kehrt das Leben in seinen Körper zurück, seine großen, zähnebewehrten Kiefer schnappen, und die mit Fäden besetzte »Angelrute«, die zwischen seinen Augen hochragt, beginnt zu zucken. Sein Leben war, so wird deutlich, nicht von Unterdruck, sondern von Wärme bedroht. In der Tiefe, die er bewohnt, liegt die Temperatur um null Grad. Selbst Wassertemperaturen, die uns binnen Minuten erfrieren ließen, sind für diese Fische verheerend warm.

Die Struktur der Weltmeere ist für unser Klima entscheidend. Es gibt drei Schichten, die sich durch ihre Temperaturen unterscheiden. In den obersten 100 Metern findet sich die größte Bandbreite. In der Nähe der Pole kann die Temperatur unter null liegen, während sie am Äquator 30 °C überschreiten kann.

Je tiefer man unter dieser vertrauten, lichtdurchfluteten Welt vordringt, desto mehr sinkt auch die Quecksilbersäule des Thermometers. Bei rund einem Kilometer wird das ozeanische Tiefenwasser erreicht, und das ist von dort bis nach ganz unten von bemerkenswert gleichförmiger Temperatur: Sie schwankt zwischen −0,5 °C (wegen des Salzgehalts gefriert das Wasser unter dem Nullpunkt nicht) und +4 °C. Der größte Teil des Wassers in diesem Reich der Dunkelheit kommt aus der Antarktis, wo es von submarinen Strömungen bis nahe dem Gefrierpunkt abgekühlt wurde.

Wenn wir unseren Planeten weiterhin aufheizen, werden die faszinierenden Tiefseebewohner letztlich zu Tode erhitzt. Aber für sie besteht auch noch eine andere Gefahr, die zuerst dort auftreten wird, wo das eisige Wasser der Meerestiefen an die Oberfläche steigt: in der Nähe der Pole. Wenn die Ozeane immer mehr CO_2 aufnehmen, versauern sie. Das CO_2 reagiert mit den im Wasser vorhandenen Carbonaten. Deshalb kann der Fall eintreten, dass der Carbonatgehalt unter den Wert sinkt, bei dem er noch von Schalen bildenden Tieren wie Austern, Krebsen und Garnelen genutzt werden kann. Da es ihnen unmöglich wird, ihre Schutzhüllen zu erhalten, sterben sie.

Die Wissenschaftler gingen davon aus, dass die zunehmende Versauerung in den nächsten paar hundert Jahren noch kein großes Problem darstellen würde. Aber 2005 zeigte eine neue Untersuchung, dass sich die Lage entschieden verschlimmert hat. In gefährdeten Gebieten wie dem Nordpazifik kann es schon in den nächsten Jahrzehnten zu gefährlich saurem Wasser kommen. Das ist eine wahrhaft furchterregende Aussicht, denn diese Übersäuerung würde das Ökosystem der Weltmeere schwer schädigen und uns eine wichtige Nahrungsquelle nehmen.

Wenn wir wollen, dass auch künftige Generationen noch den Geschmack von Garnelen und Austern kennenlernen, müssen wir den CO_2-Ausstoß jetzt begrenzen.

Übrigens: Das Problem der Versauerung hat nichts mit der globalen Erwärmung zu tun. Deshalb sollte es selbst jene zutiefst beunruhigen, die die Tatsache des Klimawandels in Abrede stellen.

Wenn wir jetzt reagieren, können wir viele Arten im Wasser wie an Land retten. Einige Wissenschaftler glauben, dass bei der geringsten (unausweichlichen) globalen Erwärmung – zwischen 0,8 und 1,7 °C – rund 18 Prozent der heute lebenden Arten zum Untergang verdammt sind. Das ist eine von fünf Arten.

Bei einer Erwärmung im mittleren Bereich – 1,8 bis 2,0 °C – wird rund ein Viertel aller Arten verschwinden, während bei einem Temperaturanstieg von über 2 °C mehr als ein Drittel aussterben wird.

Ob man es glauben mag oder nicht, das sind noch gute Nachrichten: Bei diesen Vorhersagen ist man davon ausgegangen, dass die Arten wandern können. Aber welche Möglichkeiten hat ein Silberbaumgewächs, sich in den dicht besiedelten Küstenebenen der südafrikanischen Kapprovinz auszubreiten, oder ein Löwenäffchen, die landwirtschaftlichen Nutzflächen zu überqueren, die die atlantischen Regenwälder Brasiliens fast völlig verdrängt haben?

Für Arten, die nicht weiterziehen können, ist die Wahrscheinlichkeit des Aussterbens ungefähr doppelt so groß. Das bedeutet, am oberen Ende des vorhergesagten Temperaturanstiegs sind über die Hälfte (58 Prozent) aller Arten dem Untergang preisgegeben.

So wie es aussieht, ist angesichts der heute vorhandenen Menge an Treibhausgasen ohne jedes menschliche Zutun zumindest eines von fünf Lebewesen auf diesem Planeten zum Aussterben verdammt. Wenn wir nicht sofort etwas ändern, werden mit hoher Wahrscheinlichkeit zu Beginn des nächsten Jahrhunderts drei von fünf Arten ausgelöscht sein.

Der World Wildlife Fund, der Sir Peter Scott Trust und die Nature Conservancy arbeiten seit Jahrzehnten dafür, relativ wenige – im Verhältnis zu den absoluten Zahlen – Arten zu retten. Nun sieht es aber danach aus, dass Zigtausende hinweggefegt werden, wenn man den Ausstoß von Treibhausgasen nicht reduziert.

Das müssen wir uns immer vor Augen halten: Wenn wir jetzt handeln, können wir wenigstens vier von fünf Arten retten.

20. Die drei Umkipppunkte

Den Wissenschaftlern sind vor allem drei Ereignisse bekannt, die unser Klima umkippen lassen können: die Verlangsamung oder das Versiegen des Golfstroms, das Verschwinden der Amazonas-Regenwälder und die explosionsartige Freisetzung von Methan vom Meeresgrund.

Alle drei Ereignisse tauchen in den virtuellen Welten der Computermodelle auf, und es gibt einige geologische Hinweise, dass jedes von ihnen im Verlauf der Erdgeschichte schon einmal passiert ist. Angesichts der gegenwärtigen Geschwindigkeit und Richtung der Veränderungen ist es gut möglich, dass von diesen Ereignissen eins, zwei oder vielleicht alle drei noch in diesem Jahrhundert eintreten können. Was führt zu diesen schlagartigen Klimawechseln, was sind die Warnzeichen und wie wirken sie sich wohl auf uns aus?

SZENARIO 1
Das Versiegen des Golfstroms
Der Golfstrom hat für die Länder rings um den Atlantik eine enorme Bedeutung. 2003 gab das Pentagon einen Bericht in Auftrag, der umreißt, was es für die Sicherheit der USA bedeuten würde, wenn der Golfstrom versiegen sollte. Sinn der Untersuchung war, wie es die Autoren formulierten, »sich das Undenkbare vorzustellen«.

In ihrem Szenario verlangsamt sich der Golfstrom, weil infolge der Eisschmelze mehr Süßwasser in den Nordatlantik gelangt. Bis 2010 würde sich unser Planet noch weiter erwärmen, aber dann käme es zu einem dramatischen

Umschlagen – einem »magischen Tor«, durch das sich das Weltklima abrupt ändern würde.

Für 2010 sagt der Pentagon-»Wetterbericht« dann anhaltende Dürre in wichtigen landwirtschaftlichen Gebieten und einen durchschnittlichen Temperatursturz um mehr als 3 °C für Europa, knapp unter 3 °C für Nordamerika sowie einen Anstieg um 2 °C für Australien, Südamerika und Südafrika voraus.

Der Bericht geht davon aus, dass die Nationen im Angesicht der Katastrophe nicht zusammenarbeiten werden: Großen Hungersnöten werden massenhafte Wanderungsbewegungen folgen. So unterschiedliche Regionen wie Skandinavien, Bangladesch und die Karibik werden ihre Bevölkerung nicht mehr ernähren können. Bei dem sich daraus ergebenden Gerangel um Ressourcen werden neue politische Bündnisse geschmiedet werden. Und es wird wahrscheinlich Krieg geben.

Wenn in den Jahren 2010 bis 2020 die Energie- und Wasservorräte knapp werden, dürften sich Australien und die USA zunehmend darauf verlegen, ihre Grenzen dichtzumachen, um die wandernden Horden aus Asien und der Karibik fern zu halten. Die Europäische Union, besagt der Bericht, könnte zwei mögliche Wege beschreiten: Entweder schließt sie sich zum Schutz ihrer Außengrenzen noch fester zusammen, oder sie bricht unter inneren Streitigkeiten auseinander und versinkt im Chaos.

2004 schilderte der Hollywood-Katastrophenfilm *The Day after Tomorrow* gleichfalls, was passiert, wenn der Golfstrom versiegt. Aus dramaturgischen Gründen ist der zeitliche Verlauf des Zusammenbruchs stark verkürzt, und die Veränderungen sind noch viel ungeheuerlicher als die in dem Pentagon-Bericht.

Inzwischen arbeiten Wissenschaftler daran, die Folgen eines Golfstrom-Zusammenbruchs für die Artenvielfalt insgesamt abzuschätzen – und die *sind* katastrophal. Wenn die Strömungen keinen Sauerstoff mehr in tiefere Schichten tragen, wird das Leben im Nordatlantik um 50 Prozent zurückgehen, und weltweit wird es in den Ozeanen um über 20 Prozent abnehmen.

Wie wahrscheinlich ist es, dass der Golfstrom im Verlauf dieses Jahrhunderts versiegt? Wie sähen die Warnsignale aus?

Der Golfstrom ist die schnellste Meeresströmung der Welt, und er ist sehr vielschichtig. Auf ihrem Weg nach Norden spalten sich seine Wasser in eine Reihe von Strudeln und Nebenströmungen auf. Die hier fließende Wassermenge ist einfach unglaublich. Meeresströmungen werden, wie gesagt, in Sverdrup gemessen: Ein Sverdrup entspricht einem Durchfluss von einer Million Kubikmeter Wasser pro Sekunde. Im Durchschnitt beträgt die Stärke des Golfstroms rund 100 Sverdrup – was dem Hundertfachen des Amazonas entspricht.

In seinem nördlichen Abschnitt ist der Golfstrom weit wärmer als das Wasser in seiner Umgebung. Zwischen den zu Dänemark gehörenden Färöer-Inseln und Schottland beispielsweise beträgt seine Temperatur milde 8 °C, die des sonstigen Wassers jedoch liegt am Nullpunkt. Seine Wärme bezieht der Golfstrom aus dem tropischen Sonnenlicht im Mittelatlantik, und er ist ein höchst wirkungsvolles Transportmittel dafür, denn ein Kubikmeter Wasser kann 3000 Kubikmeter Luft erwärmen.

Im Nordatlantik gibt der Golfstrom seine Wärme ab, und das Klima von Europa wird dadurch um so viel wärmer, als würde der Kontinent ein Drittel mehr Sonnenlicht abbekommen.

Wenn das Wasser des Golfstroms seine Wärme verloren hat, sinkt es und bildet mitten im Ozean einen riesigen Wasserfall. Dieser Wasserfall ist das Kraftwerk aller Meeresströmungen auf unserem Planeten. Doch die Geschichte zeigt uns, dass er mehrfach unterbrochen wurde. Süßwasser unterbricht den Golfstrom, weil es dessen Salzgehalt verringert und somit verhindert, dass das Wasser in die Tiefe sinkt. Dadurch kommt weltweit die Zirkulation in den Ozeanen zum Stillstand. Allerdings sind dafür einige Sverdrup oder mehr an Süßwasser erforderlich. Doch der gefrorene Norden enthält genügend Eis, um beim Schmelzen eine solche Flüssigkeitsmenge zu liefern, und dazu müssen wir noch die zunehmenden Niederschläge überall in der Region addieren.

In den Tropen wird der Atlantik in allen Tiefen immer salziger, während er am Nord- und Südpol immer mehr Süßwasser aufweist. Diese Veränderung ist auf eine vermehrte Verdampfung am Äquator und stärkere Niederschläge in der Nähe der Pole zurückzuführen. Nachdem die Wissenschaftler in anderen Ozeanen ähnliche Veränderungen festgestellt hatten, wurde ihnen klar, dass irgendetwas – höchstwahrscheinlich der Klimawandel – die Verdunstungs- und Niederschlagsraten der Welt um fünf bis zehn Prozent angehoben hat.

Der zunehmende Salzgehalt in den Tropen könnte zu einer vorübergehenden Beschleunigung des Golfstroms führen, auf die dann sein Versiegen folgen würde. Das ist so, weil die zusätzlich zu den Polen transportierte Wärme mehr Eis schmelzen und damit dem Nordatlantik mehr Süßwasser zuführen würde, bis das gesamte System zusammenbräche.

Wie schnell könnte das geschehen? Eisbohrkerne aus Grönland lassen darauf schließen, dass es bei früheren Verlangsamungen des Golfstroms auf der Insel zu einem massiven Temperaturrückgang um 10 °C innerhalb von nur zehn Jahren kam. Vermutlich erlebte ganz Europa eine ähnlich rasche Veränderung, auch wenn dazu keine genauen Klimadaten erhalten sind, die uns das sagen könnten.

Es ist möglich, dass wir binnen weniger Winter extreme Temperaturstürze in Europa und Nordamerika zu spüren bekommen, falls der Golfstrom langsamer wird.

Wann könnte sich so ein Ereignis einstellen? Einige Klimatologen glauben, sie hätten bereits erste Anzeichen für ein Versiegen entdeckt. Doch nicht alle stimmen dem zu. Die Wissenschaftler des Hadley Centre in England bewerten die Wahrscheinlichkeit einer größeren Störung des Golfstroms in diesem Jahrhundert mit höchstens fünf Prozent. Ihre Hauptsorge gilt Geschehnissen am Amazonas, die sich sogar noch katastrophaler auswirken könnten.

SZENARIO 2
Das Verschwinden der Amazonas-Regenwälder
Eines der Computermodelle des Hadley Centre trägt den Namen TRIFFID (Top-down Representation of Inactive Foliage and Flora Including Dynamics). Damit wurde berechnet, dass die Pflanzen – vor allem im Amazonasbe-

cken – beginnen, sich ungewöhnlich zu verhalten, wenn die CO_2-Menge in der Atmosphäre zunimmt.

Die Pflanzen am Amazonas sind sozusagen ihre eigenen, sehr effektiven Regenmacher. Das von ihnen verdunstete Wasser stellt eine so ungeheure Menge dar, dass es Wolken bildet, deren Feuchtigkeit wieder als Regen fällt, nur um abermals verdunstet zu werden – und das immer und immer wieder. Doch CO_2 hat entscheidende Auswirkungen auf die pflanzliche Verdunstung. Pflanzen wollen im Allgemeinen ihr Wasser natürlich nicht in Form von Dampf verlieren, denn es hat ihnen einige Mühe bereitet, es von den Wurzeln bis in die Blätter zu pumpen. Aber es ist unvermeidlich, dass sie etwas davon verlieren, wann immer sie die Spaltöffnungen ihrer Blätter (Stomata) zum Atmen öffnen. Das geschieht, um CO_2 aus der Atmosphäre zu gewinnen, und sie lassen ihre Stomata nur so lange offen wie nötig.

Wenn also die CO_2-Menge steigt, öffnen die Pflanzen der Amazonas-Regenwälder ihre Stomata für immer kürzere Zeit. Dadurch verringert sich auch die Verdunstung. Und bei weniger Verdunstung gibt es auch weniger Niederschläge.

Die TRIFFID-Ergebnisse lassen darauf schließen, dass um 2100 die CO_2-Menge so weit gestiegen sein wird, dass die Regenfälle am Amazonas drastisch abgenommen haben, wobei 20 Prozent des Rückgangs den geschlossenen Stomata zuzuschreiben sind. Der Rest des Rückgangs wird den Vorhersagen des Modells zufolge auf eine ständige Dürre zurückzuführen sein, die sich im Lauf der Erwärmung unseres Planeten ausbildet.

Statt der fünf Millimeter Regen, die heute durchschnittlichen pro Tag fallen, wird es 2100 nur noch zwei Millimeter täglich geben, und im nordöstlichen Amazonasbecken werden die Niederschläge sogar auf fast null zurückgehen. Diese Bedingungen, die mit einem durchschnittlichen Temperaturanstieg von 5,5 °C einhergehen, werden das Verschwinden der Amazonas-Regenwälder unausweichlich machen. Bereits eine geringe Temperaturänderung kann die Böden von CO_2-Lagern zu CO_2-Quellen im großen Stil machen. Wenn der Boden wärmer wird, beschleunigt sich die Zersetzung, und es wird viel CO_2 freigesetzt. Das ist das klassische Beispiel für eine positive Rückkopplung: Steigende Temperaturen führen zu einer starken Zunahme des CO_2 in der Atmosphäre, was wiederum die Temperaturen weiter steigen lässt. Fällt das schützende Blätterdach des Regenwaldes weg, heizen sich die Böden noch stärker auf und zersetzen sich noch schneller, was nochmals mehr CO_2 freisetzt.

Dies bedeutet eine massive Störung des Kohlenstoffzyklus. Die Einlagerung von Kohlenstoff in lebende Pflanzen wird um 35 Gigatonnen vermindert, die in Böden um 150 Gigatonnen. Das sind gewaltige Zahlen – in der Summe rund acht Prozent allen Kohlenstoffs, der in den Pflanzen und in den Böden der Welt gespeichert ist!

Letztlich kann diese Reihe von positiven Rückkopplungen dazu führen, dass die Erdatmosphäre um 2100 nahezu 1000 Teile CO_2 pro Million aufweisen wird. Heute sind es 380 Teile pro Million, und wir müssen jetzt handeln, um eine Stabilisierung bei 550 Teilen erreichen zu können.

Dieses Computermodell sagt die Zerstörung des Amazonas-Beckens voraus. Die Temperaturen werden um 10 °C steigen. Der größte Teil des Waldbestands wird durch Gräser, Sträucher und bestenfalls Savanne mit einem gelegentlichen Baum dazwischen ersetzt. Weite Gebiete werden jedoch so heiß und verbrannt sein, dass sie noch nicht einmal diesen restlichen Bewuchs ernähren können und sich in eine unfruchtbare Wüste verwandeln.

Wann könnte all dies eintreten? Wenn das Modell richtig ist, müssten wir um 2040 erste Anzeichen für einen Zusammenbruch der Regenwälder sehen.

Bis zum Ende des Jahrhunderts müsste der Prozess dann abgeschlossen sein. Die Hälfte des dann waldlosen Gebiets wird Grassteppe, die andere Hälfte Wüste sein.

Besonders erschreckend an diesem Szenario ist, dass der Klimawandel am Amazonas den globalen ganz erheblich beschleunigen wird.

SZENARIO 3
Die Methanfreisetzung vom Meeresgrund

»Clathrat« ist von lateinisch *clatratus*, »vergittert« abgeleitet, und der Name bezieht sich auf Methanmoleküle, die in winzigen »Käfigen« aus Eiskristallen gefangen sind. Clathrate werden auch als »Eis, das brennt« bezeichnet. Sie enthalten viel Gas unter hohem Druck, und deswegen zischen und platzen an die Oberfläche geholte Stücke dieser eisigen Substanz, und wenn man sie anzündet, brennen sie.

Ungeheure Mengen von Clathraten lagern überall auf der Welt unten am Meeresgrund – in Energieeinheiten gemessen vielleicht doppelt so viel wie alle anderen fossilen Brennstoffe zusammen. In festem Zustand bleiben die Clathrate am Meeresboden einzig wegen des Drucks der Wassersäule darüber und wegen der Kälte. Die meisten

Clathrate liegen in mehreren Kilometern Tiefe, große Mengen finden sich aber auch im Nordpolarmeer, wo die Temperaturen selbst nahe der Oberfläche niedrig genug sind, um sie stabil zu halten.

Es ist bezeichnend für den grenzenlosen Einfallsreichtum des Lebens, dass einige Meereswürmer sich von dem Methan in den Clathraten ernähren. Sie leben in Gängen unter der Eismasse, die sie für ihren Energiebedarf »abbauen«. Da weltweit auf dem Meeresboden zwischen 10 000 und 42 000 Billionen Kubikmeter von dem Zeug herumliegen (zum Vergleich: An verwertbarem Erdgas gibt es 368 Billionen Kubikmeter), ist es kein Wunder, dass sowohl Würmer als auch die Energiewirtschaft in diesem merkwürdigen Material eine Zukunft sehen.

Sollte je der Druck von den Clathraten genommen werden oder die Temperatur am Boden der Tiefsee oder im Nordpolarmeer steigen, könnten gigantische Mengen Methan freigesetzt werden. Paläontologen vermuten mittlerweile, dass eine Freisetzung von Clathraten für das größte Artensterben aller Zeiten verantwortlich war.

Vor 245 Millionen Jahren starben rund neun von zehn der damals auf der Erde lebenden Arten aus. Dieses sogenannte Perm-Trias-Massenaussterben riss eine frühe Form säugetierähnlicher Kreaturen mit sich und ebnete damit der Herrschaft der Dinosaurier den Weg.

Viele glauben, dass das Massensterben durch Ausbrüche der sibirischen Trapp-Vulkane (die die größten bekannten Basaltplateaus schufen) eingeleitet wurde. Dabei wurden große Mengen von Lava, CO_2 und Schwefeldioxid freigesetzt. Das dürfte weltweit zu einem durchschnittlichen Temperaturanstieg von zunächst rund 6 °C und weit verbreitetem sauren Regen geführt haben, wodurch weiterer Kohlenstoff freigesetzt wurde. Die daraufhin immer weiter steigenden Temperaturen lösten die Freisetzung ungeheurer Mengen Methan aus dem tauenden Boden der Tundra und aus den Clathraten am Meeresgrund aus. Diese explosive Kraft, die das Klima veränderte, liegt jenseits jedes Vorstellungsvermögens.

Bei zwei von diesen Szenarien – dem Verschwinden der Amazonas-Regenwälder und der Freisetzung von Clathraten – wirken positive Rückkopplungen: Ein Wandel baut sich auf dem anderen auf und führt zu noch stärkeren Veränderungen. Doch es gibt noch eine weitere positive Rückkopplung. Sie ist bereits am Werk und könnte der Ausgangspunkt für weitere Veränderungen sein.

Im Verlauf unserer gesamten Geschichte haben wir ständig darum gekämpft, in angenehmen Temperaturen zu leben, was, in Zeit und Energie ausgedrückt, sehr kostspielig ist. Man denke nur an die Hunderte von kleinen Körperbewegungen und -verlagerungen, die wir Tag und Nacht vollführen, an das An- und Ausziehen von Mänteln, Hüten und so weiter. Auch beim Hauskauf – unserer größten persönlichen Ausgabe – geht es in erster Linie darum, unser privates Klima zu regulieren. In den USA werden 55 Prozent aller Energie für das Heizen und die Klimatisierung der Häuser aufgewendet – das Heizen allein kostet die Amerikaner 44 Milliarden Dollar pro Jahr.

Wenn unsere Welt aufgrund des Klimawandels immer ungemütlicher wird, wird die Nachfrage nach Klimaanlagen steigen. Bei Hitzewellen können sie buchstäblich über Leben und Tod entscheiden. Doch solange wir keine neuen Wege bei der Stromgewinnung einschlagen, wird das Bedürfnis nach Klimatisierung durch den Einsatz fossiler Brennstoffe befriedigt – was eine sehr starke positive Rückkopplung darstellt.

Während die globale Erwärmung immer schneller wird, hocken wir in unseren Häusern, umklammern die Fernbedienung unserer Klimaanlage und setzen immer noch mehr Treibhausgase frei. Bereits heute ist die Nachfrage nach Klimaanlagen in den USA oder in Australien ungeheuer – in Ländern, in denen bis vor kurzem die Bauvorschriften hinsichtlich der Energieeinsparung erschreckend lax waren.

Werden wir, um unsere Häuser zu kühlen, letzten Endes unseren Planeten kochen? Werden Klimaanlagen eine der Ursachen für das Verschwinden der Amazonas-Regenwälder oder das Versiegen des Golfstroms sein?

21. Das Ende der Zivilisation?

Unsere Zivilisation baut auf zwei Grundlagen auf: unserer Fähigkeit, genügend Nahrungsmittel zu erzeugen, um eine große Anzahl von Menschen zu ernähren, die sich anderen Aufgaben als der Nahrungsgewinnung widmen, und unserer Fähigkeit, in Gruppen zu leben, die groß genug sind, um Einrichtungen wie unsere Parlamente, Gerichtshöfe oder Schulen und Universitäten zu unterhalten. Wir sind in Städten und Staaten organisiert, und vom lateinischen *civis*, »Mitbürger«, leitet sich der Begriff der Zivilisation ab. Heute bilden sehr große Städte den Kern unserer globalen Gesellschaft. Sie mögen gigantisch erscheinen, doch es sind zugleich verletzbare Einheiten, die ihre Grundversorgung – Essen, Wasser und Energie – von außerhalb beziehen.

In ihrer Vielschichtigkeit ähneln unsere Städte Regenwäldern.

In Städten ist so gut wie jeder Beruf spezialisiert: Bloß »Sekretärin« zu sein reicht nicht mehr – man muss schon Notariatssekretärin oder Chefarztsekretärin oder etwas in der Art sein. Und ein Mediziner bringt es weiter, wenn er kein einfacher praktischer Arzt ist, sondern Sportorthopäde, Proktologe oder Spezialist für Geriatrie. Das ist die menschliche Entsprechung zu einem Leben als Regenwald-Art wie dem *matanim*-Kuskus oder der Goldkröte. Nur in einem Regenwald gibt es genug beständigen Nachschub an Energie und Feuchtigkeit, um solche spezialisierten Wesen gedeihen zu lassen.

Wenn wir einem Regenwald auch nur für kurze Zeit das Wasser oder das Sonnenlicht wegnehmen, wird er, wie wir gesehen haben, aller Wahrscheinlichkeit nach zusammenbrechen, und seine hochspezialisierten Bewohner werden aussterben. Machen wir ein Gedankenexperiment. Denk an eine Großstadt, die du gut kennst, und stell dir vor, wie es wäre, wenn ihre Bewohner eines Morgens aufwachten und feststellen müssten, dass kein Wasser mehr aus den Hähnen kommt. Keine Kleidung könnte gewaschen werden, keine Toilettenspülung würde funktionieren, Dreck würde sich ansammeln, und die Menschen würden sehr schnell unter Durst leiden. Und stell dir vor, was passiert, wenn der Benzin- und Dieselnachschub ausbliebe: Lebensmittel könnten nicht mehr geliefert, Müll nicht abgeholt werden, und die Menschen könnten nicht an ihre Arbeitsplätze kommen.

Könnte der Klimawandel die Ressourcen bedrohen, die Städte zum Überleben brauchen? Der Physiker Stephen Hawking hat gesagt, dass ein tausendjähriger CO_2-Anstieg die Oberfläche unseres Planeten zum Kochen bringen würde und die Menschen dann woanders Zuflucht suchen müssten. Das ist ein extremer Standpunkt. Eher im Mittelfeld liegen die Ansichten von Jared Diamond, der den Bestseller *Kollaps* geschrieben hat. Er stellte fest, dass der Hauptgrund, warum sogar vielschichtige, des Schreibens kundige Gesellschaften wie die der Maya in Mittelamerika untergingen, darin lag, dass sie zu viele ihrer Ressourcen verbrauchten.

Ein rapider Klimaumschwung könnte unsere globale Gesellschaft einem vergleichbaren Druck aussetzen, denn

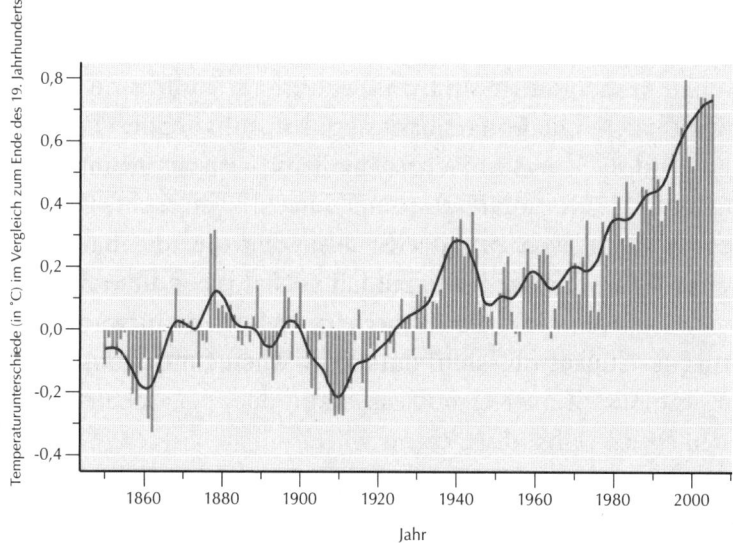

Jahr

Die durchschnittlichen globalen Temperaturen von 1850 bis 2005. Fünf der sechs heißesten Jahre traten nach 2000 auf.

dabei würden die Nachschubquellen für Wasser und Lebensmittel verlagert und auch deren Menge verändert.

Der Klimawandel kann zu vermehrten Klimaschwankungen führen, sodass es kaum möglich ist, das Wetterverhalten auf kürzere oder längere Sicht vorherzusagen. Ein gutes Beispiel für den Zusammenhang von Klimaschwankungen und menschlicher Bevölkerung bietet Australien. Unter den größeren Ländern ist dieser Staat einzigartig, denn hier gibt es nur sehr kleine Siedlungen und sehr große Städte. Ortschaften mittlerer Größe, die woanders auf der Welt die Mehrzahl bilden, fehlen fast völlig. Das ist eine Folge des Kreislaufs von Dürrezeiten und Überschwemmungen, der für das Klima hier typisch ist.

Kleine regionale Bevölkerungszentren haben in Australien überlebt, weil sie Dürreperioden durchhalten können. Und Großstädte haben überlebt, weil sie in die Weltwirtschaft eingebunden sind. Doch mittlere Städte sind verwundbar. Üblicherweise passiert bei anhaltender Dürre Folgendes: Zuerst machen die Landwirtschaftsmaschinen- und Automobilvertretungen ihre Läden dicht. Dann gehen der Apotheker, der Buchhändler und die Banken weg. Wenn die Dürre schließlich vorbei ist und die Menschen wieder Geld haben, kehren diese Geschäfte nicht zurück. Stattdessen fahren die Menschen zum Einkaufen in größere Zentren, und im Lauf der Zeit ziehen sie schließlich selbst dort hin.

Der Anteil der Leute, die in Städten leben, ist in Australien höher als in jedem anderen Land der Welt.

Das australische Beispiel zeigt, dass in der Tat Klimaschwankungen die Bildung von Städten gefördert haben. Der einzige Grund aber, warum Australiens Städte Zufluchtsorte vor Klimaschwankungen sind, ist, dass sie ihren Nachschub aus Gebieten beziehen, die größer sind als jene, die von den Dürreperioden und Überschwemmungen betroffen sind.

Der Klimawandel hingegen ist eine globale Angelegenheit: Die gesamte Erde wird von Klimaänderungen und extremen Wetterbedingungen von immer größerem Ausmaß betroffen sein. Da bleiben dann auch die australischen Städte nicht verschont.

Das Wasser wird die erste lebenswichtige Ressource sein, bei der sich die Folgen zeigen. Es ist schwer, muss aber billig sein, und daher bringt es wenig Gewinn, Wasser über große Entfernungen zu transportieren. Also besorgen sich die meisten Städte ihren Wasservorrat in der Nähe, in Einzugsgebieten, die klein genug sind, dass selbst ein gering ausgeprägter Klimawandel schon Auswirkungen haben kann. Lebensmittel wie Getreide lassen sich dagegen leicht transportieren und werden oft von weit her herbeigeschafft. Das bedeutet, dass nur wirklich globale Ernteausfälle zu einer Verknappung in den Großstädten der Welt führen würden.

In den letzten zehn Jahren haben Trockenheit und ungewöhnlich heiße Sommer die weltweiten Getreideerträge sinken oder stagnieren lassen, und in derselben Zeit hat sich die Zahl der Münder, die die Menschheit füttern muss, um rund 800 Millionen erhöht. Doch bislang konnten wir mit diesen relativ milden Auswirkungen des Klimawandels fertig werden.

Im Hinblick auf den Klimawandel gleichen Städte eher Pflanzen als Tieren: Sie sind ortsfest und brauchen ein ausgeklügeltes Netzwerk, das die Versorgung mit den notwendigen Mengen Wasser, Lebensmittel und Energie sichert. Wir sollten wirklich besorgt sein, dass bereits ganze Wälder infolge des Klimawandels sterben, denn die Städte werden gleichermaßen zu sterben beginnen, wenn ihre Netzwerke die Grundversorgung nicht mehr leisten können. Die Gründe dafür können ständige Unwetter, der steigende Meeresspiegel und schwere Stürme, extreme Kälte oder Hitze, Trockenheit oder Überschwemmungen und sogar Seuchen sein.

Wir dürfen nicht vergessen, dass die entscheidende Verbindung unserer globalen Zivilisation der Seehandel ist – und der hängt von Häfen ab, die aufgrund des steigenden Meeresspiegels unbrauchbar werden könnten.

Könnte der Tag kommen, an dem in den Großstädten der Welt kein Wasser mehr aus den Hähnen läuft, keine Energie, keine Lebensmittel und keine Brennstoffe mehr zur Verfügung stehen?

Sollten wir einen abrupten Klimawechsel erleben, wäre es möglich, dass sich ein nahezu ewiger, trostloser Winter auf die Städte Europas und im Osten Nordamerikas legt, der das Getreide vernichtet und Häfen, Straßen und menschliche Körper gleichermaßen tiefgefriert. Vielleicht würde auch extreme Hitze aufgrund eines gigantischen CO_2- oder Methanausstoßes die Fruchtbarkeit der Meere wie des Landes zerstören.

Die Menschheit selbst würde einen solchen Zusammenbruch natürlich überleben, denn die Leute würden in kleineren, robusteren Gemeinschaften wie Dörfern oder Farmen weitermachen – also in Situationen, die eher an Laubwälder gemäßigter Zonen erinnern als an Regenwälder. In Kleinstädten leben relativ wenig Menschen, genau wie in gemäßigten Wäldern verhältnismäßig wenig Arten gedeihen, und die Bewohner beider sind zäh und vielseitig. Man denke nur an den Ahorn mit seiner laublosen dürren Winterform und seiner saftig grünen sommerlichen Erscheinung oder an das Bauernhaus mit eigenem Brunnen und Gemüsegarten. Diese Eigenschaften bedeuten, dass sowohl der Ahorn als auch die Bauernfamilie Zeiten des Mangels überstehen können, die eine Stadt oder einen Regenwald vernichten würden.

Die sichere Versorgung der Menschen mit Wasser, Lebensmitteln und medizinischen Dienstleistungen wird jedoch bereits von dem bescheidenen Klimawandel bedroht, zu dem es schon gekommen ist.

Wenn die Menschen in der ersten Hälfte dieses Jahrhunderts so weitermachen wie bisher, wird meiner Überzeugung nach der Zusammenbruch der Zivilisation aufgrund des Klimawandels unausweichlich.

Warum haben wir so wenig gegen die globale Erwärmung getan? Seit einigen Jahrzehnten wissen wir, dass der Klimawandel, den wir dem 21. Jahrhundert bescheren, von vergleichbarer Größenordnung ist wie der am Ende der letzten Eiszeit – und dass er dreißigmal schneller erfolgt. Wir wissen, dass der Golfstrom am Ende der letzten Eiszeit mindestens dreimal versiegte, dass der Meeresspiegel um mindestens 100 Meter stieg, dass vor dem langen Sommer, der vor 10 000 Jahren begann, Landwirtschaft unmöglich war.

Warum verschließen wir die Augen davor? Ist es die Angst, dem Schrecken ins Gesicht zu blicken und zu sagen: »Du bist meine Schöpfung«?

IV. Teil
Menschen in Treibhäusern

22. Die Ozongeschichte

Mittlerweile ist eine ganze Generation Kinder mit dem Wissen aufgewachsen, dass die Ozonschicht ein Loch hat und es deshalb doppelt wichtig ist, im Sommer eine Sonnenbrille und einen Hut zu tragen und sich mit Sonnenschutzmittel einzureiben. Das ist zwar ein Problem, das nichts mit dem CO_2-Anstieg zu tun hat, aber die Ozongeschichte zeigt uns, wie wir weltweit zusammenarbeiten können, um riesige Umweltprobleme zu lösen.

Was genau ist Ozon, und warum ist es wichtig? Der Sauerstoff, der unseren Körper am Leben hält, besteht aus zwei miteinander verbundenen Sauerstoffatomen, aber hoch oben in der Stratosphäre, zehn bis 50 Kilometer über unseren Köpfen, bringt die Ultraviolettstrahlung gelegentlich ein zusätzliches Sauerstoffatom dazu, sich dem Duo anzuschließen. Das Ergebnis ist ein himmelblaues Gas, das Ozon heißt.

Ozon ist instabil. Immer wieder verliert es das zusätzliche Atom, aber das Sonnenlicht erschafft ständig neue Trios. Somit bleibt die Menge in einer unbeschädigten Stratosphäre gleich – rund zehn Teile pro Million (eines von jeweils 100 000 Molekülen). Brächte man das gesamte Ozon aus der Stratosphäre herunter auf Meereshöhe, würde es eine bloß drei Millimeter dicke Schicht bilden.

Das Ozon ist der Sonnenschutz der Erde. Es hält rund 95 Prozent der Ultraviolettstrahlung ab, die zur Erde gelangt.

Ohne den hohen Sonnenschutzfaktor des Ozons würde die Ultraviolettstrahlung uns schnell umbringen, weil sie unser Erbgut schädigt und andere chemische Bindungen in den Zellen aufbricht.

Die Zerstörung der Ozonschicht begann, lange bevor irgendjemand etwas davon wusste. Im Jahr 1928 waren von der chemischen Industrie Fluorchlorkohlenwasserstoffe (FCKWs, so die Sammelbezeichnung für Chlorfluorkohlenstoffe, CFKs, und Fluorkohlenwasserstoffe, FKWs) entwickelt worden, die man sehr nützlich für Kühlzwecke, für die Herstellung von Styropor, als Treibgase in Spraydosen und in Klimaanlagen fand. Ihre bemerkenswerte chemische Stabilität (sie reagieren nicht mit anderen Stoffen) wiegte die Leute in Sicherheit, dass sie nur geringe Auswirkungen auf die Umwelt haben würden.

1975 schleuderten allein die Spraydosen 500000 Tonnen des Zeugs in die Atmosphäre, und 1985 belief sich der weltweite Verbrauch der Haupttypen von CFKs auf 1,8 Millionen Tonnen. Gerade ihre Stabilität war jedoch der entscheidende Faktor bei den von ihnen angerichteten Schäden, denn sie halten sich sehr lange in der Atmosphäre.

Das Chlor der CFKs ist für die Zerstörungen verantwortlich, denn es baut das Ozon ab. Ein einziges Atom kann 100000 Ozonmoleküle aufbrechen, und seine vernichtende Wirkung erreicht ihr Höchstmaß bei Temperaturen unter −43 °C. Deshalb zeigte sich das erste Ozonloch über dem Südpol, wo die Stratosphäre eisige −62 °C kalt ist.

Wissenschaftler fanden heraus, dass CFKs den Chlorgehalt der Stratosphäre auf das *Fünf*fache ihres vorherigen Werts angehoben hatten. Infolge des Lochs, das die CFKs in die Ozonschicht gerissen haben, ist bei den Menschen, die südlich des 40. Breitengrades leben, die Zahl der Hautkrebsfälle dramatisch gestiegen. Dazu gehören alle, die im Süden von Chile und Argentinien, auf Tasmanien und der Südinsel von Neuseeland leben. Punta Arenas in Chile liegt auf 53° südlicher Breite und ist die südlichste Stadt der Erde. Seit 1994 sind hier die Hautkrebsfälle um 66 Prozent in die Höhe geschossen. Selbst näher am Äquator – und dichter an den großen Ballungsräumen der Menschheit – sind die Veränderungen bei den Krebsfällen offensichtlich. In Amerika beispielsweise lag die Wahrscheinlichkeit, eine bösartige Hautgeschwulst zu bekommen, vor gerade mal 25 Jahren bei eins zu 250. Heute beträgt sie eins zu 84, und das ist mit auf die dünner gewordene Ozonschicht zurückzuführen.

Ultraviolettstrahlung schädigt außerdem das Immunsystem und die Augen. Wissenschaftler schätzen, dass die Menschen – und alle anderen Wesen, die Augen haben – mit jedem Prozent Rückgang der Ozonmenge eine Zunahme des grauen Stars um 0,5 Prozent erleben werden. Beim grauen Star trübt sich die Linse ein, und man wird schließlich blind. Da 20 Prozent aller Fälle von grauem Star auf UV-Schädigungen zurückzuführen sind, wird die Anzahl der durch grauen Star Erblindeten schnell steigen, vor allem bei jenen, die nicht die Mittel haben, sich zu schützen.

Die Folgen der steigenden Belastung durch UV-Strahlung werden sich im gesamten Ökosystem zeigen. Die mikroskopisch kleinen pflanzlichen Einzeller, die die Basis der ozeanischen Nahrungskette bilden, werden davon genauso in Mitleidenschaft gezogen wie die Brut vieler Fische von Anchovis bis zu Makrelen. Faktisch ist alles gefährdet, was sich in freier Natur bewegt. Auch die Landwirtschaft kann dem nicht entkommen. Die Ernteerträge von Erbsen und Bohnen beispielsweise gehen um ein Prozent pro zusätzlichem Hundertstel UV-Strahlung zurück.

In den siebziger Jahren warnten Wissenschaftler erstmals vor der Katastrophe, die der Welt ins Haus stand, aber es fehlten die endgültigen Beweise für den Zusammenhang zwischen CFKs und Ozonrückgang. Doch Farbbilder des Ozonlochs, die rund um die Welt über die Fernsehschirme flimmerten, überzeugten viele Menschen davon, dass Handeln Not tat, und sei es auch nur als Vorsichtsmaßnahme. Die Politiker wurden mit Briefen bombardiert, in denen ein CFK-Verbot gefordert wurde.

Die Firma DuPont war für den größten Teil der CFK-Produktion verantwortlich. Sie und andere Hersteller inszenierten eine umfangreiche PR-Kampagne, die darauf abzielte, den Zusammenhang zwischen ihren Produkten und dem Problem infrage zu stellen.

Doch die besorgte Öffentlichkeit ließ sich nicht beschwichtigen. Trotz des Protestgeheuls der Industrie wegen der Kosten trafen sich 1987 in Montreal die Vertreter vieler Länder und unterzeichneten ein Protokoll, mit dem sie sich verpflichteten, die schädlichen Chemikalien nach und nach abzuschaffen. Im selben Jahr konnte auch der eindeutige wissenschaftliche Beweis für den Zusammenhang zwischen CFKs und dem Ozonabbau erbracht werden.

Heute wissen wir, wie wichtig das Montreal-Protokoll war. Wäre es nicht in Kraft getreten, hätten bis zum Jahr 2050 die mittleren Breiten der Nordhalbkugel (wo die meisten Menschen leben) die Hälfte ihres UV-Schutzes verloren, die entsprechenden Breiten der Südhalbkugel sogar 70 Prozent. So aber hatte bis zum Jahr 2001 das Protokoll die tatsächlichen Schäden auf rund ein Zehntel dieser Werte begrenzt.

Anfangs unterwarfen sich nicht alle Staaten dem Montreal-Protokoll. China stellt weiterhin CFKs her und vergiftet mit ihnen wohl noch bis 2010 die Umwelt, dann muss es vertragsgemäß damit aufhören. Doch die Produktion wird sowieso abnehmen, weil die neuen Ersatzstoffe wesentlich besser sind.

Im Jahr 2004 schrumpfte das Ozonloch über der Antarktis um 20 Prozent. Doch weil die Größe des Lochs von Jahr zu Jahr schwankt, können wir nicht sicher sein, ob dieser Rückgang schon die Lösung des Problems anzeigt. Trotzdem sind die Wissenschaftler optimistisch, dass in 50 Jahren die Ozonschicht wieder ihre ursprüngliche Stärke haben wird.

Das Montreal-Protokoll war unser erster Sieg im Kampf gegen ein globales Umweltproblem.

Angesichts dieses verblüffenden, durchschlagenden Erfolgs sollte man meinen, dass sich die Staaten der Erde geradezu auf die Chance gestürzt hätten, die globale Erwärmung zu verringern. Und zunächst begeisterte man sich ja auch sehr für einen internationalen Vertrag zur Beschränkung der Treibhausgas-Emissionen. 1997 trafen sich im japanischen Kyoto die Spitzen zahlreicher Länder, um einen entsprechenden Vertrag zu schmieden.

Das Treffen war vielversprechend. Was ist also schiefgelaufen?

23. Der Weg nach Kyoto

Das Kyoto-Protokoll ist fast so bekannt wie das Ozonloch. Es hat das bescheidene Ziel, den CO_2-Ausstoß um rund fünf Prozent zu verringern. Doch vier Staaten – die USA, Australien, Monaco und Liechtenstein – weigern sich, es in Kraft zu setzen, was sie zwingen würde, sich an die darin festgelegten Regelungen zu halten. Zudem ist das Protokoll äußerst umstritten. Wieso?

Die Energieversorgung kann sehr viel Gewinn abwerfen. Doch in den Industriestaaten wächst der Energieverbrauch nur noch um höchstens zwei Prozent pro Jahr. Bei so niedrigen Wachstumsraten kann ein Bereich (beispielsweise Wind, Gas oder Kohle) nur noch zulegen, wenn er einem anderen etwas wegnimmt. Darauf wird Kyoto einen großen Einfluss haben, und zwischen den möglichen Gewinnern und Verlierern wird es zu heftigen Auseinandersetzungen kommen.

Das Kyoto-Protokoll markiert auch eine große Kluft: Auf der einen Seite stehen die, die es für unentbehrlich halten, wenn die Erde überleben soll, auf der anderen Seite jene, die aus wirtschaftlichen und politischen Gründen strikt dagegen sind. Viele von der zweiten Gruppe glauben, das Kyoto-Protokoll sei wirtschaftlich ein Fehler und politisch unrealistisch. Andere meinen, der ganze Klimawandel sei ein Hirngespinst.

Kyoto steht erst am Anfang, doch trotz der Auseinandersetzungen ist schon jetzt klar, dass der Vertrag in den kommenden Jahrzehnten auf sämtliche Länder Auswirkungen haben wird.

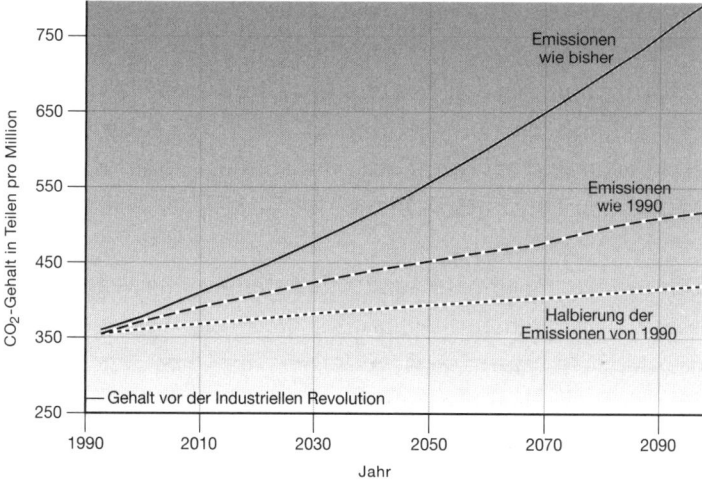

Um das Klima der Erde zu stabilisieren, sind deutliche Verringerungen des CO_2-Gehalts nötig. In der ersten Etappe des Kyoto-Protokolls soll die Menge der Emissionen auf einen Wert verringert werden, der um 5 Prozent niedriger als der von 1990 ist. Doch um den CO_2-Gehalt in der Atmosphäre gleichzuhalten, müsste die Menge von 1990 mehr als halbiert werden.

Der Weg nach Kyoto begann 1985 mit einer wissenschaftlichen Konferenz im österreichischen Villach, bei der das Ausmaß des drohenden Klimawandels erstmals offiziell abgeschätzt wurde. 1992 unterschrieben dann beim Umweltgipfel von Rio de Janeiro 155 Staaten die UN-Klimavereinbarung, mit der festgelegt wurde, dass die Unterzeichnerländer bis zum Jahr 2000 ihre Emissionen auf die Menge von 1990 zurückfahren würden. Dieses Ziel erwies sich als bei weitem zu optimistisch.

Nach fünf Jahren Verhandlungen trafen sich die Unterzeichner der Klimavereinbarung im Dezember 1997 im japanischen Kyoto und arbeiteten ein neues Übereinkommen zur Verringerung der Emissionen aus. Das Kyoto-

Protokoll sollte von jedem einzelnen Land in Kraft gesetzt werden. Zwei wichtige Dinge wurden darin geregelt: die Zielvorgaben bei den Treibhausgas-Emissionen für die Industrienationen und der Handel mit den Emissionen der sechs wichtigsten Treibhausgase – ein Geschäft, das zehn Milliarden US-Dollar wert ist.

Der Handel mit Emissionen schafft eine neue Währung – eine Art »Kohlenstoff-Dollar«.

Die Zielvorgaben ermöglichen es den Ländern, ihre eigenen Kohlenstoff-Etats zu entwickeln. Durch den Handel mit dem Kohlenstoff – was bedeutet, man muss für das Recht bezahlen, ihn in die Luft zu blasen – kann die Industrie ihre Emissionen zu vernünftigen Kosten verringen. So kann man durch weniger Emissionen ein Kohlenstoff-Guthaben ansammeln und das an andere verkaufen, die mehr Emissionen ausstoßen. Unternehmen, die weniger Schadstoffe produzieren, werden belohnt, und für jene, die die Umwelt weiterhin belasten, wird es teurer.

Das klingt nach einer vernünftigen Vorgehensweise, aber es dauerte nach der Unterzeichnung sieben Jahre, bis Ende 2004 genügend viele Staaten den Vertrag in Kraft gesetzt und damit zum Leben erweckt hatten. Die USA und Australien haben sich dem völlig verweigert, obwohl sie die Vereinbarung in Kyoto unterschrieben hatten.

Die vernichtendste Kritik an Kyoto lautet vielleicht, dass das Protokoll ein zahnloser Tiger ist. Sein Ziel ist, die CO_2-Emissionen zwischen 1990 und 2012 durchschnittlich nur um 5,2 Prozent zu verringern. Aber der Klimawandel hat jetzt so viel Fahrt aufgenommen, dass dieses Ziel kaum noch von Bedeutung ist.

Wenn wir unser Klima stabilisieren wollen, müssen die Ziele von Kyoto um das Zwölffache heraufgesetzt werden: Wir brauchen eine Verringerung um 70 Prozent bis zum Jahr 2050, um das CO_2 in der Atmosphäre auf dem doppelten des Werts von 1800 (also der vorindustriellen Zeit) zu halten. Das wird die größte Aufgabe für die künftigen Etappen des Vertrags.

Das Protokoll setzt den teilnehmenden Ländern unterschiedliche Ziele, die zwischen 92 und 110 Prozent liegen. Obwohl sie den Vertrag in Kraft gesetzt haben, sind Entwicklungsländer wie China und Indien in der ersten Etappe (bis 2012) von den Emissionszielen ausgenommen.

Noch komplizierter wird die Sache, wenn man die Wirtschaftsentwicklung der einzelnen Länder berücksichtigt. Die osteuropäischen Staaten beispielsweise haben nach 1990 einen wirtschaftlichen Niedergang erlebt und produzieren jetzt 25 Prozent weniger CO_2 als damals. Da ihre Kyoto-Kohlenstoff-Etats aber nur acht Prozent unter ihrer Menge von 1990 angesetzt wurden, haben sie wertvolle Kohlenstoff-Guthaben, mit denen sie Handel treiben können.

Diese Guthaben, die nichts zu Verlangsamung des Klimawandels beitragen, nennt man »heiße Luft«. Sie stellen eine erhebliche Geldverschwendung und eine verpasste Chance dar, die Emissionen zurückzufahren. Viele Wirtschaftswissenschaftler sind der Meinung, man solle den ehemals kommunistischen Staaten nicht einen stetigen Zustrom von Kohlenstoff-Dollar zugestehen, nur weil ihre Volkswirtschaften am Boden liegen.

Für die erste Etappe des Kyoto-Protokolls, die bis 2012 dauert, liegt der Kohlenstoff-Etat der Europäischen Union acht Prozent unter ihren Emissionen von 1990 und der der

USA um sieben Prozent darunter. Der Etat Australiens hingegen liegt acht Prozent *über* den damaligen Werten. Nur Island schnitt noch besser ab und bekam einen Zuwachs um zehn Prozent zugestanden. War das ein faires Verhandlungsergebnis, und wie kam es zustande?

Von allen Industriestaaten hat Australien den höchsten Treibhausgas-Ausstoß pro Kopf – 25 Prozent mehr als die Vereinigten Staaten.

In Kyoto argumentierte die australische Delegation, die besonderen Umstände des Kontinents – eine große Abhängigkeit von fossilen Brennstoffen, ein schwierigeres Transport- und Verkehrswesen (weil es sich um ein großes, nur spärlich besiedeltes Land handelt) und eine Exportindustrie, die sehr viel Energie benötigt – würden zu unzumutbaren Kosten bei der Einhaltung der Kyoto-Ziele führen, und daher müssten Australien Zugeständnisse gemacht werden.

In Australien wird 90 Prozent der Elektrizität aus Kohle erzeugt. Das ist jedoch alles andere als notwendig, sondern eine bewusste Entscheidung. Australien verfügt zugleich über 28 Prozent der weltweiten Uranvorkommen und die weltbeste Quelle für geothermische Energie (dabei wird die Energie aus Heißwasserlagern im Gestein in der Erdkruste gewonnen). Australien könnte zudem Wind- und Sonnenenergie im Überfluss erzeugen. Sorgen wegen des Klimawandels werden in Australien seit mehr als 30 Jahren laut. Dass das Land so stark von der Kohle abhängig geblieben ist, erscheint heute als wirtschaftspolitische Fehlentscheidung. Sollte man ein Land dafür auch noch belohnen?

Das Argument zum Transport- und Verkehrswesen greift auch nicht sonderlich. Australien ist zwar riesig, aber seine Bevölkerung lebt überwiegend in Großstädten, sodass 60 Prozent der Transportenergie in städtischen Ballungsräumen verbraucht werden. Und was den Energieverbrauch der Exportindustrie angeht, steht Australien keineswegs anders da als Deutschland, Japan oder die Niederlande – die alle Kyoto nachdrücklich unterstützen.

Beim festgesetzten Verhandlungsende war 1997 in Kyoto noch keine Einigung erzielt worden, und so wurden um Mitternacht die Konferenzuhren angehalten, während die Delegierten bis in die Morgenstunden diskutierten. Als der Text ein letztes Mal verlesen wurde, stand Senator Robert Hill, der Leiter der australischen Delegation, auf und brachte ein neues Thema auf: Im Falle Australiens müssten die Rodungen berücksichtigt werden. Da Australien seine Wälder schütze, so sein Argument, lagere es CO_2 ein. Dass die Rodungen seit dem Stichjahr 1990 zurückgegangen waren, ließ sich mit der »heißen Luft« der Osteuropäer vergleichen. Das bedeutete, dass Australien die Kyoto-Vorgaben erfüllen würde, ohne seine Kohlenstoff-Emissionen herunterfahren zu müssen. Angesichts des Problems, entweder dieser Forderung nachzugeben oder die Konferenz scheitern zu lassen, machten die Delegierten schließlich das Zugeständnis.

Bei seiner Rückkehr nach Australien wurde Senator Hill beglückwünscht. Dennoch weigert sich sein Land noch immer, Kyoto in Kraft zu setzen, und behauptet gleichzeitig, es würde die Ziele des Protokolls sowieso erreichen! Wenn du das verwirrend findest, mach dir keine Sorgen – dem Rest der Welt geht es genauso. Man kann sich über eine so selbstsüchtige, wirre Verhandlungsführung letztlich nur aufregen.

Der australischen Wirtschaft wird die Weigerung, das Kyoto-Protokoll in Kraft zu setzen, schaden. Japan, das Kohle aus Australien bezieht, muss jetzt Guthaben kaufen, um die Emissionen aus dem Verbrennen ebenjener Kohle auszugleichen. In Australien hingegen können keine Guthaben geschaffen werden, solange das Kyoto-Protokoll nicht gilt. Stattdessen fließen die Erlöse aus den Guthaben einem dritten Land zu – vielleicht Neuseeland, das den Vertrag in Kraft gesetzt hat.

Die Befürworter der neuen Währung argumentieren, dass der Kohlenstoff-Handel die Kosten zur Einhaltung der Emissionsziele erheblich senken kann. Und als Mittel zur Verringerung der Umweltverschmutzung hat der Handel mit Emissionen bereits Erfolge vorzuweisen. Das System wurde 1995 in den Vereinigten Staaten erfunden, um der Umweltverschmutzung mit Schwefeldioxid aus der Kohleverbrennung zu begegnen. Es erwies sich als enorm erfolgreich und wurde seither für eine ganze Reihe von Umweltgiften übernommen.

Der Emissionshandel funktioniert folgendermaßen: Für die Freisetzung des umweltschädlichen Stoffs muss man sich eine Genehmigung erteilen lassen, und die Anzahl der zur Verfügung stehenden Genehmigungen wird beschränkt. Dann werden die Genehmigungen nach einem bestimmten Schlüssel an die Umweltverschmutzer verteilt, oder sie werden versteigert. Umweltverschmutzer, denen es hohe Kosten verursachen würde, ihre Emissionen zu verringern, werden sich dann Genehmigungen von denen kaufen, die den Wechsel leichter schaffen. Zu den Vorteilen des Systems zählen seine Klarheit, die einfache Verwaltung, das Signal, das von den Marktpreisen ausgeht, die Aussichten auf neue Arbeitsplätze und Produkte sowie die geringeren Kosten für die Vermeidung von Umweltgiften.

Allen, die das Kyoto-Protokoll aufgeben wollen oder es kritisieren, muss man zwei Fragen stellen: Womit sollte man es Ihrer Meinung nach ersetzen? Und was schlagen Sie vor, um ein wirklich internationales Abkommen dafür sicherzustellen? Bislang haben sie keine Antworten auf diese Fragen gegeben.

Das Kyoto-Protokoll ist derzeit der einzige internationale Vertrag zur Bekämpfung des Klimawandels.

24. Kosten, Kosten, Kosten

Die Regierungen der USA und Australiens erklären, sie würden sich weigern, Kyoto in Kraft zu setzen, weil die Kosten zu hoch seien. Eine starke Wirtschaft, glauben sie, biete die beste Versicherung gegen alle zukünftigen Schocks, und beide zögern, irgendetwas zu tun, was das Wirtschaftswachstum bremsen könnte.

Die Emissionen, die zur Einhaltung der Kyoto-Ziele in der ersten Runde bis 2012 eingespart werden müssen, sind bescheiden. Das sollte uns in der Ansicht bestärken, dass unsere Staaten bei einer Einhaltung von Kyoto nicht Bankrott gehen werden. Es könnte unseren Volkswirtschaften sogar gut tun, weil in neue Infrastrukturen investiert werden muss.

Um wirklich über Kyoto – oder noch weitergehende Vorschläge – entscheiden zu können, müssen wir auch die Kosten des Nichtstuns kennen. Weder die amerikanische noch die australische Regierung hat sich bis jetzt der Mühe unterzogen, sie zu berechnen.

Die landesweite Klima-Datenbank der USA listet 17 Naturereignisse zwischen 1998 und 2002 auf, die jeweils mehr als eine Milliarde Dollar Kosten verursachten. Dazu zählen Dürreperioden, Überschwemmungen, Waldbrände, Tropenstürme, Hagelschläge, Tornados, Hitzewellen, Eisstürme und Hurrikane. Am teuersten war mit zehn Milliarden US-Dollar die Dürre 2002. All dies ist natürlich nichts im Vergleich zu den Kosten der Hurrikane Rita und Katrina im Jahr 2005.

Die Kosten dafür, nichts gegen den Klimawandel zu unternehmen, sind ungeheuer.

Im Lauf der letzten vier Jahrzehnte hat die Versicherungsbranche immer wieder unter Verlusten aufgrund von Naturkatastrophen gelitten. Die El-Niño-Folgen von 1998 sind dafür ein gutes Beispiel. Allein in den ersten elf Monaten dieses einen Jahres beliefen sich die vom Wetter verursachten Schäden auf 89 Milliarden US-Dollar. Zudem starben 32000 Menschen, und weitere 300 Millionen wurden obdachlos. Das war mehr als alle Verluste in den achtziger Jahren zusammen.

Seit den siebziger Jahren sind die Versicherungsschäden jährlich um rund zehn Prozent gestiegen, 1999 lagen sie bei 100 Milliarden US-Dollar. Eine solche Steigerungsrate bedeutet, dass um 2065 die Schäden durch den Klimawandel genauso hoch sein könnten wie der Wert all dessen, was die Menschheit im Lauf eines Jahres produziert.

Irgendwann in diesem Jahrhundert wird der Tag kommen, an dem der menschliche Einfluss auf das Klima alle natürlichen Faktoren übertrifft. Dann können wir beim Wetter nicht länger von »höherer Gewalt« sprechen, denn jeder von uns hätte vorhersehen können, was für Folgen der ungebremste Ausstoß von CO_2 für unser Klima hat. Unsere Gerichte haben dann die Aufgabe, Schuld und Verantwortung für menschliches Verhalten zuzuweisen, das aus dem neuen Klima herrührt.

Das hat bereits begonnen. 2004 haben sich die Inuit wegen der Schäden, die die globale Erwärmung ihrer Kultur und ihren 155000 Menschen zufügt, an die zwischenstaatliche amerikanische Kommission für Menschenrechte gewandt.

Stell dir einen Moment lang vor, du wärst ein Inuit-Jugendlicher und würdest in der Arktis leben. In deiner Heimat vollzieht sich der Klimawandel doppelt so schnell wie im globalen Durchschnitt. Junge Männer, die im Winter die lebensnotwendigen Waren mit Lastwagen über »Eisstraßen« in abgelegene Orte fahren, brechen wegen der zu dünnen Eisdecke in Seen ein. Im Winter 2005/06 sind sechs von ihnen auf diese Weise gestorben, und die Ältesten der Inuit haben deshalb gesagt, dass der Klimawandel nun ihre jungen Männer tötet. Deine traditionellen Nahrungsquellen – Robben, Bären und Karibus – verschwinden, und auch dein Land löst sich in einigen Fällen unter deinen Füßen auf. Was würdest du tun?

Das Dorf Shishmaref in Alaska wird unbewohnbar werden, weil wegen der steigenden Temperaturen die Packeisdecke zurückgeht, der Permafrostboden auftaut und die Küste weggeschwemmt wird. Hunderte Quadratmeter Land und mehr als ein Dutzend Häuser hat das Meer bereits verschlungen. Es gibt Pläne, den ganzen Ort umzusiedeln – was 100 000 US-Dollar pro Einwohner kosten wird.

Shishmaref ist ein besonders trauriger Fall. Die Bevölkerung zählt zwar nur 600 Köpfe, aber es gibt die Siedlung seit mindestens 4000 Jahren, und die Bewohner werden wohl die Ersten sein, die vor dem Klimawandel fliehen müssen. Wohin werden sie gehen?

Ein positives Urteil der Menschenrechtskommission könnte die Inuit in die Lage versetzen, die US-Regierung oder US-Firmen zu verklagen. In beiden Fällen werden sie sich wahrscheinlich auf die Allgemeine Erklärung der Menschenrechte sowie auf den Internationalen Pakt über bürgerliche und politische Rechte der Vereinten Nationen, den sogenannten UN-Zivilpakt, berufen. Die Allgemeinen Menschenrechte legen fest, dass jeder einen Anspruch auf eine Volkszugehörigkeit hat und niemand »willkürlich seines Eigentums beraubt werden« darf; dem UN-Zivilpakt zufolge darf »in keinem Fall ein Volk seiner Subsistenzmittel beraubt« werden.

Andere vom Klimawandel unmittelbar bedrohte Menschen leben in den fünf selbständigen Atoll-Ländern im Pazifik. Atolle sind ringförmige Korallenriffe, die eine Lagune umschließen; sie bilden Inseln und Eilande, die den Meeresspiegel durchschnittlich um gerade mal zwei Meter überragen. Kiribati, die Malediven, die Marshall-Inseln, Tokelau und Tuvalu – zusammen Heimat rund einer halben Million Menschen – bestehen ausschließlich aus Atollen.

Wegen der Zerstörung der Korallenriffe, wegen des Ansteigens des Meeresspiegels und wegen der immer heftigeren Unwetter scheint es unausweichlich, dass diese Länder noch in diesem Jahrhundert zerstört werden.

Im Vorfeld des Kyoto-Treffens bestand Australien darauf, dass seine Nachbarn auf den Pazifikinseln ihren Standpunkt aufgaben, die Welt müsse »entschlossene Maßnahmen« gegen den Klimawandel ergreifen. »Wir sind ein kleines Land, und wir hängen so sehr von dem großen ab, dass wir nachgeben mussten«, sagte Bikenibu Paeniu, Premierminister von Tuvalu, nach dem Südpazifik-Kongress, bei dem Australien seine Forderungen auf den Tisch gelegt hatte.

Es muss zu den unverschämtesten in diesem Zusammenhang gemachten Äußerungen gezählt werden, was Dr. Brian Fisher, der oberste Klimawandel-Wirtschaftsberater der australischen Regierung, sagte: Es wäre »billiger«, die kleinen Staaten auf den Pazifikinseln zu evakuieren, statt von der australischen Industrie zu verlangen, ihre Kohlendioxid-Emissionen zu reduzieren.

Jede Lösung der Klimakrise muss auf den Grundsätzen des Naturrechts basieren. Und wenn demokratische Regierungen sich nicht freiwillig an diese Grundsätze halten, sollten die Gerichte sie dazu zu zwingen. Dann wird der Grundsatz, dass »der Verunreiniger zahlt«, am wichtigsten werden, denn der Verschmutzer muss dann das Opfer entschädigen.

Vor dem Kyoto-Protokoll hatten alle Menschen das uneingeschränkte Recht, die Atmosphäre mit Treibhausgasen zu verunreinigen. Jetzt haben nur die 162 Länder, die das Protokoll in Kraft gesetzt haben, ein international anerkanntes Recht, sie in bestimmten Grenzen zu verschmutzen. Was heißt das aber für die USA und Australien, die sich geweigert haben, den Vertrag in Kraft zu setzen?

Wir zögern immer noch, den Klimawandel anzugehen. Würden Wissenschaftler die sofortige Rückkehr der Eiszeiten vorhersagen, dann würden wir mit mehr Nachdruck reagieren, dessen bin ich mir sicher.

»Weltweite Erwärmung« ruft die falsche Vorstellung einer gemütlichen, warmen Zukunft hervor. Im Grunde sind wir eine tropische Art, die bis in den letzten Winkel des Erdballs vorgedrungen ist und lange die Kälte als größten Feind hatte. Von Anfang an haben wir Kälte mit Unbequemlichkeit, Krankheit und Tod gleichgesetzt, Wärme aber mit allem Gutem – Liebe, Bequemlichkeit und Leben an sich.

Unsere evolutionäre Reaktion auf die bedrohliche Kälte sieht man am deutlichsten bei jungen Menschen. Kinder, die in gefrorene Teiche gefallen waren, konnten noch nach Stunden darin gerettet werden, weil ihre Körper im Verlauf der Jahrtausende Abwehrmaßnahmen gegen die ständige Gefahr des Erfrierens ausgebildet haben. Und natürlich tun auch Eltern, selbst in unseren modernen Zeiten, alles in ihrer Macht Stehende, um ihren Nachwuchs vor Kälte zu schützen.

Unsere tiefverwurzelte Weigerung zu glauben, Wärme könnte etwas Schlechtes sein, macht es möglich, dass man uns über das Wesen des Klimawandels täuschen kann. Dieser blinde Fleck hat viele Menschen – selbst gut gebildete – in Verwirrung gestürzt.

25. Wer im Treibhaus sitzt, sollte nicht lügen

In den USA ist der Widerstand gegen die Verringerung von Treibhausgasen am stärksten. Die amerikanische Energiewirtschaft beherrschen finanziell bestens ausgestattete Firmen, die ihren Einfluss dazu nutzen, Bedenken wegen des Klimawandels zu zerstreuen, ihre Widersacher zu vernichten und sich jedem Schritt in Richtung besserer Energienutzung zu widersetzen.

In den siebziger Jahren waren die USA bei der Energieeinsparung, der Photovoltaik (Umwandlung von Licht in Energie) und der Windkraftnutzung weltweit Marktführer und Vorreiter. Heute hinken sie auf diesen Gebieten anderen Ländern hinterher. In den letzten beiden Jahrzehnten haben Leute aus der fossile Brennstoffe nutzenden Industrie unermüdlich daran gearbeitet, die Welt von ernsthaften Maßnahmen gegen den Klimawandel abzuhalten.

Bei diesem Feldzug haben sich die Kohleproduzenten der USA besonders hervorgetan. In den neunziger Jahren begann Fred Palmer – heute Vizepräsident von Peabody, dem weltgrößten Kohleproduzenten – eine Kampagne, bei der er behauptete, dass es der Erdatmosphäre »an Kohlendioxid mangelt«. Mehr davon zu produzieren würde zu einem Zeitalter des ewigen Sommers führen. Nicht viel anders, als würde der Vorstandsvorsitzende einer Rüstungsfirma argumentieren, ein Atomkrieg wäre gut für den Planeten, wollte seine Firma eine Welt erschaffen, deren Atmosphäre rund 1000 Teile CO_2 pro Million enthält.

Palmers Ansichten bildeten die Grundlage für das Propagandavideo *Die Ergrünung des Planeten Erde*, das den Plan verbreitete, die Welt mit CO_2 zu »düngen«, um die Ernteerträge um 30 bis 60 Prozent zu steigern und damit dem Hunger weltweit ein Ende zu bereiten. Während Wissenschaftler über so absurde Behauptungen nur lachen konnten, wurden viele andere Leute in die Irre geführt.

Andererseits gibt es aber auch Ölgesellschaften, die eine aktive Rolle im Kampf gegen den Klimawandel spielen. BP zum Beispiel vertritt beim Klimawandel eine weitsichtige Position und ist »Beyond Petroleum«, über das Öl hinaus, gegangen. Das Unternehmen hat seine eigenen CO_2-Emissionen um 20 Prozent reduziert – und damit Profit gemacht. BP zählt heute auch zu den weltweit größten Herstellern von Solarzellen.

Der britische Premierminister Tony Blair ist bestens mit den wissenschaftlichen Zusammenhängen der Angelegenheit vertraut. Er beschrieb die globale Erwärmung als »Herausforderung, die so weitreichende Folgen hat und deren zerstörerische Kraft so unumkehrbar ist, dass sie die menschliche Existenz radikal verändert ... Es kann keinen Zweifel geben, dass jetzt die Zeit zum Handeln ist.«

Im Jahr 2003 waren die britischen CO_2-Emissionen um 14 Prozent unter den Wert von 1990 gefallen. Wichtige Meilensteine dieser Entwicklung waren unter anderem die Einrichtung des Carbon Trusts (der Unternehmen hilft, ihren Energieverbrauch zu senken), die Verpflichtung der Stromversorger, 15,4 Prozent ihrer Energie aus erneuerbaren Quellen zu liefern, und erhebliche Geldmittel für die Entwicklung von Wellen- und Gezeitenkraftwerken. Großbritannien denkt auch darüber nach, seine Kernkraftkapazitäten auszubauen.

Diese Diskussionen, wie man von fossilen Brennstoffen auf erneuerbare Energiequellen umstellen kann, werden künftig noch mehr Gewicht bekommen.

Können wir das Problem der globalen Erwärmung überhaupt lösen, wenn wir weiterhin fossile Brennstoffe verwenden?

Die Kohleindustrie unterstützt einen Vorschlag, das CO_2 in die Erde zu pumpen, um es von der Atmosphäre fernzuhalten. Dieser Prozess wird als »Geosequestration« bezeichnet – das bedeutet, »in die Erde absondern« – und ist vom Ansatz her einfach: Die Industrie vergräbt den Kohlenstoff wieder, den sie zuvor ausgebuddelt hat.

Öl- und Gasfirmen pumpen schon seit Jahren CO_2 in den Untergrund. Ein gutes Beispiel dafür ist das norwegische Sleipner-Ölfeld in der Nordsee, wo pro Jahr rund eine Million Tonnen CO_2 hinuntergepumpt werden. Die norwegische Regierung hat CO_2-Emissionen mit einer Steuer von 40 US-Dollar pro Tonne belegt. Das bietet genug Anreiz, um im Sleipner-Feld das CO_2, das mit dem Öl nach oben kommt, abzuscheiden und wieder ins Gestein zurückzupumpen.

Bei einigen anderen Ölquellen auf der Welt wird das CO_2 direkt in die Ölreserven gepumpt. Das hilft, den Druck im Bohrloch aufrechtzuerhalten, sodass Öl und Gas leichter gefördert werden können und die gesamte Gewinnung kostengünstiger wird. Laut Auskunft der Firmen verbleibt »das meiste« CO_2 im Boden. Dieses Modell auf die Kohleindustrie zu übertragen ist aber nicht so einfach.

Bei der Kohle fangen die Probleme am Schornstein an. Ihm entströmt das CO_2 in verhältnismäßig dünner Form, sodass die Abscheidung kaum zu verwirklichen ist. Die Kohleindustrie will daher auf einen neuen Prozess setzen: die Vergasung von Kohle. Dabei entsteht ein dichterer CO_2-Strom, der aufgefangen und vergraben werden kann. Solche Anlagen sind aber nicht billig zu betreiben: Rund ein Viertel der Energie, die sie erzeugen, wird dazu benötigt, sie am Laufen zu halten. Sie im großen Stil zu nutzen wird teuer, und es dürfte Jahrzehnte dauern, bis sie einen merklichen Beitrag zur Stromerzeugung leisten.

Nehmen wir an, dass ein paar Kraftwerke gebaut werden, die das von ihnen freigesetzte CO_2 auffangen. Pro Tonne verbrannten Anthrazits werden rund 3,7 Tonnen CO_2 erzeugt, die alle gelagert werden müssen. Die Felsen, in denen man Kohle findet, sind oft nicht zur Einlagerung von CO_2 geeignet, also muss das Gas woandershin transportiert werden. Bei den Kohlegruben im australischen Hunter Valley beispielsweise müsste das Gas über die Ostaustralischen Kordilleren Hunderte von Kilometern weit nach Westen zu einer geeigneten Lagerstätte gebracht werden.

Am Ziel angekommen, muss das CO_2 verflüssigt werden, damit es in die Erde gepumpt werden kann – und dieser Schritt verbraucht üblicherweise 20 Prozent der Energie, die zunächst durch das Verbrennen der Kohle erzeugt wurde. Dann muss ein kilometertiefes Loch gebohrt und das CO_2 hineingepumpt werden. Vom ersten Tag an muss die Lagerstätte gründlich überwacht werden. Sollte das Gas je entweichen, kann es tödliche Wirkung entfalten.

Früher nannten Bergleute hohe CO_2-Konzentrationen »Stickwetter«, was eine zutreffende Bezeichnung war, denn die Opfer erstickten auf der Stelle.

Zur größten CO_2-Katastrophe in neuerer Zeit kam es 1986 im zentralafrikanischen Kamerun. Aus dem Vulkankratersee Nyos entwichen große CO_2-Blasen in die windstille Nachtluft, und das Gas legte sich über die Ufer, wo es 1800 Menschen und Zigtausende von Wild- und Haustieren tötete.

Niemand schlägt allerdings vor, CO_2 in Vulkangebieten wie am Nyos einzulagern, und so werden die von der Industrie geplanten CO_2-Stätten wohl keine vergleichbare Katastrophe heraufbeschwören. Dennoch ist die Erdkruste nicht gerade ein dichtes Fass zur Aufbewahrung von CO_2, und die Lagerstätten müssten Tausende von Jahren halten. Das Problem von Lecks ist also sehr ernst zu nehmen.

Mit am meisten beunruhigt bei diesen Plänen, dass die Regierungen der Vereinigten Staaten, Australiens und anderer Länder bereits heute mit der Industrie hinter verschlossenen Türen diskutieren, wie viel Risiken sie im Namen ihrer Wählerschaften akzeptieren können und wie viel die Industrie selbst übernehmen will.

Die CO_2-Mengen, die vergraben werden müssten, sprengen jede Vorstellung. Nehmen wir Australien mit seiner verhältnismäßig kleinen Bevölkerung als Beispiel. Stell dir einen Stapel von 200-Liter-Fässern vor, der zehn Kilometer lang, fünf Kilometer breit und zehn Fässer hoch ist. Das ergibt über 1,3 Milliarden Fässer, und so viele sind nötig, um das CO_2 zu fassen, das *täglich* aus Australiens 24 Kohlekraftwerken entweicht, die 20 Millionen Menschen Strom liefern. Selbst wenn man es verflüssigte, würde diese Tagesproduktion noch immer $\frac{1}{3}$ Kubikkilometer einnehmen – und Australien ist nur für nicht einmal zwei Prozent der weltweiten Emissionen verantwortlich!

Stell dir vor, 20 Kubikkilometer verflüssigtes CO_2 müssten die nächsten ein oder zwei Jahrhunderte lang jahrein, jahraus und Tag für Tag in die Erdkruste gepumpt werden.

Würden wir versuchen, sämtliche CO_2-Emissionen auf diese Weise zu entsorgen, wären die erstklassigen Lagerstätten der Erde in der Nähe von Kraftwerken sehr bald voll. Und auf unserem Planeten gibt es genügend fossile Energieträger, um 5000 Milliarden Tonnen CO_2 zu produzieren. Wie soll sich die Erde diese Menge einverleiben, ohne fürchterliche Verdauungsstörungen zu bekommen?

Daher kann die Geosequestration in der Energiezukunft der Welt bestenfalls eine kleine Rolle spielen (höchstens vielleicht zehn Prozent bis 2050).

Es gibt andere Formen der CO_2-Endlagerung, die für die Zukunft des Planeten lebenswichtig sind und keine Risiken bergen. Die Vegetation und die Böden der Erde sind riesige Kohlenstoff-Reservoire, und sie sind entscheidende Elemente des Kohlenstoffkreislaufs. Doch heute sind die Wälder in weiten Teilen der Welt abgeholzt, und die Böden sind erschöpft.

In den Böden kann man aber wieder mehr Kohlenstoff einlagern, wenn Ackerbau und Viehzucht mit nachhaltigen Verfahren betrieben werden, die den Anteil verrotteter Pflanzen (größtenteils Kohlenstoff) im Boden erhöhen. Viel Kohlenstoff – rund 1180 Gigatonnen – ist derzeit in dieser Form gelagert. Das ist mehr als das Doppelte der in lebenden Pflanzen gespeicherten Menge (493 Gigatonnen). Hier kann man tatsächlich auf einen Fortschritt hoffen, denn es gibt viele Initiativen für organischen Ackerbau und nachhaltige Viehzucht.

Können wir Kohlenstoff in Wäldern und langlebigen Holzprodukten speichern? Dafür müssen wir entweder Wälder anpflanzen oder sie erhalten. Die Regierung von Costa Rica hat eine halbe Million Hektar tropischen Regenwalds vor dem Abholzen geschützt. Dies brachte dem Land ein Kohlenstoff-Guthaben ein, das der Menge CO_2 entspricht, die in die Atmosphäre gelangt wäre, wenn der Wald gefällt worden wäre.

Ein anderes Beispiele ist die BP-Initiative, in Westaustralien 25 000 Hektar Nadelwald aufzuforsten und damit die Emissionen der BP-Raffinerie bei Perth auszugleichen.

Das sogenannte Plantagenholz ist zwar auch dazu bestimmt, gefällt und genutzt zu werden, es kann aber eine gute kurzfristige Kohlenstoff-Lagerstätte sein, weil die daraus hergestellten Möbel und Häuser langlebig sind und die Wurzeln der gefällten Bäume (samt dem darin enthaltenen Kohlenstoff) in der Erde verbleiben.

In Form von Kohle war der Kohlenstoff Hunderte Millionen Jahre lang sicher eingesperrt. Und er kann noch weitere Millionen Jahre in der Erde verbleiben, wenn wir uns weigern, ihn ausgegraben.

Kohlenstoff, der in Wäldern oder im Boden eingelagert ist, wird dem Kreislauf wahrscheinlich nur wenige Jahrhunderte lang entzogen. Wenn wir die Lagerstätte Kohle durch die Lagerstätte Wald ersetzten, tauschen wir eine langfristige Sicherheit gegen eine rasche Reparatur ein.

Wissenschaftler arbeiten weiterhin daran, eine ungefährliche, sichere Endlagerung von Kohlenstoff zu finden, und vielleicht haben sie irgendwann eine Lösung. Inzwischen zeichnen sich aber Alternativen in Form von Energieträgern mit geringerem Kohlenstoffgehalt ab, die schon heute einfacher und billiger zu sein scheinen.

26. Die letzten Stufen auf der Himmelsleiter?

Für viele besteht die Lösung des Klimaproblems darin, so etwas wie eine Stufenleiter von Brennstoffen emporzusteigen, auf der der Kohlenstoffanteil mit jedem Schritt kleiner wird.

Gestern, so lautet das Argument, verbrannte man Kohle, heute Öl und morgen Erdgas. Der Energiehimmel wird erreicht, wenn die Weltwirtschaft zum Wasserstoff übergeht, einem Brennstoff, der überhaupt keinen Kohlenstoff enthält.

Technische Fortschritte, hohe Ölpreise, die sich abzeichnende Ölknappheit und die Nachfrage nach einem saubereren Ersatz für die Kohle haben die Gaswirtschaft verändert. Heute macht man gute Geschäfte damit. Der wichtigste Fortschritt bestand darin, das Gas so weit abzukühlen, dass es flüssig wird, was einen kostengünstigen Transport mit speziellen Gastankschiffen über große Entfernungen erlaubt. Da dank dieser Schiffe ein internationaler Gashandel möglich ist und die großen Gesellschaften bereit sind, die für Gaspipelines erforderlichen Milliarden zu investieren, scheint Gas zum beliebtesten Energieträger des 21. Jahrhunderts zu werden.

Gas ist zwar teurer als Kohle, hat ihr gegenüber aber viele Vorteile, die es zum idealen Rohstoff für die Stromerzeugung machen. Gasbetriebene Kraftwerke kosten nur halb so viel wie mit Kohle befeuerte, und man kann sie in ganz unterschiedlichen Größen bauen. Statt einem riesigen, in großer Entfernung stehenden Kohlekraftwerk kann man eine ganze Reihe kleiner, gasbetriebener Generatoren überall im Land verteilen und so die Übertragungsverluste verkleinern. Gaskraftwerke lassen sich auch leicht hoch- und runterfahren, was sie zu einer idealen Ergänzung der schwankenden Stromerzeugung aus Wind- und Sonnenenergie macht.

Mehr als 90 Prozent der neuen Kraftwerke in den USA werden heute mit Gas betrieben, und überall auf der Welt wird Erdgas immer beliebter. Dennoch ist auch Gas nicht problemlos, wenn es um seine sichere Handhabung und die Möglichkeit von Terroranschlägen auf große Kraftwerke oder Pipelines geht. Und weil Methan ein gefährliches Treibhausgas ist, muss man auch dafür Sorge tragen, dass es nicht entweicht. Die alten Eisenrohre etwa, mit denen das Gas in den Städten verteilt wird, sind oft leck.

Wenn man sämtliche Kohlekraftwerke der Erde durch gasbetriebene ersetzte, würde das die Kohlenstoff-Emissionen weltweit um nur 30 Prozent verringern. Würden wir auf dieser Stufe der Energieleiter stehen bleiben, drohte uns trotzdem ein massiver Klimawandel.

Angesichts dieser Aussichten wäre ein Übergang zum Wasserstoff dringend nötig. Aber wie wahrscheinlich ist dieser?

Seit der Begriff »Wasserstoffwirtschaft« geprägt wurde, erscheint vielen Menschen Wasserstoff als Wundermittel gegen das Fieber der globalen Erwärmung. Aber der Teufel steckt im Detail.

Zuerst muss man sich klarmachen, dass Wasserstoff nur ein Energiespeicher ist – wie eine Batterie. Die darin enthaltene Energie muss aus einer anderen Quelle geschaffen werden, und wenn diese Quelle ein fossiler

Brennstoff ist, wird bei diesem Prozess auch CO_2 freigesetzt.

Das Kraftwerk der Wasserstoffwirtschaft ist die Brennstoffzelle, bei der es sich im Grunde genommen um einen Kasten ohne bewegliche Teile handelt, in dem Wasserstoff und Sauerstoff aus der Luft in Wasser und Elektrizität umgewandelt werden.

Zur stationären Stromerzeugung scheinen sich am besten die Schmelzcarbonat-Brennstoffzellen zu eignen, die bei einer Temperatur von rund 650 °C arbeiten. Ihr Wirkungsgrad ist ziemlich hoch, aber sie brauchen lange, bis sie diese Temperatur erreicht haben. Außerdem sind sie sehr groß – ein 250-Kilowatt-Modell hat die Maße eines Güterwaggons –, was ihren Einsatz in Fahrzeugen ausschließt.

Wie könnten wir Wasserstoff für Fahrzeuge nutzen? Dazu sind kleinere Brennstoffzellen nötig, die bei niedrigeren Temperaturen arbeiten. Eine Reihe von Automobilherstellern, unter anderem Ford und BMW, planen Autos mit wasserstoffbetriebenen Verbrennungsmotoren auf den Markt zu bringen. Und die amerikanische Regierung will mit 1,7 Milliarden Dollar den Bau eines mit Wasserstoff fahrenden »FreedomCAR« fördern.

Bei einer Wasserstoffwirtschaft könnten wir unsere Fahrzeuge mit Wasserstoffpumpen an einer Tankstelle befüllen. Der Wasserstoff könnte an einem zentralen Ort hergestellt und zu den Tankstellen gebracht werden. Aber da werden die Schwierigkeiten offensichtlich.

Ideal wäre der Transport von flüssigem Wasserstoff in Tanklastwagen. Doch flüssig wird das Gas erst bei −253 °C, die Kühlung ist also wirtschaftlich gesehen ein Albtraum. Um ein Kilogramm des Gases mittels Wasserstoffenergie zu verflüssigen, verbraucht man 40 Prozent seines Brennwerts. Würde man Netzstrom dafür verwenden, wären zwölf bis 15 Kilowattstunden Elektrizität nötig, und dabei würden fast zehn Kilogramm CO_2 in die Atmosphäre geblasen. Rund 3,5 Liter Benzin enthalten genauso viel Energie wie ein Kilo Wasserstoff. Wenn man die verbrennt, wird etwa genauso viel CO_2 freigesetzt wie bei der Verwendung von Netzstrom zur Verflüssigung des Wasserstoffs.

Für den Klimawandel sind die Auswirkungen von verflüssigtem Wasserstoff als Energieträger genauso schlimm wie das Herumfahren mit einem normalen Auto.

Eine andere Lösung wäre, den Wasserstoff nur so weit zu komprimieren, dass dafür bloß 15 Prozent seines Brennwerts aufgewandt werden müssen; dann müssten auch die Transportbehälter dafür nicht so aufwendig gebaut sein. Aber selbst mit verbesserten Hochdruckbehältern könnte ein Vierzigtonner nur 400 Kilogramm komprimierten Wasserstoff ausliefern, was heißt, man bräuchte 15 solcher Lastwagen, um dieselbe Energie zu verteilen, die heute ein Benzintanklastwagen von 26 Tonnen transportiert. Und wenn diese Vierzigtonner den Wasserstoff über 500 Kilometer verfrachten, verschlingt das 40 % der Energie des transportierten Brennwerts.

Weitere Probleme ergeben sich im Auto selbst. Man bräuchte einen Spezialtank, der hohen Druck aushält und zehnmal so groß wie ein Benzintank ist. Und rund vier Prozent des Brennstoffs gingen täglich durch Verdampfung verloren. Der Haupttank eines Spaceshuttle beispielsweise fasst 100 000 Liter Wasserstoff, aber bei jedem

Auffüllen liefert die NASA 45 000 Liter zusätzlich an, nur um die Verdampfungsrate auszugleichen.

Pipelines sind eine weitere Möglichkeit, Wasserstoff zu transportieren, aber die sind teuer und müssen sehr dicht sein, weil Wasserstoff so leicht entweicht. Selbst wenn man das bestehende Netz von Erdgasleitungen zum Transport von Wasserstoff umbauen könnte, wären die Kosten für ein Verteilungssystem zwischen zentralen Produktionsstätten und Abfüllstationen astronomisch.

Vielleicht könnte man Wasserstoff an den Tankstellen aus Erdgas gewinnen. Damit wären die Transportprobleme beseitigt, aber bei diesem Verfahren werden 50 Prozent mehr CO_2 produziert als beim Direktbetanken der Fahrzeuge mit Erdgas.

Theoretisch könnte man Wasserstoff auch zu Hause mit Hilfe des Netzstroms produzieren, aber das wäre viel zu teuer. Zudem wird der Netzstrom in Ländern wie etwa den USA größtenteils aus fossilen Brennstoffen erzeugt, also würde die häusliche Herstellung von Wasserstoff unter heutigen Umständen zu einem massiven Anstieg der CO_2-Emissionen führen.

Die häusliche Wasserstoffproduktion würde noch weitere Gefahren bergen. Das Gas ist geruchlos, entweicht leicht, ist leicht entflammbar und verbrennt mit unsichtbarer Flamme.

Feuerwehrleute werden darauf trainiert, Wasserstoffbrände mit Hilfe von Strohbesen zu entdecken: Wenn das Stroh in Flammen aufgeht, hat man den Brand gefunden.

Wir wollen uns jedoch einen Moment lang vorstellen, dass all die mit Wasserstoff verbundenen Transportprobleme überwunden wären: Deine Familie sitzt in ihrem neuen, wasserstoffbetriebenen Allradfahrzeug. Der Tank ist riesig und kugelförmig, weil Wasserstoff bei Zimmertemperatur rund dreitausendmal mehr Raum einnimmt als Benzin. Nun denk daran, dass beim Rutschen über den Autositz statische Elektrizität entsteht oder in anderthalb Kilometern Entfernung ein Gewitter tobt: Dabei entstünde genügend elektrische Ladung, um eventuell ausgetretenen Wasserstoff zu entzünden. Und der Gedanke an einen Unfall mit einem Wasserstoffauto ist kaum zu ertragen.

Doch selbst wenn man die Verwendung von Wasserstoff absolut sicher machen könnte, bliebe immer noch das Problem einer kolossalen CO_2-Umweltverschmutzung, die genau das Gegenteil von dem wäre, was wir erreichen wollen.

Die Wasserstoffwirtschaft kann beim Kampf gegen den Klimawandel einzig und allein dann helfen, wenn der Netzstrom komplett aus kohlenstofffreien Quellen erzeugt würde.

V. Teil
Die Lösung

27. Hell wie die Sonne, leicht wie der Wind

Bei unserem Kampf gegen den Klimawandel müssen wir uns entscheiden, ob wir unsere Anstrengungen auf Transport und Verkehr oder auf das Stromnetz richten sollen. Wenn wir als Erstes den Strom ohne Kohlenstoff erzeugen, können wir die so gewonnene erneuerbare Energie dazu nutzen, auch Transport und Verkehr kohlenstofffrei zu bekommen.

Zwei Wissenschaftler von der amerikanischen Princeton-Universität haben untersucht, ob die Welt über die erforderlichen Techniken verfügt, ein Stromnetz wie unser heutiges zu betreiben und gleichzeitig die CO_2-Emissionen deutlich zu senken.

Sie haben 15 grundlegende Techniken ausgemacht, die vom Abscheiden des Kohlendioxids bis hin zu Wind-, Sonnen- und Kernenergie reichen, die bereits vorhanden sind und eine wichtige Rolle dabei spielen könnten, die Kohlenstoff-Emissionen der Welt zumindest in den nächsten 50 Jahren in den Griff zu bekommen.

Es gibt zahlreiche Beispiele von Regierungen und Unternehmen überall auf der Welt, die die Emissionen heruntergefahren (um über 70 Prozent im Fall einiger britischer Gemeinden) und gleichzeitig ein starkes Wirtschaftswachstum erfahren haben.

Die infrage kommenden Techniken fallen in zwei Kategorien: solche, die Energie mit Unterbrechungen liefern, und solche, die ständig Energie erzeugen.

Von den unregelmäßigen Stromerzeugungsarten ist die Windkraft am meisten ausgereift und wirtschaftlich konkurrenzfähig. Die Heimat der modernen Windkraftindustrie ist Dänemark.

Als sich die Dänen entschlossen, Windkraft zu fördern, lagen die Kosten der auf diese Weise erzeugten Elektrizität um ein Vielfaches höher als die für Strom aus fossilen Brennstoffen. Die dänische Regierung erkannte jedoch die Möglichkeiten und unterstützte die Industrie, bis die Kosten sanken.

Heute ist Dänemark bei der Stromerzeugung aus Windkraft und beim Bau der Generatoren weltweit führend.

Der Wind liefert jetzt 21 Prozent der dänischen Elektrizität. Rund 85 Prozent der Generatoren gehören Privatpersonen oder Windkooperativen: Diese Industrie ist buchstäblich eine volkseigene.

In mehreren Ländern ist Windkraft bereits billiger als Strom aus fossilen Brennstoffen, was die sagenhafte Wachstumsrate der Windindustrie von 22 Prozent pro Jahr erklärt. Man hat berechnet, dass Windkraft den Energiebedarf der Vereinigten Staaten zu 20 Prozent decken könnte. In den nächsten paar Jahren wird der Preis für Windenergie wohl um weitere 20 bis 30 Prozent sinken, sodass diese Art der Stromerzeugung noch kostengünstiger wird.

Die Windkraft hat jedoch, so glauben viele, einen großen Nachteil: Der Wind weht nicht ständig, und die Stromerzeugung ist deshalb unzuverlässig. Es stimmt zwar, dass der Wind nicht am selben Ort ständig mit derselben Stärke weht, nimmt man aber ein größeres Gebiet, ist ziemlich sicher, dass dann irgendwo Wind weht. Das bedeutet jedoch auch, dass man ziemlich viele zusätzliche

Windparks tragen weltweit immer mehr zu unserer Stromversorgung bei. Bis 2008 will China mindestens 3000 Megawatt per Windkraft erzeugen. Das reicht aus, um eine kleine Stadt mit Strom zu versorgen.

Windkrafträder braucht, denn oft werden für jede Turbine, die mit voller Kapazität arbeitet, mehrere andere stillstehen.

Im Großbritannien liefert ein durchschnittliches Windkraftrad im Lauf eines Jahres nur 28 Prozent dessen, was es eigentlich erzeugen könnte. Doch alle Formen der Stromerzeugung weisen ein gewisses Maß an Leerlauf auf. Gleichfalls in Großbritannien arbeiten Kernkraftwerke nur 76 Prozent, Gasturbinen 60 Prozent und Kohlekraftwerke 50 Prozent der Zeit. Dieser Nachteil bei der

Windenergie wird jedoch ein Stück weit durch die hohe Zuverlässigkeit ausgeglichen: Windgeneratoren sind seltener kaputt als Kohlekraftwerke und auch billiger zu unterhalten.

Unglücklicherweise hat die Windkraft eine schlechte Presse, unter anderem wird kritisiert, dass Windräder Vögel töten, Lärm machen und hässlich aussehen. In Wahrheit kann jedes hohe Bauwerk Vögeln gefährlich werden. Bei den frühen Windkraftwerken war dieses Risiko größer, weil es sich um Gittermasten handelte, in denen die Vögel nisteten. Mittlerweile wurden diese aber durch Modelle mit glatter Außenhaut ersetzt.

Zudem müssen alle Gefahren gegeneinander abgewogen werden. Katzen töten in den USA weit mehr Vögel als Windparks. Und wenn wir weiterhin Kohle verbrennen, wie viele Vögel werden dann infolge des Klimawandels sterben?

Was den Lärm angeht, so kann man sich am Fuß eines Windkraftturms unterhalten, ohne die Stimme zu heben, und bei neuen Modellen ist die Geräuschentwicklung noch weiter gesenkt. Bei der Frage der Hässlichkeit liegt die Schönheit sicherlich im Auge des Betrachters. Was ist grässlicher anzuschauen: ein Windpark oder eine Kohlegrube samt Kraftwerk? Abgesehen davon sollte keiner dieser Einwände das Schicksal unseres Planeten bestimmen dürfen.

Kommen wir nun zur Sonne und zu drei Verfahren, die sich unmittelbar der Sonnenenergie bedienen. Es sind die Warmwassererzeugung mit Sonnenkollektoren, solarthermische Kraftwerke und die Photovoltaik. Wasser mit Hilfe von Sonnenkollektoren aufzuheizen ist die einfachste und in vielen Fällen auch beste Methode, um die

Energierechnungen der meisten Privathaushalte erheblich zu verkleinern. Die Sonnenkollektoren werden auf dem Dach nach Süden ausgerichtet (auf der Südhalbkugel nach Norden), wo sie die Sonnenstrahlen einfangen, die das in ihnen zirkulierende Wasser aufheizen. Sie brauchen so gut wie keine Wartung, und damit auch immer Heißwasser zur Verfügung steht, wenn man welches braucht, gehört als Ergänzung ein Gas- oder Elektroboiler dazu.

Solarthermische Kraftwerke erzeugen große Mengen Strom – weit mehr als ein Einzelhaushalt je verbrauchen könnte. Bei ihnen werden die Sonnenstrahlen auf kleine, höchst leistungsfähige Solarkollektoren konzentriert. Ihren Namen haben die Systeme daher, dass sie sowohl Elektrizität als auch Wärme erzeugen. Momentan werden verschiedene Bauweisen angeboten, und die Preise sinken rasch. Solarthermische Kraftwerke werden in Zukunft mit der Windkraft mithalten können. Bei der Erzeugung von Netzstrom ergänzen sich beide aufs Beste: Wenn gerade kein Wind weht, ist die Wahrscheinlichkeit hoch, dass die Sonne scheint.

Schließlich gibt es noch die Technik, die die meisten Menschen als die eigentliche »Sonnenenergie« betrachten: die Photovoltaik. Den eigenen Strom zu erzeugen ist ein Stück Freiheit – hat man erst einmal die Ausrüstung gekauft, ist man nicht mehr von den großen Energieunternehmen abhängig. Die Technik ist einfach und weitgehend wartungsfrei (es sei denn, man ist nicht ans Stromnetz angeschlossen und braucht Speicherbatterien).

Bei der Photovoltaik wandeln Solarzellen das einfallende Sonnenlicht direkt in Elektrizität um. Ein Durchschnittshaus benötigt rund 1,4 Kilowatt (1400 Watt) Strom, und die Durchschnittsleistung der Solarzellenpaneele liegt bei 80 oder 160 Watt pro Stück. Zehn größere reichen also für einen Normalhaushalt, allerdings ist es erstaunlich, wie viel verbrauchsbewusster man wird (und wie viel Strom man daher einspart), wenn man seine eigene Elektrizität erzeugt.

Die Photovoltaik funktioniert am besten im Sommer, wenn zusätzlicher Strom für Klimaanlagen gebraucht wird. Dann kann der Solarzellen-Besitzer sogar Geld verdienen: In Japan kann man überschüssigen Strom ins Netz einspeisen, und zwar bis zu einem Gegenwert von 50 US-Dollar pro Monat, und ähnliche Programme gibt es in 15 weiteren Ländern. Die Preise für Solarpaneele fallen so rasch, dass die auf diese Weise erzeugte Elektrizität wohl schon 2010 konkurrenzfähig sein wird.

Es gibt natürlich noch viele weitere Verfahren der Stromerzeugung aus erneuerbaren Quellen, auf die ich hier nicht eingegangen bin – beispielsweise Solarschornsteine oder Gezeiten- und Wellenkraftwerke. In manchen Gegenden erzeugen diese alternativen Verfahren bereits jetzt oder in Kürze Energie.

Wenn die Energiegewinnung aus erneuerbaren Quellen eines lehrt, dann das: Es gibt kein einzelnes Allheilmittel, um das öffentliche Stromnetz kohlenstofffrei zu bekommen. Stattdessen haben wir es mit verschiedenen Techniken zu tun, unter denen wir wählen können. Und diese Techniken gibt es bereits. Und wir können uns für die entscheiden, die für uns am günstigsten ist, um unseren Kohlenstoffausstoß bis 2050 um 70 Prozent zu verringern.

28. Atomkraft?

Manche sagen, Sonnenenergie sei Kernkraft in sicherer Entfernung. Doch wie wir wissen, kann die Sonne uns verbrennen, obwohl sie weit weg ist. Angesichts unserer heutigen Klimakrise ändert sich jedoch die Rolle der irdischen Kernkraft. Was bis vor kurzem noch als aussterbende Technologie galt, könnte ein Comeback feiern. Die Wiederbelebung begann im Mai 2004: Weltweit reagierten Umweltorganisationen schockiert, als sie hörten, dass James Lovelock, einst Vordenker der Umweltbewegung, sich allen Ernstes dafür einsetzte, auf dem ganzen Globus die Kernenergie massiv auszubauen, um den Klimawandel zu bekämpfen. Er verglich unsere heutige Lage mit der Welt im Jahr 1938 – am Rand des Krieges, ohne dass jemand wusste, was dagegen zu tun war. Organisationen wie Greenpeace oder Friends of the Earth verwarfen Lovelocks Vorschlag auf der Stelle.

In einer Hinsicht hatte James Lovelock allerdings Recht: Alle Stromnetze brauchen eine zuverlässige »Grundlast«, und ob erneuerbare Techniken diesen Grundbedarf an Strom erzeugen können, ist noch eine große Frage. Frankreich bezieht fast 80 Prozent seines Stroms aus Atomkraftwerken, Schweden die Hälfte und Großbritannien ein Viertel.

Kernenergie liefert bereits 18 Prozent der Elektrizität weltweit – ohne CO_2-Emissionen. Ihre Befürworter sagen, man könne noch weit mehr Strom damit erzeugen.

Atomreaktoren sind im Grunde nichts weiter als komplizierte und potenziell gefährliche Maschinen zum Wasserkochen, die Dampf erzeugen, mit dem dann Turbinen angetrieben werden.

Wie im Fall der Kohle sind herkömmliche Kernkraftwerke sehr groß – sie liefern rund 1700 Megawatt –, und mit Baukosten von rund zwei Milliarden US-Dollar pro Stück sind sie sehr teuer. Der von ihnen erzeugte Strom ist jedoch gegenwärtig vom Preis her mit dem aus Windkraft zu vergleichen. Aber es dauert zehn Jahre, bis alle Genehmigungen erteilt sind und weitere fünf Jahre, eines zu bauen. Bei einer Entstehungszeit von 15 Jahren, bis endlich Strom erzeugt wird, und noch viel mehr Jahren, bis Gewinne anfallen, ist Kernkraft nichts für ungeduldige Anleger. In den USA wie in Großbritannien sind seit 20 Jahren keine neuen Reaktoren mehr gebaut worden.

Drei Dinge vor allem fallen den meisten Menschen ein, wenn das Thema Kernkraft aufkommt: Sicherheit, Abfallentsorgung und Bomben. Der Unfall im ukrainischen Tschernobyl 1986 war eine Katastrophe, deren Folgen auch zwei Jahrzehnte nach dem Zwischenfall weiter wirken. In Weißrussland, das 70 Prozent des radioaktiven Niederschlags abbekam, ist nur ein Prozent des Landes *nicht* verstrahlt, und 25 Prozent der landwirtschaftlichen Nutzflächen müssen auf Dauer brachliegen.

Die Kernkraftwerke in den Vereinigten Staaten und in Europa sind überwiegend sicherer, aber wie der Zwischenfall von Three Mile Island in Pennsylvania 1979 zeigte, ist keines wirklich gegen Unfälle oder Sabotageakte gefeit. Da in den USA mehrere Atomreaktoren in der Nähe großer Städte stehen, ist man auch wegen möglicher Terrorangriffe sehr besorgt.

Die Entsorgung der radioaktiven Abfälle ist ein weiteres Problem. Und die Frage, was man mit alten, nicht mehr zu verwendenden Atomreaktoren machen soll, ist fast genauso schwierig zu beantworten: Allein in den Vereinigten Staaten stehen heute 103 Kernkraftwerke, die ursprünglich für eine Laufzeit von 30 Jahren genehmigt worden waren, jetzt aber dazu verdammt sind, noch einmal so lange weiterzulaufen. Dieser alternde Maschinenpark muss der Industrie Kopfschmerzen bereiten, vor allem da bislang noch kein Reaktor erfolgreich zerlegt worden ist, was vielleicht daran liegt, dass man die Kosten dafür auf rund 500 Millionen US-Dollar pro Stück schätzt. All diese Nachteile muss man jedoch mit denen der anderen Energiequellen vergleichen. Durch Kohlebergwerke und Kohlekraftwerke beispielsweise sterben jedes Jahr viel mehr Menschen – bei Grubenunglücken und an Lungenkrankheiten – als durch Uranminen und Kernkraftwerke.

Die meisten neuen Atomkraftwerke werden in Entwicklungsländern gebaut. China will in den nächsten 20 Jahren zwei neue Kernreaktoren pro Jahr in Auftrag geben, was in globaler Hinsicht höchst wünschenswert ist, denn 80 Prozent des chinesischen Stroms werden momentan aus Kohle erzeugt. In Kürze soll dort der weltweit erste sogenannte Kugelhaufenreaktor neuen Typs fertiggestellt werden, der als sehr sicheres kleines (300 Megawatt) Atomkraftwerk mit hohem Wirkungsgrad gilt.

In Indien, Russland, Japan und Kanada sind ebenfalls Reaktoren in Bau, Genehmigungen für 37 weitere liegen in Brasilien, im Iran, in Indien, Pakistan, Südkorea, Finnland und Japan vor.

Es wird schwierig werden, das Uran für all diese Reaktoren zu beschaffen, denn die Welt verfügt über keine gro-ßen Uranvorräte. Gegenwärtig wird ein Viertel der Nach-frage dadurch befriedigt, dass man den Stoff aus überflüssig gewordenen Atomwaffen wiedergewinnt. Das leitet direkt zu dem Problem über, dass Kernwaffen in die falschen Hände gelangen könnten. Jeder, der angereichertes Uran besitzt, kann auch eine Atombombe bauen. Da Kernreaktoren immer weitere Verbreitung finden und politische Bündnisse wechseln, steigt die Wahrscheinlichkeit, dass solche Waffen irgendwann allen zur Verfügung stehen, die sie haben wollen. Einzig gute Regulierungen und die Bereitschaft, internationale Verträge und Einrichtungen (wie die Internationale Atomenergie-Organisation) anzuerkennen, die die Regulierungen überwachen, können diese Gefahren verringern.

Was könnte die Kernkraft dazu beitragen, eine Klimakatastrophe abzuwenden? China und Indien werden bei der Energiegewinnung verstärkt auf Atomkraft setzen, denn gegenwärtig gibt es für sie keine preiswerte, in großem Maßstab zu verwirklichende Alternative. Beide Länder verfügen bereits über Kernwaffen, also ist das relative Risiko der Weiterverbreitung nicht so groß. In der entwickelten Welt jedoch wird jede größere Ausweitung der Kernkraft davon abhängig gemacht werden, ob neue, sicherere Reaktoren zur Verfügung stehen.

Eine weitere Möglichkeit, ständig Strom zu erzeugen, bietet die Erdwärme.

Die Geothermik will die Wärmevorräte anzapfen, die zwischen der Erdkruste zu unseren Füßen und dem geschmolzenen Mantel unseres Planeten gespeichert sind.

Der Erfinder des wirtschaftlich nutzbaren Wechselstroms, Nikola Tesla, stellte als Erster fest, dass es in der Erde jede Menge Wärme geben muss, aber die geothermische Energiegewinnung liefert weltweit bloß 10 000 Megawatt. Wieso? Wie sich herausgestellt hat, haben wir an den falschen Stellen nach Erdwärme gesucht. Zuvor wurde die Geothermik in Vulkangebieten genutzt, in denen wasserführende Schichten im heißen Fels überhitztes Wasser und Dampf liefern. Es scheint vernünftig, an solchen Stellen nach geothermischer Energie zu suchen, aber man muss auch die Geologie bedenken.

Lavaführende Vulkane gibt es nur da, wo die Erdrinde auseinandergerissen ist, sodass das Magma zur Oberfläche dringt. Dafür ist Island ein gutes Beispiel, das an jener Stelle des Meeresbodens entstand, wo Europa und Nordamerika voneinander wegdriften. An solchen Orten steht viel Hitze zur Verfügung, aber die wasserführenden Schichten sind das größte Problem. Zapft man sie an, gibt es zunächst reichlich Wasser und Dampf, bald aber versiegt dieser Strom, und es gibt keine Möglichkeit mehr, die Hitze des Untergrunds zu den Generatoren des Kraftwerks zu bringen. In den achtziger Jahre begannen Betreiber, Wasser in den Untergrund zurückzupumpen, weil sie hofften, es würde erneut erhitzt und könnte wiederverwendet werden. Ziemlich oft verschwand dieses Wasser jedoch auf Nimmerwiedersehen in senkrechten Spalten.

In der Schweiz und in Australien finden Firmen kommerziell nutzbare Erdwärme an den unwahrscheinlichsten Stellen. Als Öl- und Gasgesellschaften in den Wüsten des nördlichen Südaustraliens nach Lagerstätten suchten, entdeckten sie in fast vier Kilometern Tiefe eine Masse Granit, die auf rund 250 °C aufgeheizt war – der heißeste oberflächennahe nichtvulkanische Felsen, der bislang gefunden wurde.

Wirklich aufregend fanden die Geologen, dass dieser Granit nicht in einer Gegend liegt, an der die Erdkruste aufgerissen ist, sondern an der sie zusammengepresst wurde. Das führte zu waagrechten, nicht zu senkrechten Spalten im Fels. Noch besser ist, dass die Felsen in überhitztem Wasser unter großem Druck baden und die waagrechten Spalten es möglich machen, dass es leicht wiederverwendet werden kann.

Diese eine Felsmasse in Südaustralien hat Schätzungen zufolge genug Hitze gespeichert, um 75 Jahre lang den gesamten Energiebedarf Australiens decken zu können, und das zu den Kosten von Braunkohle, aber ohne CO_2-Emissionen. Diese Energiereserve ist so gigantisch, dass die Entfernung zu den Abnehmern kein Hindernis darstellt. Man kann einfach den Strom in solchen Mengen ins Netz einspeisen, dass alle Übertragungsverluste ausgeglichen werden.

Inzwischen ist der Bau von Versuchskraftwerken geplant, um das enorme Potenzial der Geothermik zu testen. Und überall auf der Welt suchen Geologen eifrig nach ähnlichen Lagerstätten, denn wie groß diese Quelle sein könnte, ist kaum bekannt.

Das sieht zwar nach einem aufregenden Durchbruch aus, wir müssen aber dabei bedenken, dass bislang nur sehr wenig Strom aus Erdwärme erzeugt worden ist. Wahrscheinlich wird es noch Jahrzehnte dauern, bis diese Technik ein Gutteil zur Stromerzeugung der Welt beiträgt.

Die hier vorgestellten Möglichkeiten der Energiegewinnung stellen die Menschheit vor schwierige Entscheidungen. Wie könnte das Leben aussehen, wenn wir die eine

Möglichkeit den anderen vorziehen? Bei der Wasserstoff-
und der Atomwirtschaft wird die Energie wahrscheinlich
weiterhin zentral erzeugt, was den großen Energieunternehmen das Überleben sichern würde.

Windkraft- und Solarenergietechniken würden hingegen die Möglichkeit eröffnen, dass die Menschen den
größten Teil ihrer Energie für zu Hause sowie für ihre
Fahrzeuge und sogar das Wasser (mittels Kondensation
aus der Luft) selbst erzeugen können.

Die kohlenstofffreie Energiegewinnung kann die Stromversorgung dezentralisieren und den einzelnen Bürgern mehr
Macht verschaffen.

29. Hybriden, Druckluftautos und Kondensstreifen

Wie bekommen wir nun unsere Verkehrssysteme kohlenstofffrei? Transport und Verkehr sind immerhin für rund ein Drittel der weltweiten CO_2-Emissionen verantwortlich.

Bei den erneuerbaren Energien führt Brasilien. Die Fahrzeugflotte des Landes wird schon zu großen Teilen mit Äthanol betankt, einem vergorenen Alkohol aus Zuckerrohr – das in Brasilien besonders gut wächst. Ein Drittel der Neuwagen, die im letzten Jahr in Brasilien verkauft wurden, läuft wahlweise mit Äthanol oder Benzin, sodass sich der Fahrer immer aussuchen kann, was am günstigsten ist. Und diese Autos kosten nicht mehr als die Standardmodelle. In den USA wird Äthanol meist aus Mais hergestellt, aber für den Getreideanbau ist so viel fossiler Brennstoff nötig, dass die Verwendung von Mais-Äthanol für Fahrzeuge kaum zu Kohlenstoff-Einsparungen führt.

Sollte eine höchst ertragreiche Äthanolquelle – vielleicht *Panicum virgatum,* sogenanntes Switchgrass – kultiviert werden können, müssten die Pflanzen auf 20 Prozent aller landwirtschaftlich nutzbaren Flächen angebaut werden, um die Autos, Schiffe und Flugzeuge der Welt betanken zu können. Die Menschen verbrauchen aber bereits jetzt mehr irdische Ressourcen, als nachhaltig wäre. Diese zusätzliche biologische Produktivität bereitzustellen dürfte also sehr schwer werden und hängt von der Entwicklung nachhaltigerer landwirtschaftlicher Methoden ab.

Trotz solcher Probleme werden beim Verkehr so rasche

technische Fortschritte erzielt, dass sich Auswege abzeichnen, und nirgendwo wird das so deutlich wie in Japan. Während Unternehmen wie Ford in Wasserstofftechnik investieren, haben Toyota und Honda Ingenieure eingestellt, die sparsamere Autos bauen. Folglich konnten sie eine revolutionäre neue Technik auf den Markt bringen, mit der der Benzinverbrauch halbiert und erstaunlichen zukünftigen Entwicklungen der Weg geebnet wird. Bei diesen neuartigen Autos mit Hybridantrieb wird ein Benzinmotor mit einem Elektromotor kombiniert. Den Toyota Prius zu fahren verunsichert zunächst. Er kann so leise sein, dass man denkt, der Motor sei ausgegangen. Wird der Wagen langsamer oder bleibt er im Stau stehen, schaltet sich aber nur der 1,5-Liter-Benzinmotor ab, und der leise Elektromotor übernimmt. Dieser wird mit Strom betrieben, der teilweise durch das Bremsen gewonnen wird – Energie, die bei einem gewöhnlichen Fahrzeug verpufft. Der Prius hat den Markt im Sturm erobert, und mit einer Tankreichweite von rund 1000 Kilometern ist er das mit dem Kohlenstoff am sparsamsten umgehende Auto seiner Größe. Wahrscheinlich wird er das auch noch eine Zeit lang bleiben.

Im Vergleich zum Toyota Landcruiser (oder einem der anderen in den USA oder Australien heute so beliebten großen Allradlern) spart der Prius bis zu 70 Prozent Benzin und CO_2-Emissionen. Das ist genau die Menge an Einsparungen, die Wissenschaftler für die Weltwirtschaft bis 2050 für nötig erachten, wenn der Klimawandel aufgehalten werden soll.

Wenn du selbst einen wirksamen Beitrag zum Kampf gegen den Klimawandel leisten willst, warte nicht auf die Wasserstoffwirtschaft – bring deine Familie dazu, ein Hybridauto zu kaufen.

Wäre eine kohlenstofffreie Netzstromversorgung verwirklicht, würden viele andere Antriebsmöglichkeiten attraktiv. Elektroautos sind seit Jahren auf dem Markt, allein in Frankreich fahren 10 000 davon. In Europa werden sogar noch aufregendere Techniken entwickelt, beispielsweise der Prototyp eines Druckluftautos.

Stell dir vor, was ein Druckluftauto für eine dänische Familie bedeuten könnte. Sie besitzt vielleicht Anteile an einem Windkraftwerk, das ihr Haus mit Elektrizität versorgt, und könnte diese auch benutzen, um Luft für ihr Auto zu verdichten. Vergleiche dies mit der amerikanischen Durchschnittsfamilie, die, selbst wenn die Wasserstoff- und Atomkraftnutzung zum Tragen käme, noch immer ihre Elektrizität und den Treibstoff für ihr Auto von großen Firmen kaufen würde. Indem wir den Klimawandel bekämpfen, können wir den Planeten retten *und* auch den Weg in eine völlig andere Zukunft ebnen.

Was ist mit den anderen, immer noch wachsenden Transportbereichen wie beispielsweise dem Schiffs- und Luftverkehr? Eines der schlimmsten Umweltgifte auf der Erde ist das Öl, mit dem Schiffe angetrieben werden. In den letzten paar Jahren hat der internationale Schiffsverkehr um 50 Prozent zugenommen, und Frachter sind inzwischen mit die größten Luftverschmutzer. Das Zeug, das die Maschinen dieser Schiffe antreibt, besteht aus Überresten aus der Herstellung anderer Treibstoffe. Es ist so zäh und voller Beimischungen, dass es erst erhitzt werden muss, bevor es überhaupt durch die Rohre des Schiffes fließt.

Satellitenüberwachungen zeigen, dass weltweit viele Schifffahrtsstraßen unter nahezu dauerhaften Wolkenstreifen liegen, die aus den Teilchen-Emissionen der Schiffsschornsteine herrühren. Dieses Problem zu lösen, ist aber verhältnismäßig einfach. Noch vor wenig mehr als einem Jahrhundert war der Seeverkehr Sache der Windkraft. Mit modernen Wind- und Solartechniken und energieeffizienten Maschinen könnte der Schiffsverkehr bis Mitte dieses Jahrhunderts wieder kohlenstofffrei sein.

Der Luftverkehr erfordert große Mengen Brennstoff hoher Dichte, wie ihn gegenwärtig nur fossile Brennstoffe liefern können. 1992 war das Fliegen für zwei Prozent aller CO_2-Emissionen verantwortlich, aber das wird rasch zunehmen. In den USA, wo bereits zehn Prozent des Brennstoffverbrauchs auf Flugzeuge entfallen, erwartet man, dass sich die Anzahl der Passagiere zwischen 1997 und 2017 verdoppeln wird, was den Luftverkehr zum am schnellsten wachsenden Verursacher von CO_2- und Stickstoffoxid-Emissionen des Landes macht. Auf der anderen Seite des Atlantiks kommen vielleicht bis 2030 ein Viertel aller CO_2-Emissionen Großbritanniens aus Flugzeugtriebwerken.

Flugzeugabgase bestehen aus einer Mischung von Chemikalien, die teilweise in entgegengesetzter Richtung wirken. Moderne Jets fliegen meist am Rand der Troposphäre, wo der Wasserdampf, das Stickstoffoxid und das Schwefeloxid in ihren Abgasen eine ganz eigene Wirkung entfalten. Das Stickstoffoxid kann den Ozongehalt in der Troposphäre und der unteren Stratosphäre anheben, jenen in der oberen Stratosphäre aber weiter senken. Das Schwefeldioxid hat abkühlende Wirkung.

Als wichtigste Emission hat sich aber der Wasserdampf

erwiesen, den wir als Kondensstreifen wahrnehmen. Unter bestimmten Bedingungen werden aus den Kondensstreifen Zirruswolken. Diese Wolkenart bedeckt rund 30 Prozent des Planeten. Es ist möglich, dass Kondensstreifen für bis zu einem Prozent der Zirruswolken verantwortlich sind, und das hätte deutliche Auswirkungen auf das Klima.

Würden die Flugzeuge tiefer fliegen, könnte man die Bildung von Zirruswolken halbieren und die CO_2-Emissionen um vier Prozent senken, während sich die durchschnittlichen Flugzeiten über Europa um weniger als eine Minute ändern würden.

Während es den Europäern und Japanern möglich ist, vom Flugzeug auf schnelle Züge umzusteigen, ist das für Australier, Kanadier und US-Amerikaner keine sinnvolle Lösung. Und Flugzeuge benötigen wohl auf absehbare Zeit weiterhin fossile Brennstoffe. Solange wir nicht zu den gemütlicheren Tagen der Zeppeline zurückkehren, werden Flugreisen noch CO_2-Emissionen verursachen, nachdem andere Bereiche bereits längst zu einer kohlenstofffreien Wirtschaftsweise übergegangen sind.

30. Du bist an der Reihe

Wenn wir alle uns bemühen, Kohlenstoff-Emissionen in die Atmosphäre aus unserem Leben zu verbannen, können wir meiner Überzeugung nach die Arktis und Antarktis stabilisieren und anschließend retten. Wir könnten etwa vier von fünf der gegenwärtig bedrohten Arten vor dem Aussterben bewahren, das Ausmaß von Unwettern eindämmen und die Wahrscheinlichkeit, dass es noch in diesem Jahrhundert zu einem der drei großen Umkipppunkte – insbesondere dem Versiegen des Golfstroms und dem Verschwinden der Amazonas-Regenwälder – kommt, fast auf null zurückfahren.

Damit das passiert, muss jeder *jetzt* etwas gegen den Klimawandel tun: Auch nur noch ein Jahrzehnt zu zögern wäre viel zu viel. Manche großen Dinge liegen nicht in der Hand von Einzelnen. Wir sollten beispielsweise keine veralteten Kohlekraftwerke mehr bauen oder ausbauen. Stattdessen müssen wir anfangen, sie zu schließen. Solche Entscheidungen treffen meist Regierungen. Aber Regierungen treffen viel eher die richtige Entscheidung, wenn die Leute das von ihnen verlangen.

Egal, ob du schon wählen darfst oder nicht – du kannst Politikern deine Meinung dazu vermitteln. Und wenn du angefangen hast, deine eigenen Emissionen zu verringern, kannst du andere fragen, was sie selbst tun, um ihre abzubauen.

Das ist das Allerwichtigste, was ich sagen will: Es gibt keinen Grund zu warten, bis die Regierungen handeln. Du

kannst selbst etwas tun. Die Technik, um die CO_2-Emissionen zu verringern, steht so gut wie jedem Haushalt auf der Erde zur Verfügung.

Man kann leicht in wenigen Monaten die Verringerung der Emissionen um 70 Prozent erzielen, die zur Stabilisierung des Erdklimas nötig sind. Dazu müssen du und deine Familie lediglich eure Lebensweise ein bisschen ändern, ohne dabei schwere Opfer zu bringen.

Der richtige Umgang mit Elektrizität ist die wirkungsvollste Waffe bei deinen Maßnahmen, denn der erlaubt dir, deine persönlichen CO_2-Emissionen merklich zu senken.

Hast du dir schon einmal die Stromrechnung deiner Familie angesehen? Wenn nicht, lass sie dir geben und lies sie gründlich durch. Gibt es die Möglichkeit, »grünen« Strom zu beziehen, das heißt Energie, bei der der Versorger garantiert, dass er aus erneuerbaren Quellen wie Wind, Sonne oder Wasser stammt? Grüner Strom kostet vielleicht nicht einmal einen Euro mehr pro Woche, reduziert die Emissionen aber höchst wirkungsvoll.

Wenn euer Energielieferant keinen grünen Strom anbietet, schlag vor, dass deine Familie ihm kündigt und einen Konkurrenten anruft. Den Versorger zu wechseln, ist in der Regel Sache von einem einzigen Telefonat, es sollte zu keiner Unterbrechung der Stromversorgung kommen und zu keinen Unannehmlichkeiten bei der Rechnungsstellung.

Mit einem Wechsel zu grünem Strom ist es möglich, die Emissionen eures Haushalts auf null herunterzufahren. Und all das als Folge eines einzigen Telefonats.

Was ist mit dem Heißwasser? In den entwickelten Ländern stammt rund ein Drittel der CO_2-Emissionen aus dem Energieeinsatz der Privathaushalte, und von diesem wird üblicherweise ein Drittel zur Erwärmung von Wasser verbraucht. Das ist verrückt, da die Sonne euer Wasser umsonst aufheizt, wenn ihr die entsprechende Technik habt.

Zunächst fallen zwar für deine Familie Anschaffungskosten an, aber die Einsparungen sind so groß, dass es sich lohnt, sogar ein Darlehen dafür aufzunehmen, denn in sonnigen Gegenden wie Kalifornien oder Südeuropa hat man die Kosten in zwei bis drei Jahren wieder hereingespielt. Da es auf die Kollektoren in der Regel eine Zehnjahresgarantie gibt, heißt das, dass man mindestens sieben bis acht Jahre lang umsonst heißes Wasser bekommt. Selbst in wolkenreichen Ländern wie Deutschland oder Großbritannien erhält man noch mehrere Jahre lang heißes Wasser umsonst.

Die größten Energiefresser sind die Heizung, die Kühl- und Gefrierschränke und die Klimaanlage. Sorg dafür, dass deine Familie das Modell wählt, das am sparsamsten mit der Energie umgeht. Zudem könnte der Einbau einer guten Isolierung billiger sein als der Kauf und Betrieb einer größeren Heizung oder Klimaanlage.

Schlag vor, dass sich deine Familie die Stromrechnung gemeinsam durchliest und ihr euch ein Einsparungsziel setzt. Ist dieses erreicht, könnt ihr das ersparte Geld vielleicht für einen Urlaub verwenden.

Ich habe mich über die Verantwortungslosigkeit der Kohleverheizer so aufgeregt, dass ich beschloss, meinen eigenen Strom zu erzeugen – und das zählt zu den befriedigendsten Dingen, die ich je getan habe. Für einen Durchschnittshaushalt sind Solarzellen am besten geeignet. Zwölf 80-Watt-Paneele habe ich mir selbst genehmigt, und die Energie, die sie in Australien erbringen, reicht zum Betrieb des Hauses aus.

Um mit dieser Menge zurechtzukommen, ist unsere Familie beim Energieverbrauch allerdings sehr wachsam, und wir kochen mit Gas. Zudem bin ich körperlich fitter als zuvor, weil ich beim Werkeln und Reparieren nicht mehr mit einer Vielzahl von Elektrogeräten hantiere, sondern wieder mit Muskelkraft arbeite. Auf die Solarzellenpaneele gibt es 25 Jahre Garantie (doch sie halten oft bis zu 40 Jahre lang). Auch im Rentenalter werden sie mir also noch kostenlosen Strom liefern.

Die deutsche Stadt Schönau im Schwarzwald bietet ein anderes Beispiel für entschlossenes Handeln. Einige Familien dort beunruhigte die Katastrophe von Tschernobyl so sehr, dass sie beschlossen, etwas gegen ihre Abhängigkeit von der Kernenergie zu tun. Den Anfang bildete eine Gruppe von zehn Elternpaaren, die Preise für Energieeinsparung vergaben. Das erwies sich als so erfolgreich, dass daraus bald eine Bürgerinitiative entstand, deren Ziel es war, die Energieversorgung der Stadt den Kraftübertragungswerken Rheinfelden (KWR), die das Monopol hatten, wegzunehmen.

Die Mitglieder stellten ihre eigenen Nachforschungen an, dann brachten sie das Geld auf, um ihre eigene grüne Stromversorgung anzugehen. Letzten Endes kam genug zusammen, um die Stromversorgung samt Netz und allem anderen von den KWR zu kaufen. Heute versorgt die Stadt sich nicht nur mit eigenem Strom, sondern gibt auch erfolgreich Hilfestellungen, wie man überall im Land das Stromnetz »grün« bekommt. Jahr für Jahr wird Schönaus Energieversorgung grüner, und selbst die großen Stromverbraucher in der Stadt, etwa ein Unternehmen für Kunststoffrecycling, sind mit dem Ergebnis zufrieden.

Wäre es nicht toll, wenn du eine ähnliche Bewegung in deiner Stadt oder Region in Gang setzen könntest?

Derzeit ist es für die meisten von uns nicht machbar, bei Transport und Verkehr auf fossile Brennstoffe zu verzichten, aber wir können den Verbrauch stark einschränken. Am wirkungsvollsten ist es, zu laufen oder Fahrrad zu fahren, wann immer das möglich ist – in die Schule, zur Arbeit, zum Einkaufen –, und auch öffentliche Verkehrsmittel bringen viel. Und wenn deine Familie ihren Geländewagen oder ihren sportlichen Spritfresser gegen ein Hybridauto mittlerer Größe eintauscht, kann das eure Verkehrsemissionen über Nacht um bis zu 70 Prozent verringern.

Wer kein Hybridauto fahren will oder kann, sollte, so die Faustregel, den kleinsten Wagen kaufen, der gerade noch die Aufgabe bewältigt, für die man ihn am häufigsten braucht. In den seltenen Fällen, wo man einen größeren benötigt, kann man jederzeit einen mieten. Und wenn ihr auf Sonnenenergie umgestiegen seid, kann sich deine Familie in ein paar Jahren vielleicht ein druckluftbetriebenes Fahrzeug leisten. Dann könnt ihr all die Strom- und Benzinrechnungen vergessen.

Obwohl es oft den gegenteiligen Anschein hat, können Schüler oder Arbeitnehmer auch auf ihre Schule beziehungsweise Firma erheblichen Einfluss nehmen. Bitte um ein Ökoaudit oder einen Energiecheck, damit alle dort emissionsbewusster werden. So kann sichergestellt werden, dass alle mit der Energie so sparsam wie möglich umgehen.

Denk daran: Wenn du deine Emissionen um 70 Prozent kürzen kannst, können das auch Schulen, Firmen, Bauernhöfe und viele andere Einrichtungen.

Die Gesellschaft braucht dringend Vorbilder, die zeigen, was getan werden kann und was getan werden sollte. Mit einem solchen öffentlichen Engagement kannst du Ergebnisse erzielen, die weit über die lokale Wirkung hinausgehen.

Wenn du diese Liste der Maßnahmen gegen den Klimawandel durchliest, bezweifelst du vielleicht, dass solche Schritte so viel ausmachen können. Doch wenn eine ausreichende Anzahl von uns grünen Strom, Solarpaneele, Heißwasser-Sonnenkollektoren und Hybridautos kauft, werden die Preise für diese Dinge fallen. Das wird den Verkauf von noch mehr Paneelen und Windgeneratoren ankurbeln, und bald wird der Großteil der Haushaltsenergie mit erneuerbaren Technologien erzeugt werden.

Und das wird wiederum die energiehungrigen Unternehmen zwingen, ihren Wirkungsgrad zu verbessern und sich einer sauberen Stromerzeugung zuzuwenden. Damit werden die erneuerbaren Energien noch einmal preiswerter. Infolgedessen werden die Entwicklungsländer – einschließlich China und Indien – in die Lage versetzt, sich saubere Energie anstelle dreckiger Kohle zu leisten.

Mit ein bisschen Hilfe von deiner Seite – jetzt auf der Stelle – können die Entwicklungsriesen in Asien vielleicht sogar die große Kohlenstoff-Katastrophe vermeiden, die wir, die industrialisierte Welt, uns geschaffen haben.

Wie diese Herausforderungen zeigen, ist es uns bestimmt, in der interessantesten aller Zeiten zu leben, denn heute sind wir die Wettermacher, und die Zukunft der Artenvielfalt und der Zivilisation hängt von unserem Verhalten ab.

Ich habe mein Bestes getan, um eine Gebrauchsanleitung für das Klima des Planeten Erde zusammenzustellen. Jetzt bist du an der Reihe.

Begriffserklärungen

Absorbieren, Absorption Bedeutet, dass ein Stoff einen anderen Stoff oder eine Strahlung wie Licht physikalisch oder chemisch in sich aufnimmt.

Aerosole Kleine feste oder flüssige Teilchen, die in der Atmosphäre schweben und an denen Wasserdampf kondensiert.

Albedo Vom lateinischen Wort *albus*, weiß, abgeleitet; bezeichnet das Rückstrahlungsvermögen von Oberflächen. Je weißer eine Fläche ist, desto mehr Sonnenlicht wirft sie ins All zurück.

Anthrazit Diejenige in der Natur vorkommende Kohlenart, die den höchsten Anteil an Kohlenstoff und damit den höchsten Heizwert hat, beim Verbrennen aber auch das meiste CO_2 freisetzt.

Anthropozän Noch inoffizieller Name für eine neue geologische Epoche. Wissenschaftler haben diesen Begriff für die Zeit vorgeschlagen, seit wir Menschen Einfluss auf das Klima nehmen.

Äthanol Auch Ethylalkohol, Spiritus, Weingeist genannt; kann aus Pflanzen oder Teilen davon gewonnen und als Treibstoff oder zum Heizen benutzt werden.

Atomkraft Bei der Stromerzeugung mit Atomkraft wird durch die Spaltung von Atomkernen (meist Uran) energiereiche Radioaktivität freigesetzt; mit dieser wird Wasser stark erhitzt, der Wasserdampf treibt dann über Turbinen Stromgeneratoren an.

Biodiversität Die biologische Vielfalt des Lebens einschließlich aller Organismen und ökologischen Zusammenhänge; kann auf die Erde insgesamt bezogen werden oder auf die biologische Vielfalt eines bestimmten Gebiets oder → *Habitats*.

Biomasse Die Gesamtheit aller Lebewesen in einem bestimmten Gebiet; beispielsweise kann man die Biomasse eures Gartens berechnen (du selbst und eventuell euer Hund gehören auch dazu, nicht nur die Pflanzen). Im engeren Sinn bezeichnet der Ausdruck das Ausgangsmaterial für Biotreibstoffe.

Bioproduktivität Ein Maß für alles, was die Natur einer bestimmten Region oder auch der gesamten Erde hervorbringt; dazu zählen nicht nur Pflanzen und Tiere und Kleinstlebewesen, sondern zum Beispiel auch der Sauerstoff, den wir zum Leben brauchen.

Biosphäre Der Bereich unseres Planeten, in dem Leben möglich ist. Sie reicht im Allgemeinen mindestens elf Kilometer hoch in die Atmosphäre und in etwa genauso tief hinunter in die Meere und die Erdschichten darunter.

Biotreibstoffe Treibstoffe, die – im Gegensatz zu fossilen Energieträgern – aus heutigen Organismen (insbesondere Pflanzen) gewonnen werden, beispielsweise → *Äthanol*, Rapsöl oder Biogas.

Carbonate Salze der Kohlensäure (Kohlensäure ist in Wasser gelöstes Kohlendioxid). Bekannte Beispiele sind Soda (Natriumcarbonat), Pottasche (Kaliumcarbonat) oder Kalk (Calciumcarbonat).

CFKs (Chlorfluorkohlenstoffe) Künstlich hergestellte Chemikalien, die die Ozonschicht zerstören; sie richten auch als Treibhausgase Schaden an.

Clathrate So genannte Einschlussverbindungen, bei denen ein Gas (etwa Methan) in Hohlräumen eines Kristallgitters (zum Beispiel in winzigen Eiskristall-»Käfigen«) eingesperrt ist. Clathrate mit → *Methan* kommen besonders häufig am Boden der Tiefsee vor.

CO$_2$-Emissionen Der Kohlendioxid-Ausstoß in die Atmosphäre durch Industrie, Verbrennung, Transport, Organismen, Meere, Vulkane und andere Quellen.

El Niño Eine regelmäßige Klimaschwankung im südlichen Pazifik; der Zyklus bringt großen Teilen der Erde, vor allem Südamerika, Dürrezeiten und zu hohe Temperaturen. Früher kam es ungefähr alle vier Jahre dazu, doch jetzt steigt die Häufigkeit.

Emission Meint allgemein nur die Freisetzung von irgendwelchen Stoffen in die Umwelt, wird aber meist im engeren Sinn für den Ausstoß von Schadstoffen wie etwa Treibhausgasen in die Atmosphäre gebraucht.

Emissionshandel Ein System, bei dem Umweltverschmutzer für das Recht, die Luft (zum Beispiel mit CO_2) zu verunreinigen, bezahlen müssen; zugleich begünstigt es jene, die die Emissionen zurückfahren können, denn die können ihre nicht mehr benötigten Emissionsrechte an andere verkaufen.

Energieeffizienz Ein für das Energiesparen wichtiges Maß, wie gut eine Technik oder ein Gerät die eingesetzte Energie ausnutzt, beispielsweise wie viel Strom eine Solarzelle aus einer bestimmten Menge Sonnenlicht macht oder wie viel Benzin ein Auto für 100 Kilometer braucht.

Erdgas Besteht zu 90 Prozent aus → *Methan* und ist derjenige fossile Brennstoff, der die Atmosphäre am wenigsten belastet.

Erneuerbare Energie Energie, die aus Quellen wie Wind oder Sonne gewonnen wird und praktisch unbegrenzt zur Verfügung steht.

Fossile Brennstoffe »Fossil« bedeutet »aus dem Erdaltertum«. Im Allgemeinen fasst man unter dem Begriff Kohle, Öl und Erdgas zusammen. Diese Brennstoffe sind die Überreste von Organismen, die vor Millionen von Jahren gelebt haben.

Geosequestration Die Abscheidung von CO_2 aus Rauch- oder Abgasen und seine Einlagerung in geeigneten Hohlräumen der Erdkruste.

Geothermische Energie Energie, die aus der natürlichen Wärme in der Erdkruste gewonnen wird.

Gezeitenkraftwerk Kraftwerk, das elektrischen Strom aus dem Wechsel von Ebbe und Flut gewinnt.

Globale Erwärmung Die Erwärmung der Erdoberfläche aufgrund von menschengemachten oder natürlichen Treibhausgas-Emissionen in die Atmosphäre.

Globales Dimmen Die Abkühlung der Erdoberfläche aufgrund von Luftverschmutzung (zum Beispiel durch Aerosole oder Kondensstreifen) oder der natürlichen Freisetzung bestimmter Stoffe in die Atmosphäre.

Golfstrom Eine Meeresströmung im Nordatlantik, die Wärme aus der Karibik nach Europa transportiert.

Grüner Strom Elektrizität aus erneuerbaren beziehungsweise natürlichen Energiequellen, zum Beispiel Biomasse oder Wasserkraft.

Habitat Ursprünglich Fachbegriff für den typischen Lebensraum bestimmter biologischer Arten; wird heute oft auch im Sinn von → *Ökosystem* gebraucht.

Hybridautos Fahrzeuge, die sowohl einen Elektro- als auch einen Verbrennungsmotor (meist einen Benzinmotor) haben. Der Elektromotor läuft mit Energie, die normalerweise nicht genutzt wird (beispielsweise der beim Bremsen erzeugten).

Jetstream Eine sehr schnelle Luftströmung in der oberen Troposphäre, die das Wettergeschehen entscheidend beeinflusst, vor allem in Nordamerika.

Kernkraft siehe *Atomkraft*

Kilowatt Maßeinheit, gleich 1000 Watt; diese elektrische Leistung reicht für den Betrieb eines kleinen Haushalts.

Klima-Modelle Per Computer erstellte Modelle, um Klimaveränderungen zu simulieren; je genauer ein Klima-Modell die Verhältnisse in der Vergangenheit simulieren kann, desto präziser dürfte es auch künftige Klimaänderungen vorhersagen.

Klimaschwankung Das Ausmaß, in dem das Klima um den für einen bestimmten Zeitraum typischen Normalzustand herum hin und her pendelt.

Klimawandel Eine grundsätzliche, lang anhaltende Änderung des Klimas, beispielsweise aufgrund der globalen Erwärmung.

Kohlenstoff-Budget Die Menge an Kohlenstoff (oder Kohlenstoffverbindungen), die in die Atmosphäre gelangen darf, ohne dass ein gefährlicher Schwellenwert erreicht wird.

Kohlenstoff-Handel siehe *Emissionshandel*

Kohlenstoff-Reservoire oder **-Lager** Gebiete oder Organismen, die der Atmosphäre Kohlenstoff entziehen oder in der Vergangenheit entzogen haben.

Kohlenstoff-Steuer Eine Steuer auf CO_2-Emissionen. Sie soll dazu führen, dass die Industrie nach neuen Wegen sucht, um ihren Kohlenstoff-Ausstoß zu verringern.

Kohlenstoffzyklus Der Kreislauf des irdischen Kohlenstoffs durch die Biosphäre und die natürlichen Kohlenstoff-Reservoire; in wechselnden chemischen Verbindungen und in ganz unterschiedlichem Tempo wandert aller Kohlenstoff unablässig durch lebende und tote Organismen, durch die Atmosphäre, die Böden, die Meere und das Gestein der Erdkruste. Von Natur aus hält dieser Kreislauf die Verteilung von Kohlenstoff auf der Erde in einem stabilen Gleichgewicht, die menschengemachten CO_2-Emissionen aber stören ihn erheblich.

Kohlenwasserstoffe Große Gruppe von Verbindungen, deren Moleküle aus Kohlenstoff- und Wasserstoffatomen bestehen. Die langkettigen Kohlenwasserstoffe wie etwa Benzin und Kerosin enthalten bei kleinem Volumen viel Energie. Da Treibstoffe in einem Fahrzeug mitgeführt werden müssen, sind solche Kohlenwasserstoffe für Transportzwecke besonders geeignet.

Kondensstreifen Wasserdampf, der als Abfallprodukt von Düsenflugzeugtriebwerken erzeugt wird. Kondensstreifen können zu Wolken werden.

Kryosphäre Die Regionen der Erde, die ständig gefroren sind – beispielsweise die Gegenden um die Pole.

La Niña Eine → *El Niño* entgegengesetzte Klimaschwankung mit zu viel Regen und zu niedrigen Temperaturen im südlichen Pazifik.

Magische Tore Zeiten, in denen das Klima der Erde von einem stabilen Zustand in einen anderen wechselt.

Megawatt Maßeinheit, gleich 1000 Kilowatt; diese elektrische Leistung reicht für 500 große Haushalte.

Methan Farb- und geruchloses, brennbares Gas. Ein Methanmolekül besteht aus vier Wasserstoff- und einem Kohlenstoffatom, bei der Verbrennung entsteht daher im Vergleich zu Öl oder Kohle relativ wenig Kohlendioxid.

Nachhaltigkeit Die Natur schonende Technologien und Lebensweisen, die uns allen auf lange Sicht eine Zukunft ermöglichen.

Nuklearenergie siehe *Atomkraft*

Ökosystem Das Zusammenwirken und die Wechselwirkungen zwischen Organismen verschiedener Spezies und dem gemeinsam genutzten → *Habitat*, zum Teil auch die Wechselwirkungen zwischen diesen und den nichtorganischen Bestandteilen des Lebensraums. Ökosysteme – etwa Regenwälder oder Sumpfland – sind offene Systeme, die sich weiterentwickeln.

Ozonloch Ein Bereich der Stratosphäre, in dem sich weniger Ozon befindet, als von Natur aus da sein müsste. Ursache ist hauptsächlich die Luftverschmutzung mit Chemikalien wie den CFKs. Das Ozonloch bildet sich alljährlich über dem Süd- und Nordpolargebiet.

Photovoltaik Eine Technik, mit der Sonnenlicht mittels Solarzellen direkt in Strom umgewandelt wird.

Ressourcen Sammelbegriff für alle Rohstoffe und/oder Nahrungsmittel, die eine Gesellschaft, ein Wirtschaftszweig, eine biologische Art oder ein einzelnes Lebewesen zur Produktion beziehungsweise zum Leben braucht.

Rückkopplung Die wechselseitige Beeinflussung von zwei oder mehr unterschiedlichen, aber miteinander verbundenen Systemen oder Vorgängen. **Positive** Rückkopplung bedeutet, dass die Gesamtauswirkungen verstärkt werden. Bekanntestes Beispiel ist das Pfeifen aus dem Lautsprecher, wenn das Mikrofon zu dicht bei ihm steht: Der verstärkte Ton aus dem Lautsprecher wird vom Mikrofon aufgefangen, dann weiter verstärkt, woraufhin der Lautsprecher noch lauter wird und so weiter. **Negative** Rückkopplung bedeutet, dass die Gesamtauswirkungen abgeschwächt werden. Bei unserem Lautsprecher-Mikrofon-Beispiel würde der Pfeifton also von selbst immer leiser, bis er nicht mehr zu hören ist. Konkret arbeitet etwa ein Antiblockiersystem im Auto mit negativer Rückkopplung: Blockiert ein Rad wegen zu hohem Bremsdruck, wird die Bremskraft vermindert, bis das Rad wieder greift und erneut gebremst werden kann.

Saurer Regen Bei der Verbrennung von Energieträgern mit hohem Schwefelanteil (zum Beispiel Kohle) gelangt Schwefeldioxid in die Atmosphäre, wo es sich mit Wasser zu Schwefelsäure verbindet, die dann mit dem Regen (auch mit Schnee, Hagel oder Nebel) wieder auf die Erde gelangt. Der saure Regen kann Bäume, Seen und Flüsse schwer schädigen und führt zum Waldsterben.

Solarenergie Energie, die gewonnen wird, indem man sich die Sonnenstrahlung direkt zunutze macht, zum Beispiel mit → *Photovoltaik*

Solarthermische Kraftwerke Wandeln Sonnenlicht sowohl in Strom als auch in Wärme um.

Subsistenzmittel Sammelbegriff für alles, was eine Gesellschaft, Gemeinschaft, Familie oder Einzelperson für den Lebensunterhalt braucht.

Szenario Eine auf begründeten Annahmen beruhende, denkbare Abfolge von zusammenhängenden Ereignissen, anhand deren man sich klarmacht, was unter bestimmten Voraussetzungen passieren könnte.

Telekinese Auch Fernwirkung genannt; bedeutet, dass ein Vorgang einen anderen, weit entfernten Vorgang auslöst oder beeinflusst, ohne dass es eine erkennbare Verbindung zwischen den beiden gibt.

Treibhausgase Gase, die die Wärme in der Nähe der Erdoberfläche festhalten. Es gibt etwa 30 Treibhausgase, von denen CO_2 die größte Bedeutung hat.

Wasserkraft Energie, die mit Hilfe von fließendem Wasser erzeugt wird.

Windenergie Strom, der mit Hilfe von Windkraft erzeugt wird.

Wirkungsgrad Ein anderer Ausdruck für → *Energieeffizienz.*

Danksagung

Ich danke Penny Huston, die *Wir Klimakiller* gestaltete, Alexandra Szalay für ihre unschätzbaren Anregungen und Terry Glavin dafür, meine Aufmerksamkeit darauf zu lenken, was wir der Artenvielfalt von British Columbia schulden.

Bildnachweis

Mit herzlichem Dank für die Genehmigung zum Abdruck der folgenden Abbildungen:

Farbteil
1. Goldkröte: © Michael und Patricia Fogden (www.fogdenphotos.com).
2. Ausgebleichte Korallen: Mit freundlicher Genehmigung von Ray Berkelmans, CRC Reef.
3. Karru: Mit freundlicher Genehmigung von South African Tourism.
4. Die Welt bei Nacht: © NASA.
5. Australiens Niederschläge 1950–2003: © Commonwealth of Australia, Abdruck genehmigt.
6. Eiskappe des Nordpols: Foto NASA, © Natural Resources Defense Council.
7. Wegbrechen des Larsen-B-Eisschelfs: © British Antartic Survey.

Schwarz-Weiß-Abbildungen
Alle Zeichnungen von Tony Fankhauser; S. 133 erstellt nach Informationen der Water Corporation, WA; S. 167 erstellt nach Informationen des IPCC; S. 205 und S. 219 erstellt nach Informationen des Met Office.

S. 17, Star Mountains in Neuguinea; S. 19, *matanim*-Kuskus; S. 177, *Dingiso*: alle © Tim Flannery.

S. 99, Riesenbaumratte: © Gary Steer.

S. 103, Kaiserpinguine: © Sharon Chester.

S. 115, *Gobiodon* Spezies C: © Glenn Barrall.

S. 123, Bauchbrütender Frosch: © Michael J. Tyler.

S. 141, Hurrikan Katrina: © NOAA.

S. 161, Vergleich zwischen Computersimulation und tatsächlichem Wetter: © The Met Office, UK.

S. 179, Lumholtz-Baumkänguru: © Karen Coombs.

S. 251, Windpark in Queensland, Australien: © Stanwell Corporation Ltd.

Auf den folgenden Internetseiten gibt es weitere Informationen zum Thema Klima*

Klimaforschung

IPCC: Intergovermental Panel On Climate Change
www.ipcc.ch

Der Zwischenstaatliche Ausschuss für Klimaänderungen, englisch **Intergovernmental Panel on Climate Change (IPCC)**, wurde 1988 vom Umweltprogramm der Vereinten Nationen und der Weltorganisation für Meteorologie ins Leben gerufen. Das der Klimarahmenkonvention beigeordnete Panel hat die Hauptaufgabe, Risiken des Klimawandels zu beurteilen und Vermeidungsstrategien zusammenzutragen. Der Sitz des IPCC-Sekretariats befindet sich in Genf. Das IPCC betreibt selbst keine Wissenschaft, sondern trägt die Ergebnisse der Forschungen in den verschiedenen Disziplinen zusammen, darunter besonders der Klimatologie. Es bildet eine kohärente Darstellung dieses Materials in Berichten ab, den »IPCC Assessment Reports«.

Max-Planck-Institut für Meteorologie
www.mpimet.mpg.de

Ein international anerkanntes Institut zur Erforschung des Erdklimas. Es wird untersucht, welche Auswirkungen physikalische, chemische und biologische Prozesse sowie menschliches Verhalten auf das Klima haben. Entwicklung von Modellen und Messmethoden.

Potsdam-Institut für Klimafolgenforschung
www.pik-potsdam.de

Ein international tätiges und unabhängiges Forschungsinstitut zu Fragen des Klimawandels, der Klimafolgen und der nachhaltigen Entwicklung.

* Von den zahllosen Seiten zum Thema hat der Verlag vor allem deutschsprachige Adressen ausgewählt.

Deutsches Klimarechenzentrum
www.dkrz.de
Das Höchstleistungsrechenzentrum für die Klima- und Erdsystemerforschung: Überregionale Serviceeinrichtung, die Rechenzeit und technische Unterstützung für die Durchführung von Simulationsrechnungen zur Klimaentwicklung anbietet. Visualisierte Klimasimulationen können für den nichtkommerziellen Gebrauch heruntergeladen werden.

Wuppertal Institut
www.wuppertal-institut.de
Es erforscht und entwickelt Leitbilder, Strategien und Instrumente für eine nachhaltige Entwicklung auf regionaler, nationaler und internationaler Ebene. Im Zentrum steht die Ökologie und deren Wechselbeziehung mit Wirtschaft und Gesellschaft.

geoscience
www.g-o.de
Magazin für Geo- und Naturwissenschaften im Internet. Artikelsammlung zu naturwissenschaftlichen Themen, z. B. Klima, Videosequenzen u. v. m.

Klimamodelle

Interaktives Klimamodell von Ben Matthews
www.chooseclimate.org
Eine Internetseite zum Experimentieren. Alle wichtigen Klima-Parameter lassen sich einstellen.

Klimamodell zum Herunterladen
www.climateprediction.net/versions/DE (deutsche Version)
Ein Modell zur Klimavorhersage, das dem neuesten Stand der Technik entspricht und das man auf einem Heim-, Schul- oder Arbeitscomputer laufen lassen kann. Es sollen Daten von mehreren tausend Klimamodellen gesammelt und damit das weltweit größte Experiment zur Klimavorhersage entwickelt werden.

Center for International Earth Science Information Network (CIESIN)
www.ciesin.org
Regierungsunabhängiges Forschungszentrum der Columbia-Universität. Hintergrundinformationen zu Klimamodellen und visualisierte Darstellungen.

Klimarelevante Emissionen

Umweltbundesamt: Treibhausgasemissionen in Deutschland
www.umweltbundesamt.de/emissionen/publikationen.htm
Emissionen von Treibhausgasen in Deutschland für die Jahre 1990 bis 2000.

Treibhausgase
www.learn-line.nrw.de/angebote/agenda21/daten/treibhausgase.htm
Daten, Statistiken, Infographiken

Arbeitsgemeinschaft Energiebilanzen
www.ag-energiebilanzen.de
Die Arbeitsgemeinschaft Energiebilanzen, gegründet von sieben Verbänden der deutschen Energiewirtschaft und drei Forschungsinstituten, wertet die vorhandenen Statistiken aus allen Gebieten der Energiewirtschaft nach wissenschaftlichen Gesichtspunkten aus und veröffentlicht jedes Jahr eine Energiebilanz der Bundesrepublik Deutschland.

Länderarbeitskreis Energiebilanzen
www.lak-energiebilanzen.de
Hier werden für die einzelnen Bundesländer Energie- und CO_2-Bilanzen erstellt und veröffentlicht.

Deutsches Institut für Wirtschaftsforschung (DIW)
www.diw.de
Das Deutsche Institut für Wirtschaftsforschung ist das größte Wirtschaftsforschungsinstitut in Deutschland und beschäftigt sich

auch mit dem Themenbereich Umwelt, Verkehr und Energie. Das Institut veröffentlicht u. a. Wochenberichte zur Klimaschutz- und Energiepolitik.

Folgen der globalen Erwärmung

Klimawandel und Gletscher
www.gletscherarchiv.de
Im Gletscherarchiv der Gesellschaft für ökologische Forschung e. V. gibt es eine alpenweite Fotodokumentation mit Gletschervergleichen.

Klimaveränderung – Vegetationsveränderung?
www.wsl.ch/land/products/klimaanimation
Eine Online-Klimaanimationsseite der Eidgenössischen Forschungsanstalt für Wald, Schnee und Landschaft WSL. Sie verdeutlicht die Auswirkungen des Klimawandels auf die Vegetation.

Folgen des Klimawandels
www.climatehotmap.org
Die Karte illustriert die lokalen Folgen der globalen Erderwärmung.

Fotodokumentation
www.worldviewofglobalwarming.org
Fotodokumentationen zu weltweiten Erscheinungen des Klimawandels.

Internationale Klimaschutzpolitik

Klimarahmenkonvention der Vereinten Nationen (UNFCCC)
www.unfccc.int
Die Klimarahmenkonvention der Vereinten Nationen (UNFCCC) wurde auf dem Weltgipfel für Umwelt und Entwicklung 1992 in Rio de Janeiro angenommen und seither von den meisten Staaten der Welt in Kraft gesetzt.

Das Kyoto-Protokoll

www.unfccc.int/resource/docs/convkp/kpeng.pdf (auf Englisch)
www.bmu.de/files/protodt.pdf (auf Deutsch)
Das Kyoto-Protokoll ist das wichtigste der globalen Umweltabkommen.

Europäische Union

www.europa.eu.int/
Umweltschutz ist ein zentrales Thema der internationalen Politik
der Europäischen Union.

Globale Lösungsansätze: Contraction & Convergence

www.gci.org.uk
Der Versuch, gesellschaftliche und wirtschaftliche Entwicklung,
globale Gerechtigkeit und Klimaschutz miteinander zu verbinden.

Climate Action Network (CAN)

www.climatenetwork.org
Ein weltumspannendes Netzwerk von über 340 Nichtregierungsorganisationen, die zusammenarbeiten, um individuelle Aktionen
und Handlungen der Regierungen zu fördern, den durch menschliches Handeln bedingten Klimawandel auf ökologisch vertretbare Werte zu begrenzen.

Germanwatch e. V.

www.germanwatch.org
Germanwatch engagiert sich für Nord-Süd-Gerechtigkeit und den
Erhalt der Lebensgrundlagen. Konzentration auf die Politik und
Wirtschaft des Nordens mit ihren weltweiten Auswirkungen.

Greenpeace e. V. Deutschland

www.greenpeace.de
Seit 1971 setzt sich Greenpeace für den Schutz der Lebensgrundlagen ein. Gewaltfreiheit ist dabei das oberste Prinzip. Die Organisation ist unabhängig von Regierungen, politischen Parteien und
wirtschaftlichen Interessengruppen. Greenpeace arbeitet international, denn Naturzerstörung kennt keine Grenzen.

World Wide Fund For Nature WWF
www.wwf.de
Der WWF, der *World Wide Fund For Nature*, ist eine der größten internationalen Naturschutzorganisationen. Er wurde 1961 als *World Wildlife Fund* in der Schweiz gegründet und ist inzwischen in mehr als 100 Ländern aktiv.

Nationale Klimaschutzpolitik

Bundesumweltministerium
www.bmu.de
Internetseiten des Bundesumweltministeriums zum Thema Klimaschutz in Deutschland und zur internationalen Klimapolitik.

Umweltbundesamt
www.umweltbundesamt.de
Informationen über das Kyoto-Protokoll und dessen Umsetzung auf Bundesebene.

Auswärtiges Amt
www.auswaertiges-amt.de
Hier werden die Beiträge Deutschlands zum internationalen Klimaschutz sowie die Bedeutung der Klima-Rahmen-Konvention und des Kyoto-Protokolls erläutert.

BUND für Umwelt und Naturschutz e. V.
www.bund.net
Größter deutscher Umweltverband und deutsche Sektion von Friends of the Earth International. Der BUND setzt sich seit über 30 Jahren für den Natur- und Umweltschutz ein und engagiert sich für eine konsequente ökologische Politik – zum Beispiel für Lebens- und Futtermittel ohne Gentechnik oder für eine Reduzierung von giftigen Chemikalien im Alltag. Vor Ort arbeiten viele BUND-Mitglieder in mehr als 2000 Ortsgruppen im Dienst der Natur – etwa, indem sie Streuobstwiesen pflegen oder an Aktionen zum Klimaschutz teilnehmen.

Lokale / Kommunale Klimaschutzpolitik

Klima-Bündnis
www.klimabuendnis.org
Das Klima-Bündnis bietet alles Wissenwerte rund um den kommunalen Klimaschutz und die Partnerschaft der Klima-Bündnis-Städte mit indigenen Völkern der Regenwälder. Die Internetseite hat außerdem diverse Links zu aktuellen Kampagnen und Aktionen.

Climate Stars
www.climate-star.net
Die europäische Auszeichnung für lokale Klimaschutzaktivitäten von Städten und Gemeinden.

Energie-Cités
www.energie-cites.org
Europäische Vereinigung von kommunalen Behörden zur Förderung erneuerbarer Energien.

ICLEI
www.iclei.org
ICLEI wurde 1990 als Internationaler Rat für kommunale Umweltinitiativen gegründet (International Council for Local Environmental Initiatives).

Erneuerbare Energien

Deutsche Energie-Agentur (dena)
www.deutsche-energieagentur.de
Kompetenzzentrum für Energieeffizienz, das u. a. Konzepte für die Bereiche Erneuerbare Energien, Klimaschutz, Energieeffizienz im Elektrizitäts- und Gebäudebereich entwickelt. Die Deutsche Energie-Agentur (dena) ist eine Gesellschaft der Bundesrepublik Deutschland und der Kreditanstalt für Wiederaufbau.

Erneuerbare Energien
www.erneuerbare-energien.de
Internetseite des Bundesministeriums für Umwelt, die über Strategien, Förderung und Politik zur Verbreitung erneuerbarer Energie informiert.

Thema-Energie
www.thema-energie.de
Viele Fakten zur Sonnenenergie und anderen erneuerbaren Energien. Die Internetseite wird von der Deutschen Energie-Agentur (dena) betrieben.

Solarwärme
www.solarwaerme-plus.info
Viele Inforamtionen zur Warmwasserbereitung mittels Sonnenenergie. Die Initiative Solarwärme Plus ist ein Projekt der dena.
www.solarcontact.de
Datenbank über Fördermittel, Kostenrechner, Produkte und Hersteller, Fachhandwerker, Technikinformationen mit Animationen zur Funktion solartechnischer Anlagen sowie aktuelle Solarnachrichten.

Windenergie
www.wind-energie.de
Internetseite des Bundesverbandes Windenergie e. V. mit aktuellen Informationen.

Biogas
www.biogas.org
Internetseite des Fachverbands Biogas e. V. Er vereint bundesweit Betreiber, Hersteller und Planer von Biogasanlagen, Vertreter aus Wissenschaft und Forschung sowie Interessierte.

Heizen mit Holz
www.bioheiztechnik.de
Informationen über Holzheizanlagen.

BOXER-Infodienst: Erneuerbare Energien
www.boxer99.de
Internetportal mit detaillierten Informationen zum Themenbereich Erneuerbare Energien.

Klimaschutz im Alltag: Energieverbrauch

Bund der Energieverbraucher e. V.
www.energienetz.de
Eine Interessenorganisation von privaten Energieverbrauchern in Deutschland. Gemeinnützige, parteipolitisch neutrale, bundesweit tätige Verbraucherorganisation im Energiebereich. Auf seiner Internetseite findet man viele nützliche Tipps zum Energiesparen, für die Nutzung erneuerbarer Energien, für kostengünstige Energiebeschaffung und Hilfe zum Schutz gegen Energieunternehmen.

Initiative EnergieEffizienz
www.initiative-energieeffizienz.de
Initiative der dena zum Thema »Effiziente Stromnutzung in privaten Haushalten«. Dem Netzwerk gehören mittlerweile rund 7200 Verkaufsstellen des Einzelhandels und des Elektrohandwerks sowie etwa 800 Beratungszentren der Verbraucherzentralen, Kommunen und Energieversorgungsunternehmen an.

Thema Energie
www.thema-energie.de
Energie-Spartipps für Haus und Wohnung, Finanzierungsinfos sowie Fakten zu Erneuerbaren Energien. Internetseiten der dena.

Ökostrom-Anbieter
www.ews-schoenau.de
www.greenpeace-energy.de
www.lichtblick.de
www.naturenergie.de
www.naturstrom.de
www.naturstromboerse.de

Stromanbieter und -tarife
www.stromtarife.de
Einen Überblick über die verschiedenen Stromanbieter und -tarife und alles zum Wechsel des Stromanbieters.

Energie- und CO_2-Bilanz
www.ecospeed.ch/index.html
Ein Rechner, mit dem man seine persönliche Energie- und CO_2-Bilanz erstellen kann.

Haushaltsgeräte mit niedrigem Energieverbrauch
www.spargeraete.de
Eine Datenbank für die sparsamsten elektrischen Haushaltsgeräte (Kühl- und Gefriergeräte, Waschmaschine, Waschtrockner, Wäschetrockner und Spülmaschinen). Entsprechend den persönlichen Anforderungen werden die günstigsten Geräte ermittelt.

Energiesparprodukte zum Bestellen
www.energiespar-basar.de
Ein Online-Kaufhaus für Energiespar-Produkte, wie zum Beispiel Energiesparlampen und Wassersparer.
www.solarshop.net
Solarkocher, Solaranlagen, Software, Ökostrom, Bücher, Videos und vieles mehr.

Klimaschutz im Alltag: Mobilität

Umweltmobilcheck
www.bahn.de/umweltmobilcheck
Für jede Reise wird mit einem Klick ein exakter Umweltvergleich zwischen Bahn und Auto erstellt.

Carsharing
www.carsharing.de
Mit dem Auto fahren, ohne eines zu besitzen: kostengünstig, flexibel, bequem und umweltfreundlich.

Eco-Driving
www.eco-driving.de
Internetseite des Deutschen Verkehrssicherheitsrates. Wer nicht auf das Auto verzichten kann, findet hier Tipps und Trainingsmöglichkeiten, um umweltschonend zu fahren.

Weitere Internetseiten zum Spritspartraining:
www.spritspartraining.de
www.neues-fahren.de

Verkehrsclub Deutschland (VCD)
www.vcd.org
Der VCD erstellt u. a. eine **Auto-Umweltliste**, die Automodelle nach ökologischen Aspekten bewertet, und gibt damit umweltbewussten Autokäufern eine fundierte Entscheidungshilfe an die Hand. So können VerbraucherInnen ihren Einfluss zugunsten eines umweltverträglicheren Angebots auf dem Automarkt geltend machen.

Niedrigenergiefahrzeuge
http://de.wikipedia.org/wiki/Dreiliterauto
Ausführliche Informationen über Autos mit geringem Energieverbrauch findet man in der Internet-Enzyklopädie WIKIPEDIA.

Allgemeiner Deutscher Fahrrad-Club (ADFC)
www.adfc.de
Viele Informationen und Tipps zum Thema Mobilität und Fahrrad.

Klimaschutz in der Schule

Die umweltfreundliche Schule
www.umweltschulen.de
Klimaschutz in der Schule: Ökoaudit, Energie, Wasser, Abfall, Natur. Viele Informationen zum Themenbereich Umwelt und Klimaschutz und eine umfangreiche Linkliste.

Unabhängiges Institut für Umweltfragen UfU e. V.
www.ufu.de
UfU in Berlin engagiert sich seit mehreren Jahren im Berliner Energiesparprojekt »fifty-fifty«. Auf der Internetseite des Instituts findet man detaillierte Informationen zu Klimaschutz-Projekten in Schulen.

Energiesparen und Umweltschutz an Schulen
www.sonnenwerkstatt.de
Sonnenwerkstatt ist ein Netzwerk von Schulen, wo SchülerInnen Ideen und Projekte zum Energiesparen und zum Umweltschutz verwirklichen. Ziel ist ein nachhaltiger Umgang mit der Natur.

Der Deutsche Bildungsserver – der Internetwegweiser
www.bildungsserver.de
Zentraler Wegweiser zu Bildungsinformationen im Internet. Er bietet allen Interessierten grundlegende und hochwertige Informationen und Internetquellen (natürlich auch zum Umweltschutz und Energiesparen an Schulen).

Wer gut Englisch spricht, kann auch die von Tim Flannery eingerichtete Internetseite www.theweathermakers.com besuchen, die u. a. Informationen für Schüler und Lehrer bietet.

Register